RECUEIL ANALYTIQUE

DES

PRINCIPALES DÉCISIONS

DU

CONSEIL DE PRÉFECTURE DE LA SEINE

STATUANT AU CONTENTIEUX

Réimpression des années 1863 à 1866 inclusivement

PARIS
CHARLES DE MOURGUES FRÈRES
IMPRIMEURS DE LA PRÉFECTURE DE LA SEINE
RUE J.-J.-ROUSSEAU, 58

1876

3170

RECUEIL ANALYTIQUE

DES

PRINCIPALES DÉCISIONS

DU

CONSEIL DE PRÉFECTURE DE LA SEINE

STATUANT AU CONTENTIEUX

Réimpression des années 1863 à 1866 inclusivement

En réimprimant les notices des quatre premières années du *Recueil* (1863-66), il a paru utile de compléter les renvois existant déjà en les étendant à l'ensemble des douze années (1863-1874) dont les décisions ont été publiées.

PARIS

CHARLES DE MOURGUES FRÈRES

IMPRIMEURS DE LA PRÉFECTURE DE LA SEINE

RUE J.-J.-ROUSSEAU, 58.

1876

Réimpression des années 1863 et 1864

PRÉFECTURE DU DÉPARTEMENT DE LA SEINE

(31 DÉCEMBRE 1864)

M. le baron HAUSSMANN, G. C. ✻, Sénateur, *Préfet.*

M. G. Ségaud, C. ✻ Conseiller d'État, *Secrétaire général*, quai de la Messagerie, 16.

CONSEIL DE PRÉFECTURE.

Le Conseil de Préfecture, réorganisé en exécution des décrets des 30 décembre 1862 et 17 mars 1863, est divisé en deux sections, sous la direction d'un Président nommé par l'Empereur.

Des arrêtés du Préfet en Conseil de Préfecture, en date des 20 avril et 4 mai 1863, ont réglé la procédure à suivre devant le Conseil, ainsi que la composition et les attributions des deux sections.

La 1re section est principalement chargée des affaires purement administratives; elle tient ses séances les lundi, mercredi et vendredi de chaque semaine, à midi. La 2e section est principalement chargée des affaires contentieuses; elle tient ses séances les mardi, jeudi et samedi, à la même heure. Les séances générales ont lieu en la chambre du Conseil pour les affaires administratives, et en audience publique pour les affaires contentieuses, le premier lundi de chaque mois, à midi.

M. le Secrétaire général de la Préfecture est Commissaire du Gouvernement près le Conseil, et remplit les fonctions du ministère public, assisté de quatre Auditeurs au Conseil d'État attachés à la Préfecture de la Seine.

COMPOSITION DU CONSEIL.

M. Dieu, C. ✻, *Président*, rue du Faubourg-Saint-Honoré, 139.

1re Section.

Conseillers.

MM. Noyon, C. ✻, rue Nicolas-Flamel, 3 (*Président de section*).
Varcollier, ✻, rue de Douai, 34.
Lançon, ✻, rue Caumartin, 15.
Marguerie, ✻ rue de Lille, 37.

Auditeurs au Conseil d'État, Commissaires du Gouvernement.

MM. Legrand, ✻, rue Tronchet, 8.
Pastoureau, rue de Rivoli, 182.

2e Section.

Conseillers.

MM. Loysel, ✻, rue du Petit-Parc, 69, cité Dupont, 7 (*Président de section*).
Marie (Sylvain), ✻, rue de la Chaussée-d'Antin, 21.
Sebire (A.), O. ✻, rue Ventadour, 11.
Marguerie, ✻, rue de Lille, 37.

Auditeurs au Conseil d'État, Commissaires du Gouvernement.

MM. David, quai d'Anjou, 23.
De Guigné, rue de Varennes, 82.

M. Marguerie siége avec la 1re section les mercredi et vendredi, et avec la 2e section, le mardi de chaque semaine.

Conseiller de Préfecture honoraire.

M. Laffon de Ladébat, O. ✻, rue Bergère, 25.

Greffe.

M. Clarey, Secrétaire-Greffier, Chef de bureau à la Préfecture de la Seine, rue de la Sourdière, 19.

M. Lukomski, Sous-Chef de bureau, Chef du cabinet du Président du Conseil de Préfecture, rue de Rivoli, 68.

RECUEIL ANALYTIQUE

DES

PRINCIPALES DÉCISIONS

DU

CONSEIL DE PRÉFECTURE DE LA SEINE

STATUANT AU CONTENTIEUX.

Années 1863 et 1864.

ADJUDICATIONS.

FOURNITURES. — *Contestation sur la validité d'une adjudication ayant pour objet la fourniture d'effets d'habillement à une commune.* — *Incompétence.* — Voir n° 127.

AGENTS DIPLOMATIQUES.

Taxe sur les chiens. — Voir n° 117.

ALIGNEMENT.

Construction en arrière de l'alignement. — Voir nos 31, 150

BAUX ADMINISTRATIFS.

1. — BAIL D'UN IMMEUBLE APPARTENANT A LA VILLE DE PARIS. — *Interprétation.* — *Incompétence.* — Le Conseil de Préfecture est incompétent pour connaître des contestations qui peuvent s'élever au sujet de l'exécution d'un bail consenti par le Préfet de la Seine agissant au nom de la Ville de Paris, et ayant pour objet l'exploitation des produits d'un domaine de la Ville. — (*Rousé contre la Compagnie des Glacières*, 15 décembre 1863.)

CHEMINS DE FER.

Carrière voisine d'une voie ferrée en remblai. — *Limite de la zone de servitude.* — Voir n° 18.

Construction d'une gare joignant la voie publique. — *Nécessité de l'autorisation du Préfet.* — Voir n° 30.

Contribution foncière. — *Gare.* — *Base de la taxe.* — Voir n° 52. ═══ Portes et fenêtres. — *Bâtiments et hangars pour le dépôt du matériel de l'exploitation.* — Voir n° 57. ═══ *Bureaux, salles d'attente et gares.* — Voir n° 58. ═══ Patentes. — *Établissement industriel.* — *Locaux soumis au droit proportionnel.* — *Valeur locative.* — Voir n° 91. ═══ *Établissement secondaire affecté au factage et au camionnage des marchandises.* — Voir n° 98.

9. — INTERPRÉTATION DU CAHIER DES CHARGES DES CONCESSIONS DES CHEMINS DE FER. — *Réduction des tarifs en faveur des personnes attachées au service des armées de terre et de mer.* — *Réduction pour les chevaux.* — *Effets de la feuille de route.* — *Définition des mots : Bagage et matériel.* — *Frais accessoires de chargement et de déchargement.* — *Demi-droit en cas de réquisition.* — La réduction stipulée par l'art. 54 du cahier des charges des concessions des chemins de fer, en faveur des militaires ou marins voyageant en corps ou isolément, est applicable non-seulement aux individus qui figurent activement dans les armées de terre et de mer, mais encore à tous ceux qui, à raison de leurs fonctions ou de la profession qu'ils exercent au service exclusif de l'armée, doivent être considérés comme faisant partie de l'organisation militaire. — En conséquence, ont droit à la réduction de tarifs accordée aux militaires et marins, en vertu de l'art. 54 du cahier des charges des concessions de chemins de fer, les aumôniers et chapelains des armées de terre et de mer, les interprètes militaires, les cantinières, vivandières et blanchisseuses commissionnées au service de l'armée et de la flotte, les élèves de l'École polytechnique et les élèves de l'École navale. — (Les examinateurs de l'École navale, les commissaires et commissaires-adjoints des poudres et salpêtres sont des fonctionnaires de l'ordre civil qui ne sauraient à aucun point de vue être assimilés aux militaires et marins, et ne peuvent dès lors être admis au bénéfice de la réduction. — Il en est de même des ouvriers des manufactures d'armes, poudreries, raffineries, fonderies de canons, dont l'engagement envers l'administration militaire n'est autre chose qu'un contrat de louage analogue aux marchés qui ont pour objet les fournitures de l'armée.)

La feuille de route délivrée aux militaires ou marins ne doit produire effet que pour le voyage, aller et retour, en vue duquel elle a été délivrée au moment du départ. — La feuille de route périmée ne donne pas droit à la réduction. — Le militaire ou marin porteur d'un billet à prix réduit n'est pas tenu de renouveler l'exibition de sa feuille de route lorsqu'il voyage en uniforme.

Il ne doit être assigné aucune limite au poids du bagage que le militaire ou marin a le droit de faire transporter à prix réduit, toutes réserves faites en faveur des compagnies de chemins de fer de leurs moyens et actions contre l'abus ou la fraude auxquels pourrait donner lieu l'usage de ce droit. — Les réductions relatives aux bagages ne sont applicables qu'à l'armement personnel des militaires ou marins, et aux effets d'habillements ou autres menus objets à leur usage.

Les voitures, caissons et prolonges voyageant avec l'armée, de même que les canons et affûts, doivent être taxés commé matériel aux conditions générales stipulées dans le cahier des charges. — La réduction ne doit être appliquée qu'aux chevaux voyageant avec leur cavalier. — Les frais accessoires fixés par le tarif pour le chargement et le déchargement des chevaux, des voitures et de tout autre objet, sont dus aux compagnies de chemins de fer, lors même que les militaires ou marins effectuent cette opération, pourvu qu'ils n'en aient pas été requis par la compagnie.

Le demi-droit du tarif est acquis aux compagnies lorsque, sur la réquisition qui leur en a été faite, elles ont tenu des moyens de transport à la disposition du Gouvernement. (*Cie des chemins de fer du Nord, des Ardennes, d'Orléans, de l'Est et du Midi contre l'État*, 23 juillet 1863.) — Voir nos 3, 316.

3. Interprétation du cahier des charges des concessions des chemins de fer. — *Transport de militaires et marins et de leurs chevaux et bagages. — Frais accessoires de chargement et de déchargement.* — L'art. 51 du cahier des charges des concessions de chemins de fer stipule, en faveur de l'État, une réduction de taxe pour le transport des militaires ou marins, et de leurs chevaux et bagages; mais rien n'indique que le bénéfice de la réduction doive s'étendre aux frais accessoires de chargement et de déchargement qui ne sont pas mentionnés au tarif, et doivent être fixés annuellement par l'Administration sur la proposition des compagnies, en vertu de l'art. 51 du même cahier des charges. (*Cie des chemins de fer de l'Est et du Nord contre l'État*, 8 mars 1861.) — Voir nos 2, 316.

CHEMIN VICINAL DE GRANDE COMMUNICATION.

Dépôt de matériaux. — Incompétence. — Dégradation d'une bordure. — Contravention de roulage. — Compétence. — Voir no 24. ═══ *Dégradation d'un arbre par un cheval. — Incompétence.* — Voir no 40.

CHEVAUX ET VOITURES (Taxe sur les). — Voir nos 100 et suivants.

CHIENS (Taxe sur les). — Voir nos 117 et suivants.

COMMUNES.

Comptes de gestion. — Voir nos 4 et suivants.

Pavage (Frais de premier). — *Commune de Neuilly.* — Voir Pavage, no 131. ═══ *Ville de Saint-Denis.* — Voir no 135.

Voirie : *Droits de voirie établis par les communes. — Incompétence.* — Voir n° 157.

COMPÉTENCE.

Baux administratifs : *Bail d'un immeuble appartenant à la Ville de Paris. — Interprétation. — Incompétence.* — Voir n° 1.

Contravention : 1° Questions générales. — *Réparation de dommage. — Rôle exécutoire. — Compétence.* — Voir n° 14. == 2° Chemin vicinal de grande communication. — *Dépôt de matériaux. — Incompétence. — Dégradation à une bordure du chemin. — Contravention de roulage. — Compétence.* — Voir n° 24. == *Dégradation d'un arbre par un cheval. — Incompétence.* — Voir n° 40. == 3° Navigation. — *Extraction de sable de la Seine. — Incompétence.* — Voir n° 22. == 4° Roulage. — *Stationnement pendant une nuit, sur la voie publique, d'une voiture chargée de matériaux. — Incompétence.* — Voir n° 29. — 5° Travaux indûment exécutés. — *Tolérance. — Incompétence.* — Voir n° 37.

Domaine de l'État : *Interprétation des clauses d'une vente domaniale. — Compétence.* — Voir n° 121.

Fournitures : *Contestation sur la validité d'une adjudication ayant pour objet la fourniture d'effets d'habillement à une commune. — Incompétence.* — Voir n° 127.

Logements insalubres : *Travaux d'assainissement. — Demande en garantie du propriétaire contre le locataire. — Incompétence.* — Voir n° 129.

Travaux publics : *Arrêté de nivellement. — Retard dans l'exécution du nivellement. — Demande en dommages-intérêts. — Incompétence.* — Voir n° 142. == *Inexécution de travaux de viabilité dans une rue. — Demande d'indemnité. — Incompétence.* — Voir n° 147.

Voirie (Grande) : *Droits de voirie établis par les communes. — Incompétence.* — Voir n° 157. == *Permission de voirie. — Interprétation. — Incompétence.* — Voir n° 157 bis.

COMPTES DE GESTION.

4. Communes et établissements de charité. — *Mémoires timbrés de fournitures ou de travaux. — Règlement.* — Les maires ou autres ordonnateurs sont tenus d'arrêter, en toutes lettres et dans tout leur détail, les sommes portées aux mémoires ; la simple mention « vu, bon à payer » est insuffisante. (*Vincennes, Saint-Mandé, etc*, (gestion de 1863) 24 avril 1865.)

5. Concessions de terrains dans les cimetières. — *Production des expéditions timbrées des titres de concessions.* — Les receveurs municipaux ne sont pas tenus, ce qui concerne les bureaux de bienfaisance, de produire les expéditions timbrées des titres de concessions ; il suffit qu'ils fournissent un état certifié portant textuellement la mention d'enregistrement. (*Bureau de bienfaisance de Saint-Denis* (gestion 1863), 28 octobre 1864.)

6. Crédit, spécialité. — *Changement de destination non autorisé*[1]. — Le crédit ouvert au budget pour secours à distribuer aux indigents ne peut être attribué à une seule personne indigente, en vue de récompenser une bonne action. Une délibération du Conseil municipal ne suffit pas pour opérer un semblable changement de destination ; il faut l'approbation du préfet. (*Vitry* (gestion de 1863), 24 avril 1865.) — Voir n°s 319, 759.

7. Crédits annulés faute d'emploi. — *Budget additionnel.* — *Report.* — Lorsque la dépense, en vue de laquelle un crédit a été ouvert, n'a pas été faite durant l'exercice, ou n'en a pas absorbé le montant, le crédit non employé, ou le reste du crédit, doit être annulé. On ne saurait l'inscrire ni sur l'état des restes à payer, ni au budget additionnel parmi les restes à payer, mais seulement, pour ordre, dans la colonne des restes à annuler faute d'emploi. — Spécialement, les portions des crédits ouverts en prévision pour les dépenses des aliénés, des enfants trouvés, de la Caisse de la boulangerie, etc., qui sont restées libres après la liquidation des obligations de la commune, sont des restes à annuler et doivent cesser de figurer aux budgets. (*Colombes* (gestion de 1862), 17 juin 1864.)

8. Instituteurs communaux. — *Certificat d'exercice.* — Les receveurs ne sont pas tenus de fournir un certificat d'exercice pour la justification du payement du traitement alloué aux instituteurs sur les fonds communaux. L'ordonnancement de ce traitement fait par le maire est une présomption suffisante que l'instituteur a rempli ses fonctions pendant le temps auquel s'applique le mandat ; mais le certificat d'exercice doit être produit pour la justification du payement des subventions fournies aux communes par l'État ou le Département. (art. 976 de l'instruction générale sur la comptabilité). (*Clamart* (gestion de 1863), 28 avril 1865.)

9. Recettes communales. — *Recettes faites par anticipation.* Les recettes communales faites avant l'ouverture de l'exercice auquel les produits appartiennent, ne doivent pas figurer aux recettes accidentelles dans le compte de l'exercice pendant lequel elles ont été faites. On doit les comprendre dans les services hors budgets dudit exercice, puis les transporter au compte suivant, après l'ouverture de l'exercice. (*Clamart* (gestion de 1862), 24 juin 1864.)

10. TRAVAUX COMMUNAUX. — *Retenue de 1 p. % ordonnée au profit des asiles impériaux par le décret du 8 mars 1855.* — Cette retenue ne doit pas porter sur les travaux exécutés dans les ateliers de charité. Elle doit être prélevée, au contraire, sur tous les autres travaux exécutés, soit par des entrepreneurs, soit en régie, soit par voie d'économie, au moyen de journaliers. Dans ce dernier cas, le prélèvement est fait, lors de l'ordonnancement, sur le crédit alloué au budget de la commune. — La retenue doit porter aussi bien sur les fournitures que sur la main-d'œuvre. (*Vitry, Châtillon, Orly, Fresnes, etc.* (gestion de 1862) 10 et 22 juin 1864.) — Voir n° 170.

CONTRAVENTIONS :

SECTION 1re. — Questions générales.
SECTION 2e. — Carrières.
SECTION 3e. — Grande voirie. — § 1er. Navigation. — § 2e. Voie publique.
SECTION 4e. — Roulage.
SECTION 5e. — Servitudes militaires.

SECTION 1re. — Questions générales.

11. ARRÊTÉ PAR DÉFAUT. — *Opposition par les héritiers du contrevenant. — Extinction de l'action publique au point de vue de l'amende.* — L'opposition faite par les héritiers à un arrêté rendu par défaut contre leur auteur, ayant pour effet de remettre les choses au même et semblable état qu'avant la condamnation par défaut, l'action publique se trouve éteinte, au point de vue de l'amende, par le décès de celui qui a personnellement commis la contravention. (*Préfet de la Seine contre Dupuis*, 30 janvier 1864.)

ARRÊTÉ PAR DÉFAUT. — *Opposition. — Délai d'une année depuis la date du procès-verbal. — Prescription de l'amende.* — Voir n° 139.

12. GARDE CHAMPÊTRE. — *Autorisation nulle. — Chemin de halage. — Circulation.* — Le garde champêtre, n'étant qu'un simple agent municipal, n'a pas qualité pour donner à un charretier l'autorisation de faire passer sa voiture sur un chemin de halage. L'excuse tirée d'une autorisation de cette nature ne doit donc point être admise. (*Préfet de la Seine contre Baron et Malétra*, 23 mai 1863.)

13. PROCÈS-VERBAL. — *Sa valeur juridique. — Constatation par un tiers des faits constitutifs du délit.* — Un procès-verbal n'a aucune force juridique, s'il constate des faits dont l'agent verbalisateur déclare n'avoir pas eu personnellement connaissance, et qu'il reconnaît n'avoir appris que par des tiers. (*Préfet de la Seine contre Jaunez*, 19 mai 1863.) — Voir nos 174, 175, 328.

14. Réparation de dommage. — *Rôle exécutoire. — Compétence.* — Lorsque le recouvrement du montant du dommage résultant d'une contravention de grande voirie est poursuivi au moyen d'un rôle exécutoire, cette circonstance n'enlève pas aux conseils de préfecture la compétence que leur attribue l'art. 4 de la loi du 29 floréal an X, au sujet des dégradations de la voie publique. Dès lors, sans avoir égard à la forme suivie pour le recouvrement de la dépense, le conseil est compétent pour statuer sur le contentieux auquel donne lieu la réparation du dommage. (*Ruelle contre l'État*, 6 décembre 1861. — *Ruault contre l'État*, idem.) — Voir no 560.

Section 2e. — Carrières.

15. Chemin a voitures non classé. — *Interdiction de fouiller au delà des limites réglementaires.* — Lorsqu'un chemin à voitures existe auprès d'une carrière de sable, il n'est pas nécessaire que ce chemin soit classé pour que l'exploitant de la carrière soit soumis à toutes les obligations créées dans l'intérêt de la sécurité publique, et notamment à l'interdiction de pousser ses fouilles au delà des limites réglementaires. — Le préambule et l'art. 4 de la déclaration du Roi du 17 mars 1780, parlant expressément des chemins vicinaux et des chemins de traverse, l'interdiction dont il s'agit doit être considérée comme s'appliquant à tout chemin public fréquenté. (*Préfet de la Seine contre Chanudet*, 20 octobre 1861.)

16. Fait du locataire. — *Responsabilité du propriétaire.* — Le propriétaire est responsable de la contravention commise par son locataire, sauf recours, s'il y a lieu, contre qui de droit. — Le propriétaire doit donc être condamné tant à l'amende qu'à la réparation civile, si son locataire a, sans autorisation, ouvert une carrière sur un terrain compris dans la zone des servitudes militaires. (*Préfet de la Seine contre Noirot*, 4 juin 1863.)

17. Zone de servitude. — *Délimitation. — Décision du jury d'expropriation.* — Un contrevenant aux règlements sur les carrières invoque à tort une décision du jury d'expropriation portant que la zone à réserver doit être comptée à partir, non du pied du talus, mais de la voie même du chemin de fer. — La décision d'un jury d'expropriation ne saurait prévaloir contre les prescriptions édictées par la loi dans l'intérêt de la sûreté publique. (*Préfet de la Seine contre Lavenant*, 12 janvier 1861.) — Voir nos 18, 180.

18. Zone de servitude. — *Délimitation. — Exploitation voisine d'une voie ferrée en remblai.* — Lorsqu'une carrière est exploitée auprès d'une voie de chemin de fer située en remblai, la zone de 10 mètres à réserver doit être mesurée à partir, non de la crête, mais de l'arête inférieure du talus. — Le propriétaire qui prétend que ces limites d'exploitation lui causent un préjudice, peut, s'il y a lieu, exercer un recours contre la Compagnie du chemin de fer, mais, en tout état de cause, il doit se conformer aux lois et aux règlements qui intéressent la sûreté publique. (*Préfet de la Seine contre Lavenant*, 26 décembre 1863.) — Voir nos 17, 180.

Section 3e. — Voirie (Grande).

I. — Navigation.

19. Berge d'une rivière. — *Passage d'un Troupeau. — Dégradation.* — Le fait de laisser paître un troupeau sur la berge de la Seine constitue une contravention aux dispositions de l'arrêt du Conseil du 24 juin 1777, qui défendent de dégrader les berges des rivières et canaux. (*Préfet de la Seine contre Oliveau et Thouin*, 21 janvier 1864.)

20. Chemin de halage. — *Arrêté municipal. — Société du Sport nautique. — Arrêté ministériel.* — L'autorité municipale est sans qualité pour suspendre, même momentanément, la circulation sur le chemin de halage d'une rivière. — L'arrêté ministériel qui autorise une société de la nature de celle du Sport nautique n'a d'autre objet que l'existence de la Société, et ne peut en aucun cas être considéré comme dispensant une société autorisée de se conformer aux lois et règlements qui régissent la grande voirie. (*Préfet de police contre Société du Sport nautique*, 20 décembre 1861.) — Voir no 172.

Chemin de halage. — *Circulation. — Garde champêtre. — Autorisation nulle.* — Voir no 12.

21. Délimitation du lit de la Seine. — *Arrêté.* — Lorsqu'un arrêté préfectoral approuvé par le Ministre compétent a fixé les limites du lit d'un fleuve, les propriétaires riverains doivent s'y conformer sauf à exercer un recours contre qui de droit, pour être indemnisés du préjudice que leur aurait causé la mesure prise par l'Administration dans l'intérêt de la navigation. (*Préfet de la Seine contre Cail*, 23 avril 1861.)

22. Extraction de sable du lit de la Seine. — *Incompétence.* — Les extractions de sable pratiquées dans le lit de la Seine ne constituent des contraventions de grande voirie que lorsqu'elles sont faites à moins de 6 toises du bord, et qu'elles ont pour résultat de modifier le cours des eaux et l'état des berges. — En ne se conformant pas aux conditions de l'arrêté préfectoral qui l'a autorisé, le permissionnaire commet une infraction qui ne rentre pas dans la compétence du Conseil de Préfecture. (*Préfet de la Seine contre Mangeard*, 25 novembre 1863; *contre Brun*, juin 1864.)

23. Pont appartenant a une société concessionnaire. — *Droit de verbaliser.* — L'existence d'une société concessionnaire d'un port, d'un pont et d'une gare, ne fait pas obstacle à l'exercice de tous les droits de l'autorité en ce qui concerne la sûreté publique et la police de la navigation, tant à l'intérieur qu'à l'extérieur de la gare. — En pareil cas, un contrevenant prétend à tort qu'un agent de l'Administration n'avait pas qualité pour verbaliser contre lui, attendu que le port (dans l'espèce, le port de Javel) appartient à une compagnie concessionnaire, à laquelle chaque dépositaire paye un droit de location pour l'emplacement qu'il occupe. (*Préfet de police contre Deschamps*, 27 janvier 1864.)

II. — Voie publique.

§ 1er. — *Dépôt de matériaux.*

24. Dépot sur un chemin vicinal de grande communication. — *Incompétence.* — *Dégradation d'une bordure de trottoir.* — *Contravention de roulage.* — *Compétence.* — Le dépôt, sur un chemin vicinal de grande communication, de matériaux qui n'ont pas endommagé ce chemin, ne constitue pas une contravention de grande voirie, et échappe à la compétence du Conseil de Préfecture; c'est une contravention de simple police prévue par l'arrêté préfectoral sur les chemins vicinaux. Mais la dégradation faite par une voiture à la bordure du trottoir d'un chemin de même nature constitue une contravention à la loi sur le roulage, rentrant dans la compétence dudit Conseil. (*Préfet de la Seine contre Schlesser et Tissot*, 3 novembre 1864.)

25. Dépot d'ordures ménagères. — *Responsabilité du propriétaire.* — Le propriétaire d'un immeuble, au devant duquel se trouve un dépôt d'ordures ménagères, est responsable de cette contravention s'il n'en fait connaître l'auteur. (*Préfet de la Seine contre Julien*, 26 janvier 1864; *contre Coussinard*, 5 avril 1864; *contre Cornette, Desnues et Chavignot*, 17 août 1861.) — Voir nos 183, 335.

26. Faute de l'entrepreneur. — *Non responsabilité du propriétaire.* — Quand il est constant qu'un dépôt existant sur la voie publique, au devant d'un immeuble en construction, est le fait de l'entrepreneur des travaux, le propriétaire pour le compte duquel travaillait l'entrepreneur ne doit pas être rendu responsable de la contravention. (*Préfet de la Seine contre Raze et Dacerton*, 9 janvier 1864.) — Voir n° 186.

27. Terres tombées d'une voiture sur la voie publique. — Le fait d'avoir laissé tomber d'un tombereau sur la route des terres de déblai constitue une dégradation de la voie publique et par suite une contravention de grande voirie, prévue par la loi du 29 floréal an X, et punie par l'art. 9 de la loi du 30 mai 1850. (*Préfet de la Seine contre Henri et Krœf*, 21 mai 1863.)

28. Voiture en réparation abandonnée sur la voie publique. — *Responsabilité du charron.* — L'abandon sur la voie publique d'une voiture en réparation constitue une contravention imputable non au propriétaire de la voiture, mais au charron chargé de la réparation. (*Préfet de la Seine contre Dumoulin, Nicoud et Boucherat*, 10 août 1864.) — Voir nos 29, 187, 352.

29. Voiture abandonnée pendant une nuit sur la voie publique.— *Incompétence.* — Le stationnement, pendant une nuit, sur la voie publique, d'une voiture chargée de matériaux et non éclairée, ne peut être assimilé à un dépôt de matériaux et considéré comme une contravention de grande voirie. — Ce fait constitue le cas de stationnement d'une voiture non attelée, qui rentre dans la classe des contraventions énumérées à l'art. 2, § 2, n° 5, de la loi du 30 mai 1851, et n'est pas de la compétence du Conseil de Préfecture. (*Préfet de la Seine contre Hélon*, 5 avril 1861.). — Voir nos 28, 187, 352.

§ 2e. — *Travaux de construction.*

30. Chemin de fer. — *Agrandissement d'une gare.* — *Construction joignant la voie publique.* — *Nécessité de l'autorisation du Préfet.* — Aux termes de l'arrêt du Conseil du 27 février 1765, il n'appartient qu'au grand-voyer (aujourd'hui au Préfet de la Seine) de permettre d'élever des constructions joignant la voie publique dans la ville de Paris. — En conséquence, un arrêté ministériel et un décret impérial approuvant un projet d'agrandissement d'une gare aux marchandises d'un chemin de fer, ne dispensent pas la compagnie du chemin de fer de l'obligation d'obtenir une permission de voirie préalablement à l'exécution des travaux et de payer des droits, conformément aux prescriptions du décret du 27 octobre 1808. (*Préfet de la Seine contre Cie du chemin de fer de l'Est*, 26 janvier 1864.)

21. CONSTRUCTION EN ARRIÈRE DE L'ALIGNEMENT. — L'arrêt du Conseil du 27 février 1765 n'oblige les propriétaires qui veulent construire le long des voies publiques, à demander à l'Administration l'alignement que pour les constructions à établir *le long des routes et les joignant.* — En conséquence, le propriétaire qui laisse, entre sa construction et la voie publique, une certaine zone de terrains, n'est pas assujetti à l'obligation de demander l'alignement. Le propriétaire, à qui un alignement a été délivré, peut construire en arrière de cet alignement sans commettre une contravention; mais l'autorité peut le contraindre à se clore à l'alignement. (*Préfet de la Seine contre Lesieur,* 25 juillet 1863; *contre Rubempré* (4 août 1863). — Dans ce dernier cas, il s'agissait d'une petite construction en planches située à 0m 50 en arrière de l'alignement, et appuyée au parement intérieur de pilastres en moellons qui la séparaient de la voie publique. — Voir n° 159.

22. CONSTRUCTION JOIGNANT LA VOIE PUBLIQUE ET SITUÉE DANS UNE ZONE DE SERVITUDES MILITAIRES. — *Nécessité d'une autorisation du Préfet et d'une autorisation du génie militaire.* — L'exécution non autorisée, au point de vue de la voirie, de travaux de construction en bordure d'une voie soumise au régime de la grande voirie, constitue une contravention aux prescriptions de l'arrêt du Conseil du 27 février 1765, bien que les travaux aient été autorisés par le directeur du génie au point de vue des servitudes militaires. (*Préfet de la Seine contre Clouzard,* 20 janvier 1864.)

23. DÉCRET DU 26 MARS 1852. — *Interprétation.* — Les dispositions de l'art. 4 du décret du 26 mars 1852 qui, à défaut d'injonction de la part de l'Administration, autorise les constructeurs à commencer leurs travaux 20 jours après le dépôt de leurs plans au secrétariat de la Préfecture, ne concernent que les obligations imposées par le même décret aux constructeurs, dans l'intérêt de la sûreté publique et de la salubrité. — En conséquence, elles ne dispensent pas le constructeur de l'obligation d'obtenir une permission et de payer les droits de voirie préalablement à l'exécution des travaux, dans les cas prévus par le décret du 27 octobre 1808. (*Préfet de la Seine contre Flouquet et Raskin,* 8 décembre 1863; *contre Moreau et Sauvage,* 20 décembre 1864.)

24. LOCATAIRE CONSTRUCTEUR. — *Responsabilité du propriétaire.* — Les propriétaires sont responsables des contraventions de grande voirie commises par leurs locataires, sauf leur recours, s'il y a lieu, contre ceux-ci. (*Préfet de la Seine contre Noirot,* 4 juin 1863.) — Les travaux de construction exécutés dans un terrain doivent être considérés comme faits au nom du propriétaire, qui est dès lors responsable de toute contravention de voirie commise sur son immeuble, sauf tels recours que de droit. En conséquence, il y a lieu, en cas de contravention, de condamner les propriétaires seulement et de mettre hors de cause les locataires constructeurs. L'intervention des locataires n'est même pas recevable. (*Préfet de la Seine contre Desplanques, Roux et Rastoil*, 8 novembre 1861; *contre Chambe et Adine et Cie*, 6 décembre 1861.) — Les conventions intervenues entre le propriétaire et le locataire d'un terrain ne sauraient dans aucun cas dégager le propriétaire de ses obligations envers l'Administration. — En les mentionnant parmi les personnes qui peuvent commettre des contraventions de voirie, l'arrêt du Conseil du 27 février 1765 a entendu rendre les locataires responsables des travaux exécutés par eux en leur qualité de locataires, tels que l'établissement de devantures de boutique, la pose d'enseignes ou l'exécution de tout autre ouvrage établi à l'extérieur de la propriété. Quant aux travaux qui ont pour résultat de modifier l'immeuble lui-même et qui ne peuvent, dès lors, être entrepris que par le propriétaire ou avec son consentement exprès ou tacite, la responsabilité n'en doit pas incomber aux locataires. (*Préfet de la Seine contre Chaput et dame Leautey*, 17 novembre 1863; *contre Tourseiller*, 15 décembre 1863.) — Voir nos 194, 195, 789.

35. Ouvrier non entrepreneur. — Les dispositions de l'arrêt du Conseil du 27 février 1765, qui rendent les architectes, maçons, charpentiers et ouvriers responsables des contraventions de voirie résultant de leur fait, ne peuvent être invoquées contre celui qui a travaillé comme simple ouvrier sous les ordres du propriétaire; elles ne sont applicables qu'à ceux qui ont exécuté ou dirigé des travaux de leur chef en qualité d'entrepreneur ou d'architecte. (*Préfet de la Seine contre Thomas et Vincent*, 8 décembre 1861.) — Voir no 197.

36. Rue classée. — *Servitude non ædificandi.* — Les parcelles de terrains non closes qui sont comprises dans le plan d'alignement d'une voie publique régulièrement classée, sont frappées de la servitude *non ædificandi* par l'acte de classement. Bien qu'ils en conservent la propriété jusqu'au payement de l'indemnité préalable, les propriétaires ne peuvent ni les enclore, ni y élever aucune construction, et les travaux qu'ils ont le droit de faire exécuter à l'alignement sont assujettis à l'obtention préalable d'une permission et au payement de droits de voirie. (*Préfet de la Seine contre Guilly et Moreau*, 10 janvier 1864.)

37. Travaux indument exécutés. — *Tolérance.* — *Incompétence.* — Le Conseil de Préfecture n'a pas qualité pour autoriser, même à titre de tolérance provisoire, le maintien d'une construction irrégulièrement établie. (*Préfet de la Seine contre Finot*, 21 mai 1863.)

§ 3e. — *Questions diverses.*

38. Servitude d'écoulement des eaux de la voie publique. — *Clôture de l'immeuble grevé de servitude.* — Lorsque, par sa situation naturelle, un immeuble est grevé de la servitude d'écoulement des eaux d'une voie publique appartenant au régime de la grande voirie, le propriétaire qui le fait clore est tenu de prendre les dispositions nécessaires pour maintenir l'écoulement des eaux comme par le passé, alors même que ces dispositions n'auraient pas été mentionnées dans la permission de voirie qu'il aurait obtenue. En ne le faisant pas, il contrevient à l'ordonnance du Bureau des finances du 17 juillet 1781, art. 8. (*Préfet de la Seine contre Montéage*, 3 décembre 1864; *contre Suricet*, 4 juin 1863.)

39. Assimilation des contraventions concernant les égouts aux contraventions de grande voirie. — Les égouts destinés à l'assainissement et au bon entretien des routes font en réalité partie de la voie publique, à titre d'ouvrages d'art, et leur détérioration doit, par suite, être considérée comme affectant les routes elles-mêmes. — La détérioration d'un égout par le jet d'eaux vannes provenant de fosses d'aisances constitue dès lors une contravention aux dispositions de l'ordonnance du 4 août 1731 et de l'article 9 de l'ordonnance du Bureau des finances du 17 juillet 1781 qui défendent de décharger des immondices sur aucune partie des voies publiques. (*Préfet de la Seine contre Meunier, Compagnie parisienne de vidanges et Administration de l'Assistance publique*, 3 décembre 1864; *contre Bergeon et Meunier*, 24 décembre 1864.)

40. Chemin vicinal de grande communication. — *Dégradation d'un arbre par un cheval. — Incompétence.* — Les dégradations faites à un arbre bordant un chemin vicinal de grande communication par un cheval harnaché qui y était attaché constituent une contravention rentrant dans la compétence, non du Conseil de Préfecture, mais du tribunal de police, aux termes des art. 336, 352 et 356 du règlement préfectoral sur les chemins vicinaux, du 13 novembre 1851. Un fait de cette nature ne peut être en effet considéré ni comme une contravention de roulage, la loi du 30 mai 1851 n'étant applicable qu'aux dégradations faites à un chemin par une voiture, ni comme une contravention de grande voirie, les chemins vicinaux n'étant pas soumis au régime de la grande voirie. (*Préfet de police contre Lallier*, 9 août 1861.) — Voir nos 341, 345.

Section 4e. — Roulage.

41. Arrêté par défaut. — *Opposition. — Qualité. — Tiers indûment condamné comme civilement responsable.* — Celui qu'une fausse déclaration du conducteur a désigné comme propriétaire de la voiture peut seul former opposition à l'arrêté par défaut, qui le condamne comme civilement responsable. — Le Préfet n'a qualité ni pour former cette opposition ni pour demander, par voie incidente, la réformation de l'arrêté, afin de faire substituer le nom du véritable contrevenant à celui qui figure tant au procès-verbal que dans l'arrêté de condamnation. (*Béchard contre le Préfet de la Seine*, 14 décembre 1861.)

42. CHARRETIER INCONNU. — *Responsabilité du propriétaire de la voiture.* — *Non responsabilité de la personne pour laquelle le transport est opéré.* — Quand une contravention, en matière de roulage, a été commise par un charretier dont le nom est demeuré inconnu, le procès-verbal est valablement dressé contre le propriétaire de la voiture, comme co-auteur de la contravention; mais la personne pour le compte de laquelle le transport de matériaux a été entrepris doit être considérée comme étrangère à la contravention, et n'en peut être déclarée responsable, le conducteur de la voiture n'étant pas son préposé. (*Préfet contre Bétourné et Basile*, 20 décembre 1861.)

CHEMIN VICINAL. — *Dégradation d'une bordure.* — *Compétence.* — Voir nº 24.

43. DÉCHÉANCE. — *Notification au charretier.* — En matière de roulage, lorsque le procès-verbal de contravention n'a pas été notifié au charretier auteur de la contravention, conformément aux dispositions de l'art. 23 de la loi du 30 mai 1851, la déchéance a été encourue et aucune condamnation ne doit être prononcée. (*Préfet de la Seine contre Delaunay*, 20 décembre 1861.) — Voir nº 201.

SECTION 5e — Servitudes militaires.

44. ENCEINTE CONTINUE ET FORTS DE PARIS. — En vertu de l'art. 8 de la loi du 3 avril 1841, le seul fait de l'établissement des fortifications de Paris a rendu applicable à l'enceinte continue et aux forts extérieurs de cette ville les prohibitions édictées par la loi du 1er juillet 1819, pour la première zone des servitudes militaires. — On a prétendu à tort que cette disposition ne saurait être obligatoire qu'autant que Paris aurait été classé parmi les places de guerre, en vertu d'une loi spéciale; une telle interprétation serait contraire à l'esprit de la loi du 3 avril 1841 et au but du législateur. (*Préfet de la Seine contre Bontemps*, 26 décembre 1863.) — Voir nos 568, 797.

CONSTRUCTION JOIGNANT LA VOIE PUBLIQUE. — *Nécessité d'une autorisation du Préfet et d'une autorisation du génie militaire.* — Voir nº 32.

45. TRAVAUX NON AUTORISÉS. — *Maintien.* — Tout en reconnaissant que des ouvrages exécutés dans la première zone des servitudes militaires, sans autorisation, ou tout au moins sans une déclaration préalable au directeur du génie, constituent une contravention aux lois et règlements sur les servitudes militaires, le Conseil peut, à raison de la nature de ces ouvrages, n'en pas ordonner la démolition. (*Préfet de la Seine contre Mortier*, 1er août 1863.) — Dans l'espèce, les travaux consistaient : 1° dans la reconstruction de diverses parties de murs de soutènement d'une terrasse et de deux petits escaliers de quatre marches chacun conduisant à cette terrasse; 2° dans le carrelage du sol conduisant à la même terrasse; 3° enfin dans le remplacement du pavage d'une cour par un dallage dans une certaine partie, et, pour le surplus, par un carrelage en briques.

CONTRIBUTIONS DIRECTES.

SECTION 1re. — Questions générales.

§ 1er. — *Cotes indûment imposées ou irrécouvrables.*

46. ÉTATS DE COTES INDUMENT IMPOSÉES. — Les percepteurs sont fondés à faire figurer d'office, sur les états de cotes indûment imposées qu'ils ont à présenter dans les trois premiers mois de l'exercice, en vertu de l'art. 6 de la loi de 3 juillet 1846, les cotes dont l'inscription au rôle est due à une erreur évidente; mais ils doivent en écarter celles dont la régularité est seulement contestable, soit au point de vue des faits, soit au point de vue du droit. En ce qui concerne ces dernières, il y a lieu d'attendre les réclamations des contribuables, conformément à l'art. 28 de la loi du 21 avril 1832. (*Percepteur du 9e arrondissement de Paris*, 11 mars 1864.)

47. ÉTATS DE COTES IRRÉCOUVRABLES. — Aux termes de l'art. 16 de la loi du 22 juin 1854, les cotes indûment imposées qui ne figurent pas sur les états présentés par les percepteurs dans les trois premiers mois de l'exercice, en vertu de l'art. 6 de la loi du 3 juillet 1846, peuvent être portées sur les états de cotes irrécouvrables dressés en fin d'exercice, en vertu de la circulaire ministérielle du 27 décembre 1826, mais à la condition que ces cotes soient à la fois indûment imposées et irrecouvrables.

Il en résulte que les diverses cotes comprises dans les états dressés en fin d'exercice par les percepteurs, doivent, selon les cas, donner lieu, savoir : à des remises ou modérations qu'il appartient au Préfet de prononcer quand elles sont seulement irrecouvrables, et à des décharges ou réductions rentrant dans la compétence du Conseil de Préfecture quand elles sont à la fois indûment imposées et irrécouvrables.

En conséquence, il y a lieu :

1° A remise ou modération dans les cas ci-après :

Cotes dont le recouvrement n'a pu être effectué, en totalité ou en partie, pour des causes postérieures à la mise en recouvrement du rôle.

Contribuables indigents dont la résidence est connue, et qui ont cessé d'occuper, antérieurement au 1er janvier (au 8 ou au 15 janvier à Paris), le domicile où ils ont été imposés à la contribution personnelle-mobilière.

Contribuables disparus entre le 1er janvier (le 8 ou le 15 janvier à Paris) et le jour de l'émission du rôle.

Contribuables dont l'indigence, dûment constatée, remonte à une époque antérieure au 1er janvier, et qui n'ont pas été désignés par le Conseil municipal pour être exemptés de la cotisation.

2° A décharge dans les cas suivants :

Contribuables décédés avant le 1er janvier de l'année à laquelle s'applique l'imposition.

Contribuables dont la résidence est inconnue et qui ont cessé d'occuper, antérieurement au 1er janvier (au 8 ou au 15 janvier à Paris), le domicile où ils ont été imposés à la contribution personnelle-mobilière.

Taxes des portes et fenêtres des maisons particulières affectées à un service public.

Doubles emplois, tardivement reconnus et concernant des contribuables décédés ou disparus.

Cessation d'exercice de la profession imposée, antérieurement au 1er janvier.

Taxes imposées aux ministres ou représentants des puissances étrangères.

Individus ayant réclamé, par anticipation, une patente devenue sans objet par suite de non exercice de la profession ou de départ. (*Percepteurs des arrondissements de Paris et des communes de Pantin et de Neuilly*, 23 et 27 mai 1864.)

§ 2e. — *Déchéance.*

48. Dépôt d'une requête a la mairie. — Une demande en dégrèvement, parvenue au secrétariat de la Préfecture plus de trois mois après l'émission du rôle, ne doit pas être rejetée pour cause de déchéance, s'il est établi qu'elle a été déposée à la mairie de l'arrondissement du contribuable avant l'expiration du délai de trois mois, les bureaux des mairies de Paris devant être considérés comme dépendant de la Préfecture de la Seine. (*Vanschoox*, 26 décembre 1863.)

49. CONTRIBUTIONS PAYÉES PAR UN PROPRIÉTAIRE POUR SON LOCATAIRE. — Lorsqu'un propriétaire, mis en demeure de payer des contributions aux lieu et place de son locataire, forme une demande en réduction de ces contributions, sa requête doit être rejetée pour cause de déchéance, si elle a été présentée plus de trois mois après la mise en demeure. (*Lanier*, 14 mai 1864.) — Voir nos 201, 356, 816.

50. FAILLITE. — *Appel.* — L'appel formé contre un jugement déclaratif de faillite étant suspensif des droits des parties intéressées, le délai de trois mois accordé pour le dépôt des demandes en dégrèvement ne doit en pareil cas, commencer à courir qu'à partir de la date de l'arrêt qui a statué sur l'appel. (*Fouché*, 13 février 1864.)

§ 3e. — *Questions diverses.*

51. CONTRIBUABLES NE SACHANT PAS SIGNER. — *Signature de la demande par le maire.* — La fin de non recevoir tirée de ce que la réclamation n'est signée ni par le contribuable ni par un mandataire régulièrement institué par lui, doit être rejetée dans le cas où la réclamation est signée par le maire de la commune et constate que le contribuable ne sait ni lire ni écrire ni signer. En effet, la loi doit être interprétée dans un sens pratique; or, dans le cas dont il s'agit, le contribuable est hors d'état de donner une procuration sous seing privé, et en exigeant de lui une procuration authentique on le mettrait dans l'impossibilité de réclamer, surtout dans le cas assez fréquent où le montant de la taxe serait inférieur au coût d'une procuration notariée. (*De Beaugrand*, 1er septembre 1864.) — Voir no 202.

SECTION 2e. — Contribution foncière.

52. CHEMIN DE FER. — *Gare.* — *Bases de la taxe foncière.* — Pour déterminer le revenu imposable des parties bâties d'une gare de chemin de fer, il doit être tenu compte non-seulement des bâtiments proprement dits, mais encore des conduites d'eau et de gaz, des rails et des plaques tournantes y existant, de l'outillage attaché aux murs ou au sol à perpétuelle demeure, des cours dépendant des bâtiments, des murs de soutènement, et enfin de chantiers qui, à raison de leur destination industrielle, doivent être assimilés aux terrains portant construction. (*Ce du chemin de fer de Lyon*, 25 juin 1864.)

SECTION 3e. — Contributions foncière et des portes et fenêtres.

§ 1er. — *Exemptions.*

53. KIOSQUES DE LA COMPAGNIE DES PETITES VOITURES. — Les kiosques servant de bureaux aux employés de l'Administration municipale chargés du contrôle de la Compagnie des Petites Voitures, doivent être exemptés de la taxe foncière et de celle des portes et fenêtres, comme étant affectés à un service d'utilité publique. (Cie *des Petites Voitures*, 28 juin 1864.)

54. KIOSQUES LUMINEUX. — Les kiosques lumineux établis à Paris sur le sol de la voie publique doivent être exemptés de la taxe foncière et de celle des portes et fenêtres, en raison de leur mobilité et de la nature de leur construction, qui ne permettent pas de les considérer comme constituant des immeubles. (Cie *de Publicité diurne et nocturne*, 2 juin 1864.)

§ 2e. — *Qualité pour réclamer.*

55. DEMANDE FORMÉE PAR LE PRINCIPAL LOCATAIRE D'UNE MAISON. — Le principal locataire n'a pas qualité pour demander la réduction de la taxe foncière d'une maison, alors même qu'il est personnellement chargé du payement de cette taxe. — En pareil cas, la requête est frappée de déchéance, bien qu'elle ait été régularisée par l'intervention du propriétaire, si la régularisation n'a pas eu lieu dans le délai de trois mois à partir de l'émission du rôle. — Le principal locataire a, au contraire, qualité pour demander personnellement la réduction de la taxe des portes et fenêtres. (*Nicolas*, 7 novembre 1863 ; — Dlle *Diot*, 5 janvier 1864). — Voir no 367.

SECTION 4e. — Contribution des portes et fenêtres

§ 1er. — *Exemptions.*

56. — MANUFACTURE. — *Fabrique de boutons.* — Bien qu'elle soit divisée en plusieurs ateliers et qu'il y soit fait emploi d'une machine à vapeur de quatre chevaux, une fabrique de boutons, occupant 80 ouvriers, doit être exemptée de la contribution des portes et fenêtres, lorsque c'est surtout par la main-d'œuvre que les produits y sont obtenus. (*Gourdin*, 14 juillet 1861.) — Voir nos 209, 211, 213, 214.

§ 2e. — *Matière imposable.*

57. CHEMIN DE FER. — *Bâtiments et hangars pour le dépôt du matériel de l'exploitation.* — Les bâtiments et hangars affectés au dépôt du matériel de l'exploitation d'un chemin de fer sont passibles de la taxe des portes et fenêtres au même titre que les ateliers et les halles aux marchandises. — L'exemption de taxe accordée par les instructions ministérielles des 30 septembre 1831 et 12 mars 1841 aux ouvertures des bâtiments servant de remises formant les dépendances des habitations, ne doit pas être étendue à celles des vastes bâtiments élevés par les Compagnies de chemins de fer pour y déposer leur matériel. — La Compagnie prétendrait à tort que ces bâtiments n'étant pas clos à leurs extrémités, leurs ouvertures doivent être exemptées de la taxe, en vertu de l'instruction ministérielle du 30 mars 1831 ou de l'ordonnance du 17 mai 1833, qui ont pour unique objet des ouvertures non closes, et ne peuvent dès lors être considérées comme applicables à des ouvertures closes. (Cie *du chemin de fer de l'Ouest*, 7 novembre 1863.)

58. CHEMIN DE FER. — *Bureaux, salles d'attente et gares.* — Les bureaux, salles d'attente et gares d'un chemin de fer, ne doivent pas être exemptés de la taxe des portes et fenêtres, à titre de manufacture, par application de l'art. 9 de la loi du 4 germinal an XI. (Cie *du chemin de fer du Nord*, 11 novembre 1863.)

59. ÉTABLISSEMENTS D'INSTRUCTION. — L'art. 5 de la loi du 4 frimaire an VII n'exempte de la contribution des portes et fenêtres que les propriétés affectées à un service d'instruction publique et gratuite. Le collège Stanislas, appartenant à la Société de Marie, et dans lequel les élèves ne sont admis qu'en payant, a dès lors été dûment assujetti à la taxe des portes et fenêtres. (*Société de Marie*, 10 octobre 1863.)

60. PORTIER CONSIGNE D'UNE CASERNE. — Les employés militaires logés gratuitement dans les bâtiments de l'État, sont nominativement imposables pour les portes et fenêtres des parties de bâtiments qui servent à leur habitation personnelle. En conséquence, le portier-consigne d'une caserne n'est pas fondé à demander la décharge de la taxe des portes et fenêtres, afférente au logement qu'il occupe. (*Poirier*, 10 octobre 1863.)

61. RAFFINERIE DE SUCRE. — Une raffinerie de sucre où le travail de l'homme consiste à diriger l'emploi du calorique et des machines, et n'a qu'une action secondaire sur la fabrication, ne doit pas être exemptée de la taxe à titre de manufacture, par application de l'art. 19 de la loi du 4 germinal an XI. (*Sarrebourse d'Audeville*, 11 juin 1861.)

Section 5e. — Contribution personnelle et mobilière.

§ 1er. — *Exemption.*

62. Domestique a gages. — *Charretier.* — Un charretier, exclusivement employé au service d'un négociant, chez qui il est logé, doit être exempté de la contribution personnelle et mobilière, comme n'ayant pas la jouissance de ses droits dans le sens de l'art. 12 de la loi du 21 avril 1832, alors même qu'il n'est pas nourri par son maître. (*Danton*, 12 octobre 1861.)

63. Officier détaché comme aide de camp. — Un officier détaché temporairement du corps de troupe, auquel il appartient, pour faire le service d'aide de camp d'un général, ne perd pas le caractère d'officier avec troupe, et doit, par suite, continuer à être exempté de la taxe mobilière, conformément à l'art. 3 de la loi du 28 thermidor an X. (*Condren*, 15 septembre 1863.) — Voir n° 851.

64. Officier en expédition. — Un officier avec troupe, sous les drapeaux à l'étranger, peut invoquer pour le logement occupé par sa famille l'exemption de la taxe mobilière, conformément à l'art. 3 de la loi du 28 thermidor an X. (*Cibot*, 11 juillet 1863.) — Voir n° 851.

65. Officier de recrutement. — Les officiers employés au recrutement, ne cessant pas de figurer sur les états de revue des corps auxquels ils appartiennent, doivent être exemptés de la taxe mobilière, conformément à l'art. 3 de la loi du 28 thermidor an X. (*Crochon*, 25 juillet 1863.) — Voir n° 851.

§ 2e. — *Matière imposable.*

66. Avocat. — *Locaux servant à l'exercice de la profession.* — Les locaux, occupés par un avocat, ne sont exemptés de la contribution mobilière, qu'autant qu'ils sont exclusivement affectés à l'exercice de la profession. Les locaux d'un usage mixte n'en sont point exemptés. (*Baze*, 23 juin 1863.) — Voir n° 377.

67. Compagnie financière non patentée. — *Bureaux.* — Les bureaux d'une compagnie financière, non imposée à la taxe des patentes, ne se trouvant dans aucun des cas d'exemption prévus par l'art. 8 de la loi du 26 mars 1831, doivent être assujettis à la contribution mobilière à titre d'habitation meublée. (*Cie Immobilière*, 30 novembre 1861.) — Voir n° 230.

68. Compagnie industrielle patentée. — *Logement d'un employé.* — Une compagnie industrielle patentée qui, indépendamment d'un bureau affecté à l'exploitation industrielle, occupe une pièce annexe meublée et servant d'habitation à un employé, doit être imposée à la taxe mobilière en raison de cette pièce. (*C*[ie] *des Omnibus du chemin de fer de l'Ouest*, 30 novembre 1861.)

69. Étranger. — *Appartement meublé.* — Un étranger logé à Paris dans un appartement meublé est imposable à la contribution mobilière lorsque sa résidence en France a une certaine fixité. — Dans l'espèce, le réclamant occupait à Paris, au moment de la confection du rôle, un appartement meublé en vertu d'un bail, ayant une durée de 6 mois. Il avait passé l'été précédent à Maisons-sur-Seine et devait y passer la belle saison suivante. (*Morgan*, 26 juillet 1861.) — Voir n° 221.

§ 3e. — *Décisions diverses.*

70. Division de taxe. — Lorsque deux appartements distincts, situés sur un même palier, et ayant chacun une entrée particulière, sont habités par les membres d'une même famille, l'ouverture d'une porte de communication dans le mur qui sépare les deux appartements ne suffit pas pour faire considérer ces appartements comme confondus en un seul, s'il n'est pas établi que les occupants vivent en commun et n'ont qu'un seul ménage. (*Bruzard*, 16 juin 1861.) — Voir nos 226 à 228; 863 et suivants.

71. Loyer imposable des contribuables patentés. — *Mode d'évaluation.* — L'atténuation, adoptée dans les diverses communes pour l'assiette de la contribution mobilière, ne doit porter que sur le loyer des locaux affectés à l'habitation. En conséquence, pour déterminer le loyer imposable d'un contribuable patenté, il convient de déduire du prix total de sa location la quote-part de loyer, afférent aux locaux professionnels et d'appliquer l'atténuation au surplus, comme représentant le montant du loyer réel de l'habitation du contribuable. (*Laden*, 13 octobre 1861.)

72. Officier sans troupes. — *Base de la contribution mobilière.* — Un officier sans troupes, logé gratuitement dans un bâtiment appartenant à l'État, est mal fondé à demander que sa cote mobilière soit basée sur le montant de l'indemnité qui, à défaut de logement lui serait allouée à raison de son grade. Sa cote mobilière doit être établie, comme celle des autres contribuables, d'après la valeur locative des locaux affectés à son habitation personnelle. (*De Kreuzer*, 2 juillet 1863; — *Barrois*, 23 octobre 1863.) — Voir nos 221, 220.

SECTION 6e. — Patentes.

§ 1er. — *Exemptions.*

73. ARBITRE RAPPORTEUR PRÈS LE TRIBUNAL DE COMMERCE. — La mission d'arbitre rapporteur près le Tribunal de Commerce, ne constitue pas, dans l'état actuel de la législation, une profession assujettie à la patente. Elle a été indûment assimilée par un arrêté préfectoral à la profession de mandataire salarié pour l'administration des faillites, avec laquelle elle n'a pas d'analogie, et il y a lieu de décharger de sa patente un arbitre rapporteur taxé comme agent d'affaires. (*Rolland*, 13 août 1861; — *Bolle*, idem.) — Voir n° 382.

74. COMPAGNIE MUTUELLE D'ASSURANCES. — Le directeur d'une Compagnie mutuelle d'assurances, non sujette à patente, ne peut être soumis, à raison de ses fonctions à une patente personnelle, motivée sur ce qu'il aurait entrepris à forfait, moyennant une rétribution proportionnée au montant des valeurs assurées, de pourvoir aux frais d'administration et à la gérance des affaires de la Compagnie. (*Thouret*, 1er décembre 1861.) — Voir n° 388.

75. MAISON DE COMMERCE A L'ÉTRANGER. — *Achats de marchandises en France.* — Les opérations réunies d'achat et de vente caractérisent seules le commerçant ; en conséquence, il n'y a pas lieu d'imposer à la patente celui qui, possédant à l'étranger une maison de commerce, se borne à acheter en France des marchandises qu'il expédie à cette maison. (*Derenusson et Lassalle*, 4 juin 1861.)

76. OUVRIERS ASSOCIÉS. — Deux ouvriers associés, qui ont mis en commun leur clientèle et leur travail, mais qui n'occupent ni compagnon, ni apprenti, ont droit à l'exemption accordée par les lois des 4 juin 1858 et 3 juillet 1862 aux ouvriers travaillant sans compagnon ni apprenti. (*Kremmer*, 6 octobre 1861.) — Voir n° 233.

77. PROPRIÉTAIRE CONSTRUCTEUR DE MAISONS. — Le fait d'acheter des terrains pour y élever des maisons, destinées à être revendues, ne constitue pas l'exercice d'une industrie patentable, bien que les opérations d'achat et de vente soient fréquemment renouvelées et exécutées sur une grande échelle. (*Saunier*, 2 décembre 1863.)

78. REPRÉSENTANT D'UNE SEULE MAISON DE COMMERCE. — Le tableau annexé à la loi du 4 juin 1858, n'applique la qualité de représentant de commerce qu'à celui, qui achète ou vend pour le compte de plusieurs marchands. — En conséquence, l'agent d'une seule maison doit être considéré comme étant un employé de cette maison et comme n'étant dès lors pas imposable à la patente. (*Levy Paraf*, 4 février 1861; — *Marteau*, 7 juin 1864; — *Siebermann*, 28 septembre 1864.) — Voir nos 336, 337.

79. Société anonyme. — *Liquidateur*. — Le directeur général de la Caisse hypothécaire (société anonyme), chargé de la liquidation de cette Caisse, et rétribué proportionnellement aux recouvrements opérés ne doit pas être imposé à la patente en qualité d'agent d'affaires. (*Siley*, 4 novembre 1863.)

§ 2°. — *Assimilation*.

80. Un arrêté d'assimilation n'a pas d'effet rétroactif, et n'est par conséquent pas opposable à la demande en décharge ou réduction d'une patente antérieurement inscrite au rôle. (*Dame Morel*, 1er décembre 1863; — *Beucelet*, idem.)

§ 3°. — *Professions diverses*.

81. Agence matrimoniale. — Une agence matrimoniale doit être soumise à la patente à titre d'agence d'affaires. (*De Saint-Marc*, 23 septembre 1863.)

82. Avocat. — *Inscription au tableau de l'ordre*. — Un avocat inscrit au tableau de l'ordre doit être imposé à la patente, alors même qu'il n'exercerait pas la profession et qu'il aurait son domicile hors du ressort. (*Arnaud*, 27 février 1861.)

83. Banquier. — *Etablissement principal en province*. — *Bureau à Paris*. — Le banquier qui, ayant son établissement principal en province, n'occupe à Paris qu'un bureau où il ne fait aucune opération de banque ou d'escompte, ne doit être imposé à Paris que comme tenant une caisse de recettes et de payements. (*Séré-Depoin*, 2 avril 1863.) — Voir no 244.

84. Marchand boucher. — Le commerçant qui, sans avoir ni boutique, ni étal, achète, sur les marchés de Sceaux et de Poissy, des bestiaux qu'il fait abattre et vendre à la criée, doit être soumis à la patente en qualité de marchand boucher. (*Eccrling*, 8 décembre 1863.)

85. Maitre d'amusements publics. — La profession de maître d'amusements publics peut s'exercer en ambulance ou dans des établissements fixes et permanents, tels que jardins, promenades, etc.; en conséquence, il convient, pour l'application du droit fixe à cette profession, de tenir compte de la distinction établie, entre le commerce

à demeure et le commerce en ambulance, par les art. 13 et 14 de la loi du 25 avril 1844, et par le tarif général. (*Fiolet*, 8 novembre 1861.)

86. Marché en plein air. — *Marchand en étalage.* — Le marchand qui vend de la volaille trois fois par semaine sur un marché en plein air, qui paye sa place à la semaine et qui, après la fermeture du marché, enlève ses marchandises non vendues, ne doit pas être considéré comme ayant un étal permanent et comme occupant une place fixe. Il doit donc être imposé à la patente à titre de marchand en étalage. (*Picard*, 7 novembre 1863.)

87. Médecin. — *Consultations gratuites.* — Le médecin qui, en dehors de sa clientèle ordinaire, donne des consultations gratuites aux indigents dans un local séparé de son habitation, est passible du droit proportionnel de patente à raison de ce local. (*Wecker*, 10 octobre 1863; — *Frélu*, 9 décembre 1863.)

88. Vice-consul exerçant un commerce. — Un vice-consul exerçant un commerce en France, n'est exempté de la patente ni par la loi, ni par les instructions ministérielles, ni par les traités internationaux. (*Bertrand*, 28 octobre 1863.)

§ 4°. — *Sociétés.*

89. Compagnie de réassurance. — Une compagnie d'assurances qui ne traite pas directement avec les assurés et se borne, au moyen de traité de réassurance, à prendre part aux opérations faites par d'autres compagnies, doit être imposée au droit fixe maximum du tableau C, quand les opérations des compagnies avec lesquelles elle traite s'étendent à plus de vingt départements. (*Saillour*, 1er décembre 1861.)

90. Société en commandite. — *Siége de la société séparé de l'établissement. — Lieu de perception du droit fixe.* — Lorsqu'une société en commandite ayant son siége à Paris, d'après ses statuts, a son véritable établissement dans une autre localité, l'associé principal et les associés secondaires ne doivent pas être imposés au droit fixe de patente à Paris, si la société n'y possède qu'un bureau affecté aux réunions du conseil de surveillance et au payement des coupons d'intérêt des actions. (*Barbey et Cie*, 12 novembre 1863.)

91. Société en nom collectif. — *Associé secondaire. — Demande formée par l'associé principal.* — L'associé principal a qualité pour réclamer contre la taxe de patente de son associé secondaire, alors même que la société a cessé d'exister. En effet, la taxe peut l'intéresser soit comme coassocié, soit comme liquidateur, et, dans cette situation, sa réclamation ne peut être considérée comme faite par un tiers. (*Fortin par Adenur*, 23 novembre 1861.)

97. SOCIÉTÉ EN NOM COLLECTIF. — *Décès de l'associé principal en cours d'exercice.* — Lorsque l'associé principal vient à décéder en cours d'exercice, et que les opérations de la société, d'abord suspendues, sont ensuite reprises, dans le même local, par une société nouvelle formée entre les associés survivants, le fait de cette reprise ne doit pas être considéré comme constituant une continuation des opérations de la société primitive, et ne fait par conséquent pas obstacle à ce que, par application de l'art. 23 de la loi du 25 avril 1844, il soit accordé décharge des droits de patente personnels à l'associé décédé quant aux douzièmes non échus au jour du décès. (*Penicaud et Naude,* 3 novembre 1864.) — Voir n° 402.

98. SOCIÉTÉ EN NOM COLLECTIF. — *Décès d'un associé secondaire en cours d'exercice.* — Lorsque, après le décès d'un associé secondaire, les opérations de la société ont été continuées au nom et pour le compte de l'associé principal seul, il y a lieu d'accorder décharge des douzièmes non échus de la patente de l'associé secondaire, bien que son décès n'ait été suivi d'aucune fermeture de l'établissement, attendu qu'aux termes de l'art. 1865 du Code Napoléon, toute société est dissoute de plein droit par la mort de l'un des associés. (*Boisbergue,* 13 février 1861.) — Voir n° 403.

§ 5. — *Droit proportionnel.*

99. COMPAGNIE DE CHEMIN DE FER. — *Établissement industriel — Locaux soumis au droit proportionnel. — Valeur locative.* — Lorsqu'il s'agit de déterminer la valeur locative devant servir de base au droit proportionnel dont est passible une compagnie de chemin de fer à raison de son établissement industriel, on ne doit faire entrer dans l'estimation ni la voie de fer ni ses dépendances immédiates et nécessaires, telles que travaux d'art, rampes et voies d'accès, plaques tournantes des locomobiles et matériel roulant; mais on doit y comprendre : 1° tous les bâtiments qui servent à l'exploitation et leurs dépendances (doivent être exceptés par conséquent les bâtiments où sont installés les bureaux tant du commissaire de surveillance administrative que du commissaire spécial de la police, de l'octroi et de la douane); 2° les parties de terrain (pavage compris) qui constituent de véritables cours autour de ces bâtiments, dont elles sont des annexes nécessaires; 3° les chantiers servant au dépôt d'approvisionnements de toutes sortes pour les besoins de l'exploitation; 4° les rails et plaques tournantes existant à l'intérieur des ateliers et remises des voitures et des locomotives, et qui, ne concourant pas au service des transports, ne peuvent être regardés comme des dépendances de la voie ferrée; 5° les aqueducs, les égouts et les conduites d'eau pratiqués sous le sol de la gare et se rattachant aux bâtiments; 6° les conduites de gaz et les appareils de chauffage, parties intégrantes des bâtiments; 7° l'outillage tant fixe que mobile des ateliers de réparation et de construction, par application de l'art. 9 de la loi du 25 avril 1844; 8° Enfin les logements des employés, attendu que des locaux occupés par un personnel dont la présence, au sein de l'établissement industriel, est nécessaire à l'exploitation, doivent nécessairement être regardés comme servant à l'exercice de l'industrie, et par suite, comme passibles du droit proportionnel au 40e. — Conformément aux art. 43 et 45 de l'instruction générale sur les patentes du 30 août 1858, la valeur locative de ces divers éléments doit être tirée de la valeur capitale de chacun d'entre eux, savoir 5 °/₀ de cette valeur pour les bâtiments et leurs dépendances, et 10 p. °/₀ pour l'outillage industriel. (*Cie du chemin de fer de Lyon*, 25 juin 1861.) — Voir nos 241, 401 à 407.

95. Sous-location. — *Déduction sur le prix de location.* — Dans l'évaluation de la valeur locative qui doit servir de base à une taxe de patente, la déduction à opérer sur le prix du bail à raison d'une sous-location doit être calculée, non d'après le prix de la sous-location, mais d'après le rapport existant entre la valeur totale des locaux et la partie conservée. (*Lolagnier*, 26 novembre 1863.)

96. Sous-locations postérieures au 1er janvier. — Les sous-locations faites postérieurement au 1er janvier ne doivent donner lieu à aucune diminution du droit proportionnel de patente, les taxes établies au commencement de l'année étant dues pour l'année entière. (*Jacquillard*, 2 février 1861.)

97. Valeur locative réelle. — Le droit proportionnel de patente doit être assis sur la valeur locative réelle des locaux, non sur le loyer stipulé dans le bail du contribuable. — Cette règle doit être maintenue, même dans le cas où la valeur locative réelle serait inférieure au loyer payé. (*Avercene et Calmettes*, 14 avril 1864.) — Voir nos 920, 921.

§ 6e. — *Etablissements secondaires.*

98. Compagnie de chemin de fer. — *Etablissement secondaire affecté au factage et camionnage des marchandises.* — Lorsqu'une compagnie de chemin de fer a des magasins affectés au factage et au camionnage des marchandises et munis d'un matériel spécial, si le factage et le camionnage se font moyennant une indemnité distincte du prix perçu pour le transport sur la voie ferrée, ces magasins constituent un établissement secondaire passible, comme entreprise de roulage, d'un demi-droit fixe de patente, tableau B. (*Cie du chemin de fer d'Orléans*, 2 août 1861.) — Voir no 243.

99. Atelier de fabrication. — Quand un contribuable imposé à un droit fixe entier pour une maison de vente, possède dans d'autres localités des ateliers de fabrication dont les produits sont écoulés dans la maison de vente, ces ateliers ne constituent pas un établissement secondaire donnant lieu à un demi-droit fixe; ils ne sont passibles que du droit proportionnel comme dépendance de la maison de vente, alors même que des marchandises étrangères seraient écoulées dans cette dernière. (*Beauclaire*, 23 octobre 1861.)

§ 7° — *Cessions d'établissements.*

100. Cession antérieure au 1er janvier. — *Transfert.* — Celui qui a acquis un fonds de commerce avant l'ouverture de l'exercice est fondé à demander son inscription aux rôles des patentes aux lieu et place de son vendeur indûment compris au rôle. (*Hébert*, 4 février 1861.) — Voir n° 417.

101. Cession postérieure au 1er janvier. — *Transfert.* — Dans le cas de vente d'un fonds de commerce en cours d'exercice, si le cédant ne demande pas dans le délai de trois mois le transfert de la patente au nom de son successeur, il y a lieu de maintenir la taxe à laquelle ce dernier a été imposé au rôle supplémentaire. (*Bicert*, 11 juin 1861; — *Guez*, 21 décembre 1861.) — Voir nos 102, 950.

102. Demande en transfert. — *Déchéance.* — Une demande en transfert de patente n'étant, au fond, qu'une demande en décharge ou en réduction, doit, sous peine de déchéance, être formée, dans le délai de trois mois, à partir du jour de la cession de l'établissement. (*Cherpin*, 20 février 1861.) — Voir nos 101, 950.

103. Facteur à la halle aux grains. — *Réduction de la patente du cédant.* — Lorsqu'un facteur à la halle aux grains a cédé sa charge en cours d'exercice, et que son successeur s'est pourvu de la patente personnelle exigée par les règlements pour la mutation, il y a lieu d'accorder une réduction au cédant pour les douzièmes auxquels s'applique la patente personnelle du cessionnaire. (*Canonne*, 26 décembre 1863; — *Lesaucage*, 29 décembre 1863.)

§ 8°. — *Décisions diverses.*

104. Deux époux exerçant la même profession. — Des époux non séparés de biens et exerçant séparément la profession de brocanteur sans boutique, ne doivent être imposés qu'à une seule patente. En conséquence, dans le cas où chacun d'eux a été personnellement imposé, même sur sa demande, ils peuvent obtenir la décharge de l'une des taxes pour cause de double emploi. (*Durand*, 23 novembre 1861.)

105. Mari séparé de biens. — Un commerçant doit être imposé au droit proportionnel de patente sur les locaux affectés à son habitation, lors même que la location en aurait été faite au nom de son épouse séparée de biens, ou qu'ils feraient partie d'un immeuble propre à cette dernière. (*Piotet*, 19 septembre 1863; — *Picque*, 5 décembre 1863.) — Voir n° 242.

Section 7ᵉ. — Prestations pour les chemins vicinaux.

106. Officiers sans troupe. — *Commandant les forts détachés de la place de Paris.* — Les commandants des forts détachés de la place de Paris font partie de l'état-major des places, et non de l'armée active; dès lors, à titre d'officiers sans troupe, ils sont imposables à la contribution personnelle-mobilière, et par suite à la taxe des prestations en nature pour les chemins vicinaux. — Argument tiré de l'art. 3 de la loi du 21 mai 1836 et des art. 12 et 14 de la loi du 21 avril 1832. (*Blouet et Vialles*, 30 octobre 1861.) — Voir n° 425.

107. Professeurs attachés a une institution. — Les professeurs attachés à une institution ne peuvent être considérés ni comme membres, ni comme serviteurs de la famille du chef de l'établissement, au nom duquel ils ne peuvent dès lors être imposés à la taxe des prestations pour les chemins vicinaux. (*Massé*, 8 décembre 1863.)

108. Voitures et chevaux affectés au service intérieur des carrières. — *Exemption.* — Les chevaux et les voitures exclusivement affectés au service de galeries d'extraction de pierres, et qui dès lors ne circulent pas sur la voie publique, ne sont pas assujettis à la taxe des prestations pour les chemins vicinaux. (*Aureau*, 8 décembre 1863.)

Section 8ᵉ. — Taxe sur les chevaux et voitures.

§ 1er. — *Exemptions de taxe.*

109. Avocats, notaires, avoués, agents de change, etc. — Les patentés, tels que avocats, avoués, notaires, agents de change, etc., peuvent être admis à réclamer l'exemption d'impôt prononcée par l'art. 6 de la loi du 2 juillet 1862, s'ils justifient que les chevaux et voitures, à raison desquels ils ont été imposés, sont habituellement employés en partie pour leur service personnel ou pour le service de leur famille et en partie pour le service de leur profession. Cette exemption n'est applicable ni aux chevaux et voitures, que le patentable possède au-delà du nombre de ceux que peut exiger l'exercice de sa profession, ni à ceux qu'il n'emploie qu'accidentellement pour le service de sa profession. (*Danès*, 12 octobre 1863; — *Mariage, Chéron, Châtelin, Corrard et Picord*, 12 janvier 1861.) — Sur le pourvoi du Ministre des finances, trois de ces arrêtés ont été annulés, savoir : un par le motif que le contribuable, exerçant la profession de notaire, n'avait justifié d'aucune circonstance, établissant que son cheval et sa voiture servaient à l'exercice de sa profession (Conseil d'État, *Corrard*, 13 septembre 1861) ; deux, par le motif que, si les contribuables, exerçant la profession d'avocat, se servaient de leurs chevaux et de leurs voitures pour se transporter au Palais de Justice, il n'en résultait pas que ces chevaux et voitures fussent employés pour le service d'une profession sujette à patente, dans le sens de l'art. 6 de la loi du 2 juillet 1862. (Conseil d'État, *Chéron et Mariage*, 13 septembre 1861.)

110. Chevaux de course. — Les chevaux de course ne sont pas considérés comme affectés au service personnel du propriétaire, et doivent, dès lors, être affranchis de la taxe des chevaux et voitures. (*Dora*, 20 décembre 1861.)

111. Voitures employées accidentellement. — *Voitures de gala de la Ville de Paris.* — L'expression *voiture attelée* désigne, dans le sens de l'art. 4 de la loi du 2 juillet 1862, une voiture que le propriétaire emploie *habituellement* dans le cours de l'année, et non *accidentellement*, en y attelant ses propres chevaux ou des chevaux de louage. — Les voitures de gala de la Ville de Paris, qui ne sont attelées que deux ou trois fois par an, au moyen de chevaux de louage, et qui servent uniquement au transport du Corps municipal dans les cérémonies publiques, ne sont pas passibles de l'impôt, attendu que l'emploi, qui en est fait chaque année, n'a pas la fréquence nécessaire pour constituer le fait d'usage habituel, et que d'ailleurs elles ne sont pas affectées au service personnel du propriétaire ou au service de sa famille, ainsi que l'exige l'art. 4 de la loi du 2 juillet 1862. (*Ville de Paris*, 29 décembre 1863.) — Même décision pour une voiture de gala servant deux ou trois fois par an à M. le Grand-Référendaire du Sénat. — Sur le pourvoi du Ministre des finances, la première de ces décisions a été annulée, par le motif qu'il est fait un usage habituel, dans des circonstances déterminées, des voitures de gala de la Ville de Paris, et que ces voitures ne rentrent dans aucun des cas d'exemption prévus par la loi du 2 juillet 1862. (Conseil d'État, *Ville de Paris*, 10 décembre 1861.)

112. Voiture non attelée. — Lorsqu'un contribuable patenté possède un cheval et une voiture, employés pour le service de sa profession et une deuxième voiture, à laquelle le cheval est attelé accidentellement pour le service de la famille, il n'y a lieu à aucune taxe, attendu que, en pareil cas, l'une des voitures est affectée au service d'une profession patentée et que l'autre ne constitue pas une voiture attelée dans le sens de l'art. 4 de la loi du 2 juillet 1862. (*Dallemagne et Nizerolle*, 29 décembre 1861.)

§ 2e. — *Décisions diverses.*

113. Étranger. — La qualité d'étranger n'est pas un motif d'exemption de l'impôt sur les chevaux et voitures. (*Prince de Ligne*, janvier 1864.)

114. Taxe due au domicile du contribuable. — Lorsque les chevaux et voitures que possède un contribuable, le suivent dans diverses résidences, la taxe est due dans la localité où le contribuable a son domicile. (*Baudrier*, 13 octobre 1863; — *Bois de Mousilly*, 3 décembre 1863; — *Comte d'Andigné*, 7 mai 1864.)

115. Voiture employée au moyen d'un cheval exempt d'impot. — Est passible de la taxe, à titre de voiture attelée, la voiture à laquelle un fonctionnaire attelle un cheval qu'il possède en conformité des règlements du service militaire ou administratif. (*Pissot, conservateur du bois de Boulogne*, 24 décembre 1863.) — Sur le pourvoi du sieur Pissot, cette décision a été confirmée par décret du 8 septembre 1864.

116. Voiture employée au moyen de chevaux de louage. — Les voitures employées au moyen de chevaux de louage sont imposables. (*Rolland-Gosselin*, 9 janvier 1864.)

Section 9e. — Taxe sur les chiens.

§ 1er. — *Exemptions.*

117. Agents diplomatiques. — Les agents diplomatiques étant d'après la jurisprudence, dispensés de la taxe mobilière, en vertu d'une fiction légale, qui admet que les habitations de ces agents doivent être considérées comme faisant partie du territoire des nations qu'ils représentent, il y a lieu par le même motif de les dispenser de la taxe sur les chiens. (*Hildyard*, 28 juillet 1863.)

118. Chien n'étant plus en la possession du contribuable a l'ouverture de l'exercice. — Le contribuable qui, pendant le cours d'un exercice, a cessé de posséder un chien à raison duquel il était imposé, et a omis d'en faire la déclaration dans les conditions prescrites par la loi, peut obtenir la décharge de la taxe à laquelle il a été imposé, pour l'exercice suivant, à raison de ce chien, la matière imposable ayant cessé d'exister. Le défaut de déclaration n'entraîne pas déchéance du droit de réclamer la décharge, mais présomption que le chien est encore en la possession du contribuable, à qui incombe dès lors la charge de prouver que le chien n'existe plus. (*Dame Lebey*), 19 janvier 1864 et diverses décisions dans le même sens. — Voir nos 253, 962.

§ 2e — *Décisions diverses.*

119. Défaut de déclaration. — *Bonne foi.* — Alors même qu'elle est établie, la bonne foi du contribuable ne couvre pas le défaut de déclaration, et ne doit pas donner lieu à réduction de la triple taxe à la taxe simple. (*Breton*, 17 septembre 1863; — *Appel*, id.)

120. Lieu ou la taxe est due. — La taxe sur les chiens est due non dans la commune où le chien reste pendant la plus grande partie de l'année, mais dans celle où il se trouve au 1er janvier. *Damelincourt*, 18 décembre 1863.) — Sur le pourvoi du Ministre des finances, cette décision a été confirmée. (Conseil d'État, *Damelincourt*, 5 juillet 1864.)

DOMAINE DE L'ÉTAT.

121. Vente domaniale. — *Interprétation des clauses de la vente.* — *Compétence.* — Le Conseil de Préfecture est compétent pour interpréter les clauses d'une vente domaniale et pour déterminer les droits et les obligations qui en résultent tant pour les acquéreurs que pour les vendeurs. (*Hottot et Dalpias contre Préfet de la Seine*, 20 juin 1863.) Sur le pourvoi du Ministre des finances, cette décision a été confirmée. (Conseil d'État, 5 mai 1864.)

DOMAINE DE LA VILLE DE PARIS.

Bail d'un immeuble appartenant a la Ville de Paris. — *Interprétation.* — *Incompétence.* — Voir no 1.

ÉGOUTS.

Assimilation des contraventions qui affectent les égouts aux contraventions de grande voirie. — Voir no 39.

122. Branchement d'égout (construction d'un). — *Dommage causé à des ouvrages d'art sous la voie publique.* — En imposant aux propriétaires riverains des rues pourvues d'égouts l'obligation d'établir, à leurs frais, des branchements d'égout pour l'écoulement des eaux pluviales et ménagères de leurs maisons, le décret du 26 mars 1852 les a astreints implicitement à exécuter ce travail de manière à ne pas endommager les ouvrages d'art d'utilité publique. — Les propriétaires sont, en conséquence, tenus de réparer les dégradations résultant, pour les ouvrages de cette nature, de l'exécution des travaux de construction des branchements d'égout concernant leurs immeubles. (*Préfet de la Seine contre Maillard*, 28 juin 1861.)

BRANCHEMENT D'ÉGOUT (CONSTRUCTION D'UN). — *Remaniement de pavage*. — Voir n° 137.

123. OBLIGATION D'ÉTABLIR DES BRANCHEMENTS D'ÉGOUT. — *Maisons anciennes*. — Un propriétaire n'est pas fondé à prétendre que les dispositions du décret du 26 mars 1852 ne sont pas applicables à sa maison, par la raison qu'elle est de construction ancienne et n'a pas subi de grosses réparations dans les dix années qui ont suivi ledit décret ; la disposition finale de l'art. 6 de ce décret n'a pas eu pour objet de soustraire les anciennes constructions à l'application d'une mesure générale d'intérêt public, mais seulement de rendre la mesure moins onéreuse pour les propriétaires, en leur accordant un délai de dix années pour l'exécution des travaux. (*Préfet de la Seine contre Damonville*, 28 juin 1861.)

EXPERTISES.

124. CHANGEMENT D'EXPERT. — L'expert chargé d'une expertise contradictoire en exécution de la loi du 16 septembre 1807, n'est pas révocable au gré de la partie qui l'a désigné. Sa mission constituant une délégation de justice ne peut lui être retirée que par le Conseil qui a ordonné l'expertise. La partie qui l'a désigné ne peut que provoquer une décision dans ce sens. (*Vincent et Burlat contre Ville de Paris*, 29 décembre 1861.)

CHEMIN VICINAL. — Voir n° 143.

DOMMAGE COMMUN AU PROPRIÉTAIRE ET AU LOCATAIRE. — *Expert commun*. — *désaccord sur le choix de l'expert*. — Voir n°s 153, 307.

125. EXPERTISE ANTÉRIEURE A LA REQUÊTE INTRODUCTIVE D'INSTANCE. — L'expertise et la tierce expertise qui ont eu lieu, en vertu d'un arrêté du Préfet, avant le dépôt de la requête introductive d'instance devant le Conseil de Préfecture, sont valables, lorsque les parties n'en contestent pas la validité et en discutent les résultats dans leurs conclusions. — (*Verney contre Ville de Paris*, 13 décembre 1861.) — Voir n° 625.

126. INCOMPATIBILITÉ DES QUALITÉS D'EXPERT ET DE MANDATAIRE. — Celui qui a opéré, en qualité d'expert, dans une affaire ne peut, dans la même affaire, se présenter comme mandataire d'une des parties, et réciproquement le mandataire ne peut pas être expert. (*Château*, 23 mai 1861.) — Voir n° 627.

FOURNITURES.

127. FOURNITURE D'EFFETS D'HABILLEMENT A UNE COMMUNE. —

Contestations sur la validité de l'adjudication. — Incompétence. — Aucune disposition légale ne conférant aux Conseils de Préfecture le droit de statuer sur les difficultés qui s'élèvent à l'occasion des marchés de fournitures intéressant les communes, il y a lieu de rejeter, pour cause d'incompétence, une demande tendant à faire annuler une adjudication ayant pour objet la fourniture de l'habillement des tambours et des musiciens de la garde nationale de Paris. (*Thicier contre Préfet de la Seine*, 12 janvier 1864.)

LOGEMENTS INSALUBRES.

128. Constructions élevées par un locataire. — *Responsabilité du propriétaire.* — La responsabilité, instituée par la loi du 13 avril 1850 sur l'assainissement des logements insalubres, incombe au propriétaire ou à l'usufruitier, même quand il s'agit de constructions élevées par un locataire. (*Préfet de la Seine contre de Madre*, 15 décembre 1863.) — Sur le pourvoi du sieur de Madre, l'arrêté a été confirmé par un arrêt du Conseil d'État. — Voir nos 129, 417.

Notification. — *Conditions de validité.* —Voir nos 141, 1013.

129. Travaux d'assainissement. — *Responsabilité du propriétaire. — Recours et tierce opposition formés par le locataire. — Demande en garantie du propriétaire contre le locataire.* — Le propriétaire ou l'usufruitier sont seuls responsables de l'insalubrité des logements qu'ils ont mis en location; c'est à eux seuls, que l'Administration doit prescrire les travaux d'assainissement; eux seuls ont qualité pour former un recours contre la décision du Conseil municipal, qui a ordonné l'exécution de ces travaux. Il en résulte: 1o que le recours direct ou la tierce opposition, formée par un locataire contre la décision du Conseil municipal n'est pas recevable; 2o que dans le cas, où l'insalubrité constatée provient du fait du locataire, c'est par les voies civiles et non par devant le Conseil de Préfecture que le propriétaire ou l'usufruitier doivent se pourvoir contre lui. (*Jeandin et Thomas contre Préfet de la Seine*, 24 février 1864; — *Delaplace id.*, 9 mars 1864.) — Voir nos 128, 417.

MANDAT.

Incompatibilité des qualités d'expert et de mandataire — Voir no 126.

PAVAGE (Taxe de premier).

130. Interruption de poursuites. — *Prescription.* — En matière de taxe de pavage, comme en matière de contributions publiques, auxquelles ladite taxe est assimilée par la loi, le bénéfice de la prescription est acquis au contribuable, lorsque les poursuites dirigées contre lui ont été interrompues, pendant plus de trois années. (*Saint-Salel contre Ville de Paris*, 31 mars 1861.) — Voir n° 1029.

131. PAVAGE. — *Commune de Neuilly.* — *Obligations des propriétaires riverains.* — *Déblais, sablage des trottoirs.* — Dans la commune de Neuilly, les propriétaires riverains sont tenus des frais de premier pavage des rues. — On ne doit comprendre dans les frais de pavage ni les travaux de déblais, ni le sablage des banquettes des trottoirs. (*Hautefeuille et autres contre commune de Neuilly*, 19 décembre 1863.)

132. PAVAGE EXÉCUTÉ DANS LA MOITIÉ DE LA RUE NON CONTIGUË A L'IMMEUBLE IMPOSÉ. — Les frais de premier établissement du pavé des rues de Paris sont à la charge des propriétaires riverains. — Les propriétaires sont tenus de la moitié des frais du pavage, chacun en droit soi, alors même que le pavage a été fait dans la moitié de la rue non contiguë à leurs immeubles; ils n'éprouvent ainsi aucune surtaxe, les frais du travail effectué étant toujours partagés par moitié entre les propriétaires des immeubles situés de chaque côté de la rue. (*Jousset*, 27 février 1861; — *Diard et Monnier*, 16 avril 1861; — *Dame Masson*, 10 mai 1861.) — Le Conseil d'État a décidé que le propriétaire est seulement tenu des frais de premier pavage exécutés dans la moitié de la rue contiguë à son immeuble. (Conseil d'État, *Cottin*, 21 juillet 1861; — *Pénicaud et Piat*, 14 janvier 1865.) — Voir n°s 285, 400, 651, 1022.

133. PAVAGE NON RÉGLEMENTAIRE. — Le propriétaire qui a fait exécuter à ses frais, au devant de son immeuble, un trottoir et un pavage, n'est pas dispensé de l'obligation de contribuer aux frais de travaux de même nature, exécutés postérieurement au même lieu par la commune, si le trottoir et le pavage qu'il a faits, ne remplissant pas les conditions réglementaires, n'ont pas été reçus à l'entretien de la commune. (*Lecallois*, 16 avril 1861.)

134. PAVAGE COMPLÉMENTAIRE. — Tant qu'une rue n'a pas été portée à sa largeur normale, les obligations des propriétaires riverains, relativement au pavage, ne peuvent être considérées comme remplies, la Ville étant fondée à réclamer les frais de pavage afférents aux portions de terrain, successivement acquises pour compléter la largeur de la voie publique. (*Trappe*, 14 avril 1861.)

135. PAVAGE. — *Ville de Saint-Denis.* — *Obligations des propriétaires riverains.* — *Bordures en granit.* — Dans la ville de Saint-Denis, les propriétaires riverains doivent, suivant l'usage établi, supporter les frais de premier pavage des voies publiques, lorsqu'il est justifié que les revenus ordinaires de la ville ne suffisent pas pour y subvenir. — Décidé en fait que, dans l'espèce, les bordures en granit font partie des trottoirs et ne constituent pas une dépendance du pavé. (*Petit et autres contre Ville de Saint-Denis*, 15 décembre 1863.)

136. Raccordement de pavage. — *Gargouilles et matériaux demeurés sans emploi.* — Le propriétaire riverain d'une voie publique reçue à l'entretien, pour le compte duquel des travaux de raccordement de pavage ont été exécutés, n'est pas fondé à réclamer des gargouilles et autres matériaux retirés du pavé et demeurés sans emploi. Ces divers objets appartiennent en effet à la Ville, comme ayant fait partie d'un pavé entretenu par elle, et doivent, aux termes de l'arrêté réglementaire du 15 avril 1846, être transportés au dépôt de l'Administration municipale. (*Selles contre Ville de Paris*, 19 mars 1864.)

137. Remaniement de pavage. — *Construction d'un branchement d'égout.* — Le propriétaire, qui fait établir un branchement d'égout pour la conduite des eaux pluviales et ménagères de sa maison dans l'égout de la rue, doit supporter la dépense occasionnée par le remaniement du pavage au droit de sa propriété, cette réparation étant la conséquence de ses travaux. (*Drapier contre Ville de Paris*, 26 avril 1864.)

138. Remboursement des dépenses réellement effectuées. — Les taxes de pavage que les communes sont autorisées à percevoir, ne peuvent excéder le montant des dépenses réellement effectuées. (*Diard et Monnier contre Ville de Paris*, 16 avril 1861.) — Voir n° 286.

PRESCRIPTION.

139. Contravention. — *Arrêté par défaut.* — *Opposition.* — *Expiration du délai d'une année depuis la date du procès-verbal.* — *Prescription.* — La prescription d'une année, édictée par l'art. 640 du Code d'instruction criminelle, est acquise aux contrevenants, lorsque, sur l'opposition formée à un arrêté par défaut, il n'est pas intervenu une décision définitive avant l'expiration d'une année, depuis la date du procès-verbal. — Le mot *condamnation*, dans la première partie de l'art. 640, s'applique seulement à un jugement définitif, qui n'est pas susceptible d'appel (art. 172 du Code d'instruction criminelle) et non à un jugement par défaut, dont la condamnation est comme non avenue, aux termes de l'art. 187 du Code d'instruction criminelle et des principes généraux en matière d'opposition, si, dans les délais légaux, la partie condamnée forme opposition à l'exécution du jugement. — Toutefois cette prescription atteint seulement l'action publique ayant l'amende pour objet, et non l'action concernant la restitution du terrain usurpé sur la voie publique, laquelle est imprescriptible, ni l'action concernant le paiement des droits de voirie, lorsque les travaux de nature à être conservés doivent donner lieu à une perception de droit. (*Préfet de la Seine contre Hamelin et Gaullier*, 1er juillet 1863; — *Adam*, 29 décembre 1863; — *Petit et Binet*, 26 janvier 1864; — *Dussol d'Hérault*, 28 avril 1864.) — Sur le pourvoi du Ministre des Travaux publics, le Conseil d'État a annulé une de ces décisions par le motif que la prescription, établie par l'art. 640 du Code d'instruction criminelle, n'est acquise, après une année, que, si, dans cette intervalle, il n'est point intervenu de condamnation, et que cet article de loi ne distingue pas entre la condamnation contradictoire et la condamnation par défaut; que si l'opposition, formée à la décision par défaut, a pour effet de remettre en discussion ce qui a été précédemment décidé, elle n'anéantit pas l'interruption de prescription, qui a été la conséquence de ladite décision, et que la prescription ne commence dès lors à courir qu'à partir de la notification de l'opposition. (Conseil d'État, *Dussol d'Hérault*, 8 février 1865.)

PAVAGE (Taxe de). — *Interruption de poursuites* — Voir n°s 130, 1029.

PRESTATIONS (Taxe des). — Voir n°s 106 et suivants.

PROCÉDURE.

140. ARRÊTÉ PAR DÉFAUT. — *Acquiescement.* — *Opposition.* — L'acquiescement donné à un arrêté par défaut confère à cet arrêté le caractère de jugement définitif et l'autorité de la chose jugée; en conséquence, l'opposition formée en pareil cas est non recevable. (*Préfet de la Seine contre Dame Matet*, 3 août 1861.)

ARRÊTÉ PAR DÉFAUT. — *Opposition.* — *Qualité.* — *Tiers indûment condamné comme civilement responsable.* — Voir n° 41.

ARRÊTÉ PAR DÉFAUT. — *Opposition.* — *Prescription de l'amende* — Voir n° 139.

CONTRAVENTION DE VOIRIE. — *Réparation de dommage.* — *Rôle exécutoire.* — Voir n° 14.

GARDE CHAMPÊTRE. — *Autorisation nulle.* — *Chemin de halage* — *Circulation.* — Voir n° 12.

141. NOTIFICATIONS ADMINISTRATIVES. — *Validité.* — *Logements insalubres.* — *Notification au gérant de l'immeuble.* — Les notifications administratives ne sont pas valables si elles n'ont été faites a la personne ou au domicile des parties, à moins qu'il ne soit établi que les parties ont eu connaissance des pièces irrégulièrement notifiées. — Spécialement, dans le cas prévu par l'art. 6 de la loi du 13 avril 1850 sur les logements insalubres, à défaut de preuve que le propriétaire de l'immeuble litigieux a eu connaissance de la délibération du Conseil municipal, déterminant les travaux d'assainissement à exécuter, la notification de cette délibération, effectuée entre les mains du gérant de la propriété, ne suffit pas pour faire courir le délai fixé par l'art. 6 de la même loi pour le recours devant le Conseil de Préfecture. (*Terray de Morel-Vindé contre Préfet de la Seine,* 27 juillet 1861.) — Voir n° 1013.

NOTIFICATION A UN CHARRETIER. — Voir n° 43.

PORT APPARTENANT A UNE SOCIÉTÉ CONCESSIONNAIRE. — *Droit de verbaliser.* — Voir n° 23.

PROCÈS-VERBAL. — *Sa valeur juridique.* — *Contestation par un tiers des faits constitutifs du délit.* — Voir n° 13.

SERVITUDES.

SERVITUDE D'ÉCOULEMENT DES EAUX DE LA VOIE PUBLIQUE. — *Clôture de l'immeuble grevé de la servitude.* — *Interruption ou modification du cours des eaux.* — Voir n° 38.

SERVITUDE NON ÆDIFICANDI. — *Rue classée.* — Voir n° 36.

SERVITUDES MILITAIRES. — Voir n°s 41 et suivants.

TAXES MUNICIPALES.

1° CHIENS (Taxes sur les). — Voir n°s 117 et suivants.

2° PAVAGE (Taxe de). — Voir n°s 130 et suivants.

3° TROTTOIRS (Taxe de). Voir n°s 155 et suivants.

TRAVAUX PUBLICS.

Dommage. — Indemnité.

142. NIVELLEMENT (ARRÊTÉ DE). — *Retard dans l'exécution du nivellement.* — *Demande en dommages-intérêts.* — *Incompétence.* Lorsqu'un propriétaire a fait élever des constructions sur son immeuble, en se conformant au nivellement qui lui a été donné par l'Administration, si ses constructions demeurent plus ou moins longtemps en contrebas de la voie publique, par suite du retard apporté dans l'exécution de travaux de nivellement, la demande en dommages-intérêts qu'il forme, en raison de cette circonstance, n'est pas de la compétence du Conseil de Préfecture, qui n'a pas à connaître des suites d'un arrêté de nivellement. (*Candas contre Préfet de la Seine,* 29 décembre 1863.)

143. CHEMIN VICINAL. — *Expertise.* — Dans le cas de demande d'indemnité pour dommage résultant de travaux d'amélioration d'un chemin vicinal, il y a lieu d'ordonner l'expertise dans les termes de la loi du 16 septembre 1807, nonobstant les fins de non recevoir tirées : 1° De ce que la question d'indemnité, relative au dommage, se confondrait avec une question d'indemnité, relative à une partie bâtie de la propriété du réclamant, destinée à être expropriée pour l'élargissement du chemin, indemnité, dont le règlement serait subordonné à l'exécution de l'alignement, c'est-à-dire à l'abandon du terrain à exproprier. En effet, aux termes de l'art. 16 de la loi du 21 mai 1836 et de l'art. 2 de la loi du 8 juin 1864, c'est au jury qu'il appartient de régler les indemnités qui peuvent être dues pour terrains bâtis, pris pour l'élargissement des chemins vicinaux, tandis que la question de dommage résultant de l'exécution de travaux publics rentre dans la compétence du Conseil de Préfecture, aux termes de la loi du 28 pluviôse an VIII, et de celle du 16 septembre 1807 ; — 2° De ce que les travaux, cause du dommage, ayant été reconnus nécessaires dans un intérêt public pour l'écoulement des eaux, le réclamant en devrait supporter les conséquences dommageables sans indemnité. En effet, les lois des 28 pluviôse an VIII et 16 septembre 1807 chargent les Conseils de Préfecture de statuer sur les torts et dommages causés par l'exécution de travaux publics de toute nature. (*Ebeling contre commune de Nanterre*, 10 août 1861.) — Voir n° 435.

144. Indemnité (conditions de paiement de l') — Dans le cas où une indemnité est due par l'Administration à un propriétaire pour raccordememt du sol de son immeuble avec la voie publique, l'Administration n'est pas fondée à prétendre que cette indemnité ne devra être payée au propriétaire qu'autant qu'il aura préalablement établi que les travaux de raccordement ont été exécutés, et que les locataires de l'immeuble ont été désintéressés. (*Regnault et consorts contre Ville de Paris*, 17 novembre 1861.) — Voir nos 300, 520, 526.

145. Dommage indirect. — *Abords immédiats de l'immeuble non modifiés.* — Lorsque des travaux de voirie ont été exécutés dans le voisinage d'une maison dont ils n'ont pas modifié les abords immédiats, le préjudice, qui en peut résulter pour le propriétaire de la maison ne constitue pas un dommage direct et matériel, dans le sens de la loi et de la jurisprudence. — Dans l'espèce, la maison du réclamant était située à l'angle des rues Malesherbes et de Hombourg; les travaux exécutés par la Ville de Paris avaient donné lieu à la suppression momentanée de la circulation des voitures dans une partie desdites rues, mais la maison n'avait perdu aucune facilité d'accès par la rue du Rocher et par le boulevard extérieur. (*Boumard contre Ville de Paris*, 11 août 1861.) — Même décision dans le cas d'une maison située dans une rue, qui, par suite de travaux publics, a été fermée à l'une de ses extrémités, mais qui, du côté opposé, est restée ouverte et en communication avec les autres voies publiques. (*Ducoudré, Rebattet et Chéron contre Préfet de la Seine*, 26 août 1863.) — Voir nos 1052, 1053.

146. Non-valeurs locatives. — *Effets d'une permission de bâtir et d'un nivellement régulier.* — En évaluant l'indemnité due pour non-valeurs locatives, il convient de tenir compte, non-seulement du temps, que durera l'exécution des travaux de raccordement, mais encore de celui qui est supposé nécessaire au propriétaire pour conclure de nouvelles locations, au cas où les locataires actuels ne voudraient pas subir les travaux. — La permission de bâtir et le nivellement régulièrement délivrés à un propriétaire ne sont pas altérés par les modifications apportées ultérieurement au sol de la voie publique. (*Richard contre Ville de Paris*, 13 décembre 1861.)

147. Travaux de viabilité dans une rue. — *Inexécution.* — *Demande de dommages-intérêts.* — *Incompétence.* — Il n'appartient qu'à l'autorité administrative de prononcer sur l'utilité ou l'opportunité de l'exécution de travaux de voirie. — Le Conseil de Préfecture est, par suite, incompétent pour connaître de la demande d'un propriétaire tendant à faire condamner le Préfet de la Seine comme grand-voyer de la Ville de Paris, à des dommages-intérêts pour n'avoir pas mis une rue en état de viabilité. — Le propriétaire ne saurait contester cette incompétence en excipant de ce que le terrain, à raison duquel il prétend éprouver un dommage, lui aurait été vendu par la Ville de Paris. S'il peut avoir quelque droit à exercer de ce chef, ce n'est point au Conseil qu'il appartient d'en connaître. (*Bureau contre Préfet de la Seine*, 27 février 1861.) — Voir no 519.

148. Indemnité (initiative de l'action en) — Aux termes de la loi du 28 pluviôse an VIII, art. 4, § 3, le Conseil de Préfecture est compétent pour statuer sur les réclamations des particuliers, qui se plaignent de dommages provenant de travaux publics ; mais cette loi n'autorise pas l'Administration à prendre l'initiative de l'action et à faire fixer elle-même l'indemnité qui peut être due. En prenant l'initiative, l'Administration poursuit en effet la solution d'une difficulté, qui n'existe pas encore, et qui peut ne jamais se produire ; il n'y a donc pas lieu, en pareil cas, d'ordonner l'expertise demandée par l'Administration. (*Préfet de la Seine contre Lacote*, 6 août 1861.)

149. Locataire. — *Éviction momentanée.* — *Droit à indemnité.* — *Expertise.* — Le locataire n'a pas droit à une indemnité, à raison de la gêne momentanée, que peut lui avoir causée l'exécution de travaux publics ; mais une indemnité lui est due, s'il y a eu privation de jouissance des lieux loués et chômage d'industrie, pendant le temps qu'ont duré les travaux, que le propriétaire a fait exécuter pour raccorder sa maison avec le nouveau relief de la rue, en vertu de conventions faites avec l'Administration. (*Poulhès contre Ville de Paris*, 14 décembre 1861.) — L'indemnité due au locataire, pour dommage causé à son industrie, doit être calculé sur la durée de l'éviction momentanée, nécessitée par les travaux de raccordement de l'immeuble avec le nouveau nivellement de la voie publique. Mais si le propriétaire a fait exécuter des travaux, que n'exigeait pas le raccordement, l'Administration n'est pas responsable du dommage causé au locataire par la prolongation de l'éviction résultant de ces travaux. — L'indemnité due pour le loyer d'un local provisoire, dans lequel le locataire a transféré son industrie, doit être basée sur la valeur locative réelle d'un local analogue à celui dont le locataire a été momentanément privé. (*Verney contre Ville de Paris,* 13 décembre 1861.)

150. Locataire (plus-value non opposable au). — Lorsque, par suite de travaux publics, des modifications intérieures ont été nécessaires pour mettre une boutique de niveau avec la voie publique, le locataire de la boutique, dont l'industrie a chômé pendant la durée des travaux de raccordement, a droit à une indemnité; l'Administration ne peut lui opposer, à titre de compensation, la plus-value résultant des travaux publics, que s'il en profite pendant la durée de son bail. (*Pichon contre Ville de Paris,* 24 février 1861.)

151. Reconstruction d'un mur faite par l'Administration. — *Responsabilité de l'Administration.* — Lorsque l'Administration s'est chargée de reconstruire le mur d'une propriété, détruit par suite d'abaissement de la voie publique, le nouveau mur doit être établi dans des conditions normales et suffisantes pour que le propriétaire puisse user de son immeuble, comme il le faisait primitivement. — Si les travaux exécutés par le propriétaire dans son immeuble, depuis la construction du nouveau mur, rentrent dans la catégorie de ceux qu'autorise l'usage ordinaire de la propriété, on ne peut, à raison de ces travaux, rendre le propriétaire responsable de la chute du nouveau mur. Dans l'espèce, les travaux consistaient en remblais peu importants, qui ont paru rentrer dans l'usage ordinaire de la propriété. (*Bezançon contre Préfet de la Seine,* 12 mai 1861.)

152. Locataire (dommage causé a la jouissance d'un) — *Demande d'indemnité.* — *Mise en cause du propriétaire.* — Aux termes de l'art. 1725 du Code Napoléon, le locataire peut poursuivre en son nom personnel quiconque apporte, par voie de fait, un trouble à sa jouissance; mais le dommage causé à la jouissance d'une maison par suite d'ébranlement et de dégradation résultant de travaux publics, constitue un trouble permanent, qui est commun au propriétaire et au locataire pendant la durée du bail. En conséquence, il ne doit être statué, en pareil cas, sur la demande du locataire qu'après mise en cause du propriétaire, d'abord parce que la discussion de l'importance desdites dégradations et de leurs effets sur l'immeuble ne peut avoir lieu en dehors de lui ou sans qu'il ait été dûment appelé, ensuite parce que l'Administration a intérêt à demander que le dommage soit apprécié tout entier, dans son ensemble et non pour la seule durée du bail, et qu'elle peut, dans l'espèce, opposer au propriétaire la compensation de la plus-value résultant des travaux publics, laquelle peut n'être pas opposable au locataire. (*D^e Garnier contre Ville de Paris*, 6 juin 1863.). — Voir n°s 304, 305.

153. LOCATAIRE ET PROPRIÉTAIRE. — *Dommage commun. — Expert commun. — Désaccord sur le choix de l'expert.* — Lorsqu'une demande d'indemnité, pour dommage résultant de travaux publics, est formée par le propriétaire et le locataire d'un immeuble, l'Administration ne doit qu'une seule indemnité pour l'immeuble considéré dans son ensemble. En pareil cas, le propriétaire et le locataire ont un intérêt commun vis-à-vis de l'Administration (la part de l'un et de l'autre dans l'indemnité totale est un débat étranger à l'Administration, qui échappe d'ailleurs à la compétence du Conseil de Préfecture); il y a lieu dès lors de ne nommer qu'un expert commun pour le propriétaire et le locataire. S'il y a désaccord entre eux quant au choix de l'expert commun, cet expert doit être désigné d'office par le Conseil de Préfecture, et l'expertise contradictoire à laquelle il est ainsi procédé n'est pas entachée de nullité. (*Dumont et D^e Garnier contre Ville de Paris*, 17 novembre 1863; — *Reyneau et consorts contre Ville de Paris*, 13 août 1861.) — Voir n°s 307, 531.

154. LOCATAIRE (DOMMAGE CAUSÉ A L'INDUSTRIE D'UN). — *Propriétaire mis en cause et non intervenant.* — Lorsqu'une demande d'indemnité a été formée par le locataire d'un immeuble, à raison du préjudice direct et matériel, causé à son industrie par l'exécution de travaux publics, le droit du requérant ne doit pas être subordonné à l'action du propriétaire, dont l'immeuble peut n'avoir éprouvé aucun dommage, ou qui peut en trouver la compensation dans la plus-value. — En conséquence, si, appelé en cause par l'Administration, le propriétaire n'intervient pas, il y a lieu de statuer sur la réclamation du locataire, sauf à l'Administration à tirer de ce silence telles inductions que de droit, dans le cas où le propriétaire, à la fin du bail, viendrait demander à son tour une indemnité, en alléguant la permanence du dommage causé à l'immeuble. (*Brice contre Ville de Paris*, 17 novembre 1861.)

TROTTOIRS (TAXE DE).

155. MAISON SANS ISSUE SUR LA VOIE PUBLIQUE. — *Ordonnance prescrivant l'établissement de trottoirs.* — Lorsqu'une ordonnance royale a autorisé l'ouverture d'une rue, à la condition qu'elle sera bordée de trottoirs au fur et à mesure que des constructions y seront élevées, l'obligation d'établir un trottoir ne doit pas être imposée au propriétaire riverain, qui a fait élever dans l'intérieur de son immeuble des bâtiments ne bordant pas la rue et n'y ayant aucun accès, attendu que la charge de l'établissement d'un trottoir ne doit être qu'une compensation de l'avantage d'avoir une issue sur la voie publique. (*Préfet de la Seine contre Candas*, 19 mars 1864.) — Voir n° 1037.

156. Obligations des propriétaires riverains de la voie publique. — *Forme des poursuites à exercer contre eux.* — Les anciens règlements, notamment l'ordonnance du 17 juillet 1781, obligent les riverains des voies publiques, non à faire des trottoirs au devant de leurs propriétés, mais à pourvoir au premier pavage de la totalité de la voie publique ; dès lors, l'inexécution d'un trottoir ne saurait constituer une contravention de voirie, alors même que l'établissement de ce trottoir aurait été prescrit par un arrêté préfectoral. — Les riverains des voies publiques ne peuvent être tenus d'établir des trottoirs qu'en vertu d'un déclaration d'utilité publique faite dans les formes prescrites par la loi du 7 juin 1845 et les obligations, qui leur incombent à ce sujet, sont limitées au paiement des frais d'exécution des travaux, qui doit être poursuivi contre eux dans la forme prescrite pour les contributions publiques. (*Préfet de la Seine contre Dᵉ Précost*, 2 août 1864.)

Ville de Saint-Denis. — *Trottoirs.* — *Bordures en granit.* — Voir n° 135.

Voir aussi Pavage, nᵒˢ 130 à 138.

VOIRIE (Grande.) Voir nᵒˢ 19 et suivants.

157. Droits de voirie établis par les communes. — *Incompétence.* — Les droits de voirie, établis par les communes, en vertu des lois des 21 avril 1832 et 18 juillet 1837 (art. 43), ne sont point recouvrables dans la même forme que les contributions directes, et aucune disposition légale n'attribue aux conseils de préfecture le pouvoir de statuer sur les contestations relatives au recouvrement de ces droits, qui ne sont pas une taxe, répartie entre les habitants par délibération du Conseil municipal, suivant l'art. 44 de la loi du 18 juillet 1837, mais une recette municipale, dont le recouvrement doit s'effectuer sur états rendus exécutoires en vertu de l'art. 63 de la même loi. (*Candas contre commune de Saint-Mandé*, 23 juin 1864.)

157 bis. Permission de voirie. — *Interprétation.* — *Incompétence.* — La permission de déposer des matériaux sur la voie publique accordée à un entrepreneur, par l'autorité compétente, constitue une mesure administrative de police, dont l'interprétation ne peut être demandée au Conseil de Préfecture et n'appartient qu'à l'auteur même de la permission ou à son supérieur dans l'ordre hiérarchique. (*Candas*, 23 juin 1864.) — Voir n° 315.

Réimpression de l'année 1863.

PRÉFECTURE DU DÉPARTEMENT DE LA SEINE
(31 DÉCEMBRE 1865)

M. le baron HAUSSMANN, G. C. ✱, Sénateur, *Préfet.*

M. ALFRED BLANCHE, O. ✱, Conseiller d'État, *Secrétaire général*, boulevard Malesherbes, 75.

CONSEIL DE PRÉFECTURE.

Le Conseil de Préfecture, réorganisé en exécution des décrets des 30 décembre 1862 et 17 mars 1863, est divisé en deux sections, sous la direction d'un président nommé par l'Empereur.

La loi du 21 juin 1865 et le décret du 12 juillet suivant ont réglé la composition des Conseils de Préfecture et leur procédure.

Des arrêtés du Préfet en Conseil de Préfecture, en date des 20 avril et 4 mai 1863, ont déterminé le service intérieur du greffe pour l'instruction des affaires, ainsi que la composition et les attributions des deux sections du Conseil.

La 1re section est principalement chargée des affaires purement administratives ; elle tient ses séances les lundi, mercredi et vendredi de chaque semaine, à midi. La 2e section est principalement chargée des affaires contentieuses ; elle tient ses séances les mardi, jeudi et samedi, à la même heure. Les séances générales, quand il y a lieu, se tiennent en la chambre du Conseil pour les affaires administratives, et en audience publique pour les affaires contentieuses, le premier lundi de chaque mois, à midi.

M. le Secrétaire général de la Préfecture est commissaire du Gouvernement près le Conseil, et remplit les fonctions du ministère public, assisté de quatre auditeurs au Conseil d'État attachés à la Préfecture de la Seine.

COMPOSITION DU CONSEIL.

M. DIEU, C. ✱, *Président*, rue du Faubourg-Saint-Honoré, 139.

1re Section.

Conseillers.

MM. NOYON, O. ✱, rue Nicolas-Flamel, 3, *Président de section.*
LANÇON, ✱, boulevard Malesherbes, 52.
MALOUERIE, ✱, rue de Lille, 37.
DOMERGUE, O. ✱, rue de Miromesnil, 3.

Auditeurs au Conseil d'État, Commissaires du Gouvernement.

MM. LEGRAND, ✱, rue Tronchet, 8.
ARTAUD-HAUSSMANN, rue de Tournon, 15.

2e Section.

Conseillers.

MM. LOYSEL, ✱, rue Pergolèse, 43, cité Dupont, 7, *Président de section.*
MARIE (Sylvain), ✱, rue de la Chaussée-d'Antin, 21.
SEBIRE (A.), O. ✱, rue Ventadour, 11.
MAROUERIE, ✱, rue de Lille, 37.

Auditeurs au Conseil d'État, Commissaires du Gouvernement.

MM. PASTOUREAU, rue du 29 Juillet, 5.
GENTEUR, rue de l'Université, 53.

M. MAROUERIE siége avec la 1re section le mercredi, et avec la 2e section les mardi et jeudi de chaque semaine.

Conseillers de Préfecture honoraires.

MM. LAFFON DE LADÉBAT, O. ✱, rue Bergère, 25.
VARCOLLIER, O. ✱, rue de Douai, 31.

Greffe.

M. CLARET, Secrétaire-Greffier, Chef de Bureau à la Préfecture de la Seine, rue du Cherche-Midi, 15.

M. LUKOMSKI, Sous-Chef de Bureau, chef du Cabinet du Président du Conseil de Préfecture, boulevard de Sébastopol, 10.

RECUEIL ANALYTIQUE

DES

PRINCIPALES DÉCISIONS

DU

CONSEIL DE PRÉFECTURE DE LA SEINE

STATUANT AU CONTENTIEUX

Année 1865.

(Les numéros placés devant chaque article font suite aux numéros des articles du *Recueil* de 1863-64.)

ALIGNEMENT.

158. Réclamation d'un tiers contre un arrêté d'alignement. — *Demande d'indemnité. Incompétence.* — Les arrêtés portant alignement et permission de voirie sont des actes de pure administration rendus au profit du particulier qui, voulant bâtir, en demande la délivrance. Le Conseil de Préfecture est incompétent pour connaître de la réclamation formée par un tiers qui se prétend lésé dans ses intérêts par l'exécution d'un arrêté de cette nature, et qui demande, de ce chef, une indemnité contre l'Administration. (*Langlois, Guy et Mercier contre la Ville de Paris*, 20 novembre 1865.)

159. Propriété close et non alignée. — *Travaux et plantations à l'intérieur.* — Lorsqu'une propriété située le long d'une grande route et sujette à retranchement, se trouve close, même par une haie vive, le propriétaire peut établir, en arrière de la clôture, sur la partie retranchable de sa propriété, tels travaux qu'il juge convenable, pourvu qu'il n'ajoute pas aux conditions de durée de la clôture; mais il agit ainsi à ses risques et périls, les travaux devant être supprimés ultérieurement en cas de suppression de la clôture. — Quant aux plantations d'arbres, elles ne peuvent être exécutées, en pareil cas, même sur le terrain non retranchable, que dans les conditions prescrites par l'art. 5 de la loi du 9 ventôse an XIII. (*Gontier*, 23 novembre 1865.) — Voir n° 31.

CHEMIN DE FER.

Carrière voisine d'une voie ferrée en déblai. — *Limite de la zone de servitude.* — Voir n°s 17, 18, 180. == Patentes. — *Établissement secondaire affecté au factage et au camionnage des marchandises.* — *Demi-droit fixe.* — Voir n°s 98, 243. == *Gare.* — *Valeur locative des bâtiments et de l'outillage.* — *Mode d'estimation.* — *Quais.* — *Candélabres.* — Voir n°s 94, 241, 404 à 407.

CHEMIN VICINAL DE GRANDE COMMUNICATION.

160. Subvention spéciale pour dégradation extraordinaire. — *Expertise dans l'année.* — Lorsqu'un chemin vicinal a éprouvé des dégradations extraordinaires par l'exploitation d'une entreprise industrielle, et qu'une subvention spéciale peut être exigée de l'entrepreneur pour les réparer en vertu de l'art. 14 de la loi du 21 mai 1836, la subvention doit être réglée annuellement après expertise. En cas d'inobservation de cette formalité, le recouvrement de la subvention ne peut être poursuivi faute de moyens de vérification. (*Camus*, 31 janvier 1865.)

CHEVAUX ET VOITURES (Taxe sur les). — Voir n° 250.

CHIENS (Taxe sur les). Voir n°s 251 et suivants.

COMMUNES.

161. Concession d'eau. — *Traité avec une compagnie.* — *Compétence.* — *Publicité du règlement des concessions.* — Les communes peuvent, en conférant à un entrepreneur ou à une compagnie la régie intéressée des eaux qu'elles ont fait amener, régler les conditions à remplir par les habitants pour obtenir des concessions particulières. — Un traité de cette nature est un marché de travaux publics, et le Conseil de Préfecture est, dès lors, compétent pour connaître des difficultés qui peuvent s'élever au sujet de son exécution, non-seulement entre les communes et la compagnie, mais entre celle-ci et tout habitant de la commune. En pareil cas, l'arrêté municipal qui règle les concessions est valable, bien qu'il n'ait pas été publié au Bulletin des lois, à la suite du décret qui l'a approuvé. (*Pradier contre David-Portau*, 23 mai 1865.)

Legs fait a une commune. — *Emploi en aumônes.* — Voir n° 166.

162. Travaux communaux. — *Souscription par des particuliers.* — *Contestation.* — *Compétence.* — *Signature sociale.* —

Ses effets. — L'offre faite par un particulier de contribuer à la dépense de travaux communaux n'est pas une obligation de droit commun dont l'exécution doive être poursuivie devant les tribunaux ordinaires. Cet engagement, contracté en vue de l'exécution des travaux publics, doit être considéré comme faisant partie de l'entreprise même, et acquiert ainsi le caractère d'une recette municipale dont le recouvrement doit s'effectuer suivant l'art. 63 de la loi du 18 juillet 1837, sur un état dressé par le Maire et rendu exécutoire par le Sous-Préfet. Il constitue, dès lors, un véritable contrat administratif rentrant dans la compétence du Conseil de Préfecture. — On invoquerait vainement, en faveur de la juridiction des tribunaux civils, les dispositions de l'art. 63 précité, aux termes desquelles les oppositions, en matière de recouvrement de recettes municipales, doivent être jugées par les tribunaux ordinaires ; car l'article ajoute : « lorsque la matière est de leur compétence. » Il suit de là que quand la matière est de la compétence du Conseil de Préfecture, il est également juge de l'opposition à l'état de recouvrement.

La signature sociale apposée par un associé sur une liste de souscription ayant pour objet l'exécution de travaux publics engage la société, mais ne peut être considérée comme obligeant l'associé signataire à concourir à la souscription pour des immeubles lui appartenant personnellement. (*Commune d'Ivry contre Rocques et Bourgeois*, 11 mai 1865. — Décision analogue, Cour impériale de Paris, (*Dromain et consorts contre la Cie du Gaz portatif*, 25 novembre 1865.)

TRAVAUX COMMUNAUX. — *Retenue de 1 % au profit des Asiles impériaux.* — *Marché à forfait.* — *Payement par la commune.* — Voir n° 170.

COMPÉTENCE.

ALIGNEMENT. — *Arrêté d'alignement.* — *Demande d'indemnité.* — *Incompétence.* — Voir n° 158.

COMMUNES. — *Concession d'eau faite par une commune.* — *Contestation.* — *Compétence.* — Voir n° 161. == *Travaux communaux.* — *Souscription par des particuliers.* — *Compétence.* — Voir n° 162.

CONTRAVENTION. — *Bâtiment en saillie sur l'alignement.* — *Question de propriété et d'indemnité.* — *Incompétence.* — Voir n° 188.

CONTRAVENTIONS. — *Zone annexée à la Ville de Paris.* — *Construction.* — *Contravention.* — *Compétence.* — Voir n° 199.

MARCHÉ DE TRAVAUX PUBLICS. — *Abattoir (construction d'un).* — *Traité.* — *Contestation.* — *Compétence.* — Voir n° 281.

Fourniture et pose de plaques pour le numérotage des maisons. — *Traité. — Contestation. — Compétence.* — Voir nº 282.

Police municipale. — *Arrêté préfectoral prescrivant l'assainissement d'un puisard. — Demande d'annulation. — Incompétence.* — Voir nº 287.

Travaux publics. — *Dépôt de matériaux sur le terrain d'un particulier. — Demande d'indemnité. — Compétence.* — Voir nº 289. ═ *Entrepreneur de travaux publics. — Détournement des eaux d'une route. — Demande d'indemnité. — Compétence.* — Voir nº 299. ═ *Extraction de matériaux. — Compétence.* — Voir nº 301. ═ *Indemnité réglée par le jury d'expropriation. — Demande formée devant le Conseil de Préfecture, pour dommage résultant de l'exécution des travaux. — Compétence.* — Voir nº 303. ═ *Travaux communaux — Souscription par des particuliers. — Contestations. — Compétence.* — Voir nº 162. ═ *Travaux publics ordonnés par décret. — Retard dans l'exécution. — Demande d'indemnité. — Incompétence.* — Voir nº 310. ═ *Travaux publics projetés. — Incitation de suspendre une construction sur l'alignement. — Demande d'indemnité. — Incompétence.* — Voir nº 311.

Voirie (Grande). — *Chasse-roues brisé. — Frais de réparation. — Compétence.* — Voir nº 313. ═ *Droits de voirie établis par les communes. — Incompétence.* — Voir nº 157. — *Droits de voirie établis par la Ville de Paris. — Contestations. — Compétence.* — Voir nº 314. ═ *Permission de voirie. — Contestations. — Incompétence.* — Voir nºs 157 bis, 315.

COMPTES DE GESTION.

163. Arrêtés préfectoraux. — *Signatures irrégulières.* — Aux termes des circulaires des 6 juillet et 1er août 1813 rappelées dans les annexes de l'article 1542 de l'instruction générale, on doit regarder comme non avenue la production faite par un comptable, d'arrêtés ou extraits d'arrêtés préfectoraux signés au moyen d'une griffe. (*Arcueil* — gestion 1861 — 13 septembre 1865.)

164. Dépenses concernant les pompiers et les gardes nationaux. — Les mémoires de fournitures d'effets, de caisses, etc., faites par les mairies aux tambours, gardes nationaux ou pompiers doivent être émargés par les parties prenantes ; l'émargement tient lieu de certificat de prise en charge des objets livrés, comme dans les autres cas de délivrance d'objets mobiliers appartenant à des communes. (*Arcueil* — gestion 1864 — 13 novembre 1865.)

165. Dépenses imprévues. — *Emploi de crédit.* — Lorsque le crédit inscrit au budget pour une dépense est insuffisant, et qu'on a dû en prélever le complément sur le crédit ouvert pour dépenses imprévues, le comptable doit produire, indépendamment des mandats ordonnançant la dépense imputée sur le crédit des dépenses imprévues l'autorisation du Sous-Préfet approuvant cette imputation. (*Pré-Saint-Gervais, Arcueil* — gestion 1864 — 13 novembre 1865.)

166. Legs faits a une commune. — *Emploi en aumônes.* — Dans le cas où une somme a été léguée à une commune pour être distribuée en aumônes par le curé, celui-ci n'est pas tenu de justifier de l'emploi des fonds qui lui ont été confiés. (*Arcueil* — gestion 1864 — 13 novembre 1865.) — Voir n° 557.

167. Mandats délivrés au nom du receveur central. — *Signature.* — La production des déclarations de versement ne saurait dispenser le receveur central de signer, pour ordre, les mandats délivrés en son nom, comme le prescrit l'art. 700 de l'instruction générale. (*Arcueil* — gestion 1864 — 14 novembre 1865.)

168. Secours aux voyageurs. — Il ne suffit pas de produire un état certifié des secours distribués aux voyageurs. Cet état doit être émargé par les parties prenantes, si elles savent signer. Dans le cas contraire, la remise des secours doit être constatée par témoins, conformément aux prescriptions de la loi de messidor an II et de l'instruction ministérielle de 1826. (*Bureau de Bienfaisance de Clichy* — gestion 1864 — 14 novembre 1865.)

169. Secours en argent. — La production d'une autorisation préfectorale prescrite par le décret du 10 brumaire an XIV, pour les travaux ou fournitures excédant 300 francs, ne peut être exigée à l'égard des secours en argent, quelle qu'en soit la quotité. (*Arcueil* — gestion 1864 — 13 novembre 1865.)

170. Travaux communaux. — *Retenue de 1 % au profit des asiles impériaux. — Marché à forfait. — Paiement par la commune.* — La retenue de 1 % au profit des asiles impériaux, ordonnée par le décret du 8 mars 1855, doit être faite, même quand les travaux sont exécutés en vertu d'un traité à forfait. Cette retenue est mise à la charge de la commune quand elle n'a pas été prévue dans le traité. (*Pré-Saint-Gervais* — gestion 1864 — 3 novembre 1865.) Voir n° 10.

CONTRAVENTIONS :

Section 1re — Questions générales.
Section 2e — Carrières.
Section 3e — Grande voirie. — § 1er. Navigation. — § 2e Voie publique.
Section 4e — Roulage.

SECTION 1re. — Questions générales.

171. ARRÊTÉ PAR DÉFAUT. — *Opposition formée par la femme d'un contrevenant détenu en prison.* — *Non recevabilité.* — Lorsque des condamnations ont été prononcées contre un contrevenant détenu en prison, la femme n'a pas qualité pour former opposition à la décision du Conseil de Préfecture. L'état de détention ne fait pas obstacle, en effet, à ce que le contrevenant forme personnellement son opposition. (*Durable contre le Préfet de la Seine*, 20 mai 1865.)

172. MAIRE. — *Autorisation nulle.* — *Berge d'une rivière.* — *Dépôt de matériaux.* — Un Maire n'a pas qualité pour accorder l'autorisation de déposer des matériaux sur la berge d'une rivière navigable qui traverse le territoire de sa commune. Le dépôt opéré en pareil cas constitue une contravention aux règlements de la grande voirie. (*Barrois*, 22 juin 1865.) — Voir n° 20.

173. PRESCRIPTION. — *Délai.* — *Point de départ.* — On doit appliquer aux contraventions de grande voirie, les dispositions de l'article 640 du Code d'instruction criminelle, en vertu desquelles l'action publique et l'action civile sont prescrites pour les contraventions de police, après une année révolue à partir non du jour où le procès-verbal a été dressé, mais du jour où la contravention a été commise. (*Rivet et Baussard*, 22 juin 1865.)

174. PROCÈS-VERBAL COMPLÉTÉ PAR L'INSTRUCTION. — Un procès-verbal constatant des faits dont l'agent verbalisateur n'a eu connaissance que par ouï-dire, n'a aucune force juridique et ne peut suffire pour établir le fait de la contravention ; mais la preuve des énonciations qu'il renferme peut être complétée tant par les renseignements consignés dans les rapports des ingénieurs, que par les aveux de la partie, par les circonstances de la cause et même par la notoriété publique. — Dans l'espèce, il s'agissait de dépôt de terre effectué sur une grande route. Les dépôts existaient entre le lieu où le contrevenant avait entrepris un déblai et le lieu où il faisait transporter les terres ; mais l'agent verbalisateur n'avait pas constaté, *de visu*, que ces dépôts provinssent du fait du contrevenant. (*Laroque*, 8 avril 1865.) — Voir nos 13, 175, 328.

175. PROCÈS-VERBAL CONTESTÉ. — *Enquête ordonnée.* — Les procès-verbaux constatant des contraventions de grande voirie ne font foi que jusqu'à preuve contraire. En conséquence si un contrevenant offre de prouver que les énonciations du procès-verbal dressé contre lui sont inexactes, le Conseil de Préfecture peut charger l'un de ses membres de vérifier les faits par la voie de l'enquête, pour être ensuite statué sur son rapport en audience publique. (*Préfet de police contre Meyer-Lippmann*, 21 décembre 1865.) — Voir nos 13, 174, 328.

176. TIERCE OPPOSITION. — *Travaux en contravention sur un immeuble. — Condamnations prononcées contre un mari séparé de biens pour un immeuble appartenant à la femme.* — La femme séparée de biens, propriétaire d'un immeuble sur lequel des travaux ont été exécutés, par son ordre, en contravention aux règlements de grande voirie, est recevable à former tierce opposition à l'arrêté par défaut qui a prononcé des condamnations contre son mari à raison desdits travaux. En pareil cas, il y a lieu d'annuler l'arrêté par défaut, et la femme tierce opposante doit, le cas échéant, être personnellement condamnée, puisque c'est seulement contre elle qu'on peut poursuivre la démolition des travaux indûment exécutés. (*Sr et De de Villars*, 11 juillet 1865.)

177. TIERCE OPPOSITION. — *Travaux en contravention sur un immeuble. — Condamnations prononcées contre l'ancien propriétaire de l'immeuble.* — L'opposition formée contre un arrêté qui a prononcé des condamnations pour contravention de grande voirie, contre le propriétaire apparent d'un immeuble, est recevable, lorsque le tiers opposant se déclare responsable du fait constaté, et prouve qu'il est devenu propriétaire de l'immeuble, avant que la contravention n'ait été commise. La décision rendue contre l'ancien propriétaire de l'immeuble lorsque le propriétaire actuel n'avait pas été mis en cause et n'avait pu être valablement représenté par son vendeur, préjudicie à ses droits (art. 474 du Code de procédure civile), puisqu'elle ordonne la démolition des travaux indûment exécutés, et ne peut, à cet égard, s'exécuter que contre lui. (*Redon et Bacquemont*, 25 mars 1865.)

SECTION 2e. — Carrières.

178. CONCESSIONNAIRES NON RECONNUS PAR L'ADMINISTRATION. — Aux termes du règlement général du 22 mars 1813, les permissions d'exploiter des carrières sont personnelles aux impétrants, et ne peuvent être cédées par eux ou par leurs ayants droit, sans une autorisation spéciale du Préfet. En cas de cession, non autorisée, le cédant demeure responsable des contraventions commises dans la carrière, par application de l'art. 25 du règlement précité. (*Fayolles*, 25 janvier 1865.)

179. PRODUCTION DE PLANS. — Aux termes de l'art. 15 du règlement général du 22 mars 1813, tout exploitant de carrières doit fournir à l'Administration, au commencement de chaque exercice, un plan des travaux, afin d'assurer la surveillance de l'exploitation. Le défaut de production de ce plan, alors surtout que l'exploitant a continué les travaux et a été inutilement invité à se soumettre aux prescriptions légales, constitue une contravention, qui donne lieu à l'application des art. 14 et 30 du règlement précité. (*Desforges*, 21 novembre 1865; — *Bataille et Cie*, 23 novembre 1865.)

180. Zone de servitude. — *Délimitation.* — *Exploitation voisine d'une voie ferrée en déblai.* — Lorsqu'une carrière est exploitée dans le voisinage de la voie d'un chemin de fer, située en déblai, la zone de 10 mètres à réserver, pour protéger la sécurité publique, doit être mesurée, non du rail le plus rapproché, mais de la crête extérieure du déblai. (*Robine*, 25 février 1865.) — Voir nos 17, 18.

Section 3e. — Voirie (Grande).

I. Navigation.

Berge d'une rivière. — *Dépôt de matériaux.* — *Maire.* — *Autorisation nulle.* — Voir n° 172.

Chemin de halage. — *Dégradation occasionnée par le passage des voitures.* — Voir n° 181.

Chemin de halage. — *Stationnement d'une voiture.* — *Responsabilité.* — Voir n° 182.

II. Voie publique.

§ 1er. — *Dégradations.*

181. Chemin de halage. — *Dégradation occasionnée par le passage de voitures.* — *Notification du procès-verbal.* — *Délai.* — Les dégradations, résultant du passage de voitures sur un chemin de halage, constituent, non une contravention de roulage, mais une contravention de grande voirie, frappée des peines édictées par les art. 1, 2 et 11 de l'arrêt du Conseil du 24 juin 1777; de telles dégradations, en portant atteinte aux dépendances de la voie fluviale, sont de nature à créer des empêchements à la navigation. Il n'y a pas lieu, en pareil cas, d'appliquer la déchéance, prononcée par l'art. 23 de la loi du 30 mai 1851, pour défaut de notification du procès-verbal dans le mois de la date de son enregistrement. (*Garcinet-Sercais*, 17 juin 1865.)

182. Chemin de halage. — *Stationnement d'une voiture.* — *Responsabilité.* — Le stationnement d'une voiture sur un chemin de halage, faisant obstacle à la libre circulation des bateaux remorqués par des chevaux et au service de la navigation, constitue une contravention de grande voirie frappée des peines édictées par l'arrêt du Conseil du 24 juin 1777. Dans ce cas, si la personne, qui a préposé un employé à la conduite de la voiture est connue, c'est contre elle que les condamnations doivent être prononcées; le voiturier dont le nom figure sur la plaque, doit être mis hors de cause, comme n'étant que le préposé du négociant pour lequel s'effectuent les transports. (*Faon-Pereire, Laroque et Planchard*, 8 février 1865; — *Bouché*, 23 décembre 1865.) — Voir n° 185.

183. Dégradation de la chaussée. — *Responsabilité du propriétaire riverain.* — Le propriétaire riverain de la voie publique est responsable de la dégradation, commise sur le revers ou accotement de la chaussée au droit de sa propriété (art. 8 et 9 de l'ordonnance du 17 juillet 1781); il s'agissait, dans l'espèce, du bris d'une gargouille. (*Vallentin*, 21 février 1865.) — Voir n°s 25, 335.

184. Modification d'ouvrages construits sur la voie publique. — Il n'appartient pas à un particulier de modifier ou dégrader un travail effectué par l'Administration sur la voie publique. En conséquence, il y a lieu de condamner, pour contravention de grande voirie, à l'amende et à la réparation du dommage, le propriétaire riverain d'une rue de Paris, au devant de la maison duquel un conduit souterrain a été construit par l'Administration, pour assurer, faute d'égout, l'écoulement des eaux, et qui, sous prétexte que ses caves étaient inondées, a fait supprimer sans autorisation, un grillage à mailles placé à l'entrée du caniveau, et a ainsi donné lieu à des dégradations au sol de la voie publique par suite d'obstruction du caniveau. (*Préfet de la Seine contre Aubled*, 10 août 1865.)

§ 2e. — *Dépôt de matériaux.*

Berge d'une rivière. — *Maire.* — *Autorisation nulle.* — Voir n° 172.

185. Dépôts faits par un charretier. — *Responsabilité du maître de la voiture.* — Aux termes de l'ordonnance du 4 août 1731, le propriétaire d'une voiture est civilement responsable des condamnations prononcées, pour contravention de grande voirie, contre celui qu'il a chargé de la conduite de sa voiture. Cette responsabilité comprend le payement de l'amende, des frais de réparation du dommage causé, et des dépens. (*Halaye et Bodey*, 31 janvier 1835. — *Deladreux et Flaunet*, 18 février 1865; — *Dassy et Latremollière* 21 février 1865.) — Voir n° 182.

186. Propriétaire. — Entrepreneur constructeur. — *Responsabilité.* — Lorsque le procès-verbal, constatant un dépôt de matériaux sur la voie publique, a été dressé contre le propriétaire d'un bâtiment en construction, et contre l'entrepreneur des travaux, ce dernier est seul responsable de la contravention; le propriétaire pour lequel la construction s'exécute doit être mis hors de cause, à moins qu'il ne soit établi qu'il a pris part aux faits constitutifs de la contravention. (*Chabanne-Mauge et Deplante*, 26 octobre 1865.) — Voir nos 25, 26, 28.

187. VOITURE DÉPOSÉE SUR LA VOIE PUBLIQUE. — Le stationnement accidentel sur la voie publique d'une voiture attelée ou non attelée, en cours de voyage, constitue une contravention à la police du roulage, prévue par la loi du 30 mai 1851, art. 2, § 1, no 5, et par l'article 10 du décret du 10 août 1852; aux termes des art. 5 et 17 de ladite loi, cette contravention est de la compétence des tribunaux de simple police; mais l'occupation habituelle de la voie publique par une voiture qu'un cultivateur ou voiturier y place chaque jour, faute de hangar ou de cour pour la remiser, constitue un dépôt sur la voie publique, et, par conséquent, une contravention de grande voirie de la compétence du Conseil de Préfecture et passible des peines édictées par les ordonnances des 18 juin 1765 et 17 juillet 1781. (*Vincent*, 17 janvier 1865. — Voir nos 28, 29, 352.

§ 3e. — *Travaux de construction.*

188. BATIMENT EN SAILLIE SUR L'ALIGNEMENT. — *Questions de propriété et d'indemnité.* — *Incompétence.* — Lorsqu'une rue a été classée définitivement par un décret, les constructions faites en saillie sur l'alignement constituent des contraventions de grande voirie, bien que les questions de propriété et d'indemnité pour les terrains incorporés à la voie publique n'aient pas encore été résolues. Le Conseil de Préfecture, saisi du procès-verbal de contravention, doit statuer contre l'auteur des travaux exécutés indûment, sans se préoccuper de ce qui concerne l'expropriation et les indemnités préalables dues aux propriétaires. (*Héritiers Dupont*, 14 janvier 1865.)

189. BATIMENT EN SAILLIE SUR L'ALIGNEMENT. — *Réparation non autorisée.* — *Péril.* — La réparation, non autorisée d'un bâtiment en saillie sur l'alignement d'une rue de Paris, constitue une contravention à l'arrêt du Conseil du 27 février 1765. Il n'y a pas lieu d'admettre l'excuse tirée de ce que l'autorité compétente aurait constaté l'état de péril des bâtiments, et aurait enjoint au contrevenant de le faire cesser, un tel ordre ne contenant pas la permission de voirie, qui est indispensable pour l'exécution des travaux de réparation à un immeuble bordant la voie publique. (*Brieussel*, 27 juillet 1865.)

190. BATIMENT EN SAILLIE SUR L'ALIGNEMENT. — *Travaux confortatifs.* — Des feuilles de tôle, appliquées sur la façade d'un bâtiment en saillie sur la voie publique, sont des travaux confortatifs, s'il est établi qu'elles peuvent avoir pour effet de prolonger la durée du bâtiment en faisant obstacle à l'action de l'air, des gelées et de la pluie sur les matériaux, dont sont composés les murs du bâtiment. (*Préfet de la Seine contre Audry et Grignon*, 6 décembre 1865.)

191. BATIMENT EN SAILLIE SUR L'ALIGNEMENT. — *Travaux non confortatifs.* — Des travaux de peinture et de simple rejointoiement du mur de face d'un bâtiment, soumis à reculement, ne sont pas confortatifs. Il n'y a pas lieu dès lors d'ordonner la suppression des travaux de cette nature ; mais le contrevenant, qui les a fait faire sans autorisation, doit être condamné à l'amende. (*Préfet de la Seine contre Demaignot et Simonet*, 21 décembre 1865.)

192. CHANGEMENT DE PROPRIÉTAIRE. — *Responsabilité de l'ancien et du nouveau propriétaire. — Amende. — Droits de voirie.* — Lorsqu'un immeuble a changé de propriétaire, à la suite d'un procès-verbal, constatant une contravention de voirie, la responsabilité de la contravention incombe à l'ancien propriétaire, au point de vue de la pénalité, mais la condamnation au paiement des droits de voirie doit être à la charge du nouveau propriétaire ; ces droits étant une dette propre à l'immeuble en quelques mains qu'il passe. (*Ruelle et Drouillet*, 22 juin 1865.)

193. FAÇADE EN PAN DE BOIS BORDANT UNE VOIE PUBLIQUE. — *Suppression.* — La construction d'un hangar en bois, adossé à un mur de clôture, dont il dépasse la hauteur, constitue une contravention à l'édit de décembre 1607, qui défend de construire, en pans de bois, les bâtiments bordant la voie publique. En pareil cas, il y a lieu d'ordonner la suppression de la partie du pan de bois qui dépasse la hauteur du mur. (*Mégrot et Carrière*, 25 mai 1865.) — Voir n° 341.

194. LOCATAIRE CONSTRUCTEUR. — *Responsabilité du propriétaire.* — Les travaux, indûment exécutés dans une maison par un locataire (dans l'espèce, une loge de photographe établie sur le comble et dépassant la hauteur réglementaire), rendent le propriétaire de la maison responsable de la contravention de voirie, sauf son recours contre qui de droit ; de tels travaux, qui modifient l'immeuble, n'ayant pu être entrepris qu'avec le consentement du propriétaire, et leur démolition ne pouvant être ordonnée que contre lui. Le locataire, auteur des travaux, doit être mis hors de cause, car la contravention consistant dans un excès de hauteur de la maison, ne peut être reprochée qu'au propriétaire. (*Bouillet et Siffre*, 21 février 1865.) — Voir n°s 34, 195, 789.

195. LOCATAIRE CONSTRUCTEUR POUR SON COMPTE. — *Responsabilité du propriétaire et du locataire.* — Lorsqu'en vertu de conventions privées, et suivant les dispositions des art. 553 et 555 du

Code Napoléon, le locataire d'un immeuble y a fait élever, pour son compte, des constructions qui doivent, en fin de bail, appartenir au propriétaire, il y a lieu de le considérer, au point de vue de la voirie, comme propriétaire des bâtiments pour lesquels il est imposable à la contribution foncière, et comme responsable de la contravention. S'il a été dressé un procès-verbal de contravention contre le locataire constructeur, à raison du bâtiment, qu'il a ainsi fait élever, il peut être personnellement poursuivi ; mais il est nécessaire de comprendre dans les poursuites et dans les condamnations à prononcer, le propriétaire de l'immeuble qui, d'après l'art. 555 du Code Napoléon, a le droit de conserver les constructions en fin de bail, puisque la démolition des travaux indûment exécutés doit être ordonnée en même temps contre lui et contre le locataire qui les a construits. (*Leboucher et Liez*, 11 juillet 1865.) — Les cas, dans lesquels ont été rendues les décisions rappelées (nº 31,) sont tout différents ; il s'agissait de travaux ajoutés aux immeubles par les locataires, comme dans l'espèce, qui précède. — Voir nºs 31, 191, 789.

196. Mur mitoyen en saillie sur l'alignement. — *Travaux confortatifs.* — *Responsabilité.* — La mitoyenneté d'un mur pignon, laissé à découvert par le reculement d'une maison contiguë, doit être considérée comme appartenant, d'une part, au propriétaire de la maison demeurée en saillie sur l'alignement, et de l'autre, à la commune devenue propriétaire tant du terrain livré à la voie publique, que de la moitié du sol, sur lequel repose le mur mitoyen. En conséquence, la responsabilité de travaux confortatifs, exécutés sur le mur mitoyen frappé de la servitude d'alignement, doit incomber, non au propriétaire de la maison retranchée, mais au propriétaire de la maison en saillie sur l'alignement qui, du reste, peut seul avoir intérêt à l'exécution des travaux. (*Le Préfet de la Seine contre Collette-Peltier, Gervais et Comard*, 15 novembre 1865.)

197. Ouvrier non entrepreneur. — *Point de contravention.* — Le simple ouvrier, agissant comme manœuvre aux ordres du propriétaire et non comme entrepreneur d'ouvrage, n'est pas responsable des travaux exécutés sans autorisation à la façade d'un immeuble, joignant la voie publique. On ne saurait dès lors lui imputer d'avoir personnellement commis une contravention à l'arrêt du Conseil du 27 février 1765, qui prononce l'amende, non-seulement contre les propriétaires, mais contre les entrepreneurs, maçons et ouvriers, par qui les travaux ont été exécutés. Cette disposition n'a eu en vue que les ouvriers, agissant pour leur propre compte, et non ceux qui sont les préposés d'un entrepreneur ou du propriétaire. (*Préfet de la Seine contre Audry et Grignon*, 6 décembre 1865. — *Préfet de la Seine contre Demaignot et Simonet*, 21 décembre 1865.) — Voir nº 35.

198. Travaux indûment exécutés. — *Arrêté du Conseil de Préfecture resté sans exécution pendant trente ans.* — *Nouveau procès-verbal.* — Lorsque, sur un procès-verbal constatant la construction d'un bâtiment en saillie sur l'alignement, le Conseil de Préfecture a ordonné la démolition du bâtiment, sa juridiction se trouve épuisée. En conséquence, si l'Administration a laissé l'arrêté sans exécution, pendant plus de trente années, et si, par suite, l'arrêté se trouve prescrit, le Conseil ne peut plus être saisi de rechef de la même contravention au moyen d'un nouveau procès-verbal constatant le même fait. Dans ce cas, l'Administration peut toujours, en vertu du principe de l'imprescriptibilité et de l'inaliénabilité du Domaine public, poursuivre la réintégration du sol de la voie publique indûment occupé; mais elle n'est pas recevable à exercer cette action en faisant revivre, devant le Conseil, sur le même fait et dans les mêmes conditions, une poursuite sur laquelle il a déjà été statué. (*Dupin*, 24 juin 1865.)

199. ZONE ANNEXÉE A LA VILLE DE PARIS. — *Construction.* — *Compétence.* — Lorsqu'un procès-verbal, concernant un immeuble situé dans la zone annexée à la ville de Paris, a pour objet des travaux exécutés avant l'annexion, le Conseil de Préfecture n'est pas compétent pour statuer si, antérieurement à l'annexion, la voie sur laquelle les travaux ont été exécutés n'était pas soumise au régime de la grande voirie. (*Préfet de la Seine contre Goron*, 11 mai 1865.)

SECTION 4e. — Roulage.

200. PROCÈS-VERBAL DRESSÉ PAR LA GENDARMERIE ET NON ENREGISTRÉ. — *Nullité.* — Par application de l'art. 19 de la loi du 30 mai 1851, on doit considérer comme nul un procès-verbal de contravention à la loi sur la police du roulage, non enregistré dans les trois jours de sa date, alors même qu'il émanerait de la gendarmerie. En effet, si la loi du 30 mai 1851 et celle du 17 juillet 1856 dispensent les procès-verbaux dressés par la gendarmerie de la formalité de l'affirmation, elles ne les dispensent pas de celle de l'enregistrement. Quant à l'art. 493 du décret réglementaire du 1er mars 1854, qui exempte de la formalité de l'enregistrement les procès-verbaux dressés par la gendarmerie en matière de roulage, il est inadmissible qu'il puisse prévaloir contre le texte formel de la loi du 30 mai 1851; car non-seulement l'art. 19 prescrit l'enregistrement à peine de nullité, mais l'art. 23 prend la date de l'enregistrement comme point de départ du délai d'un mois, dans lequel la notification du procès-verbal doit être faite à peine de déchéance. (*Bureau et Brehautez*, 17 octobre 1865.)

201. PROCÈS-VERBAL NON NOTIFIÉ AU CHARRETIER. — *Déchéance, même à l'égard du propriétaire de la voiture.* — Le procès-verbal d'une contravention à la police du roulage, qui n'a pas été notifié dans le mois de l'enregistrement, est frappé de déchéance par l'art. 23 de la loi du 30 mai 1851. Dès lors, il ne peut servir de base à une condamnation, ni contre le charretier, ni contre le propriétaire de la voiture, qui n'est, d'après l'art. 13, que civilement responsable des condamnations prononcées contre l'auteur de la contravention.

De ce que le propriétaire de la voiture est déclaré civilement responsable des condamnations, il n'en résulte pas qu'il puisse être valablement poursuivi comme auteur principal de la contravention, même dans le cas prévu par l'art. 2, § 1er, n° 5 de la loi, s'il est établi que la contravention est le fait personnel du voiturier, dont le nom est connu et qui est désigné dans le procès-verbal. Les procès-verbaux de contravention doivent donc, à peine de déchéance, être notifiés, dans le mois de l'enregistrement, d'une part, au charretier, auteur de la contravention, soit à son domicile propre, soit dans le cas prévu par l'art. 23, § 4 de la loi, au domicile de son maître, et, d'autre part, au propriétaire de la voiture, qu'on entend rendre responsable des condamnations à intervenir. Une seule notification faite au maître de la voiture ne satisfait nullement au vœu de la loi. (*Rigal et Romany*, 11 février 1865; — *Legrand et Bigaud*, 4 avril 1865.) — Voir n° 43.

VOITURE STATIONNANT SUR LA VOIE PUBLIQUE. — Voir nos 28, 29, 187, 352.

CONTRIBUTIONS DIRECTES.

SECTION 1re — Questions générales.
SECTION 2e — Contribution foncière.
SECTION 3e — Contribution des portes et fenêtres.
SECTION 4e — Taxe de mainmorte.
SECTION 5e — Contributions personnelle et mobilière.
SECTION 6e — Patentes.
SECTION 7e — Taxe des prestations pour les chemins vicinaux.
SECTION 8e — Taxe sur les chevaux et voitures.
SECTION 6e — Taxe sur les chiens.

SECTION 1re. — Questions générales.

202. CONTRIBUABLE NE SACHANT PAS SIGNER. — *Réclamation signée par le Maire.* — La réclamation est valable. (*Morot*, 23 mai 1865.) Voir n° 51.

203. EXPERTISE. — *Retard dans la désignation de l'expert.* — *Déchéance.* — Lorsqu'une expertise a été ordonnée par le Conseil de Préfecture en matière de contributions, si le réclamant ne désigne pas son expert, dans le délai fixé par la décision, il y a lieu de passer outre et de statuer dans l'état de la cause. (*Antoine*, 8 février 1865.)

204. PROPRIÉTAIRE. — *Droit de réclamer.* — En exécution de l'article 1166 du Code de Napoléon, le propriétaire, qui a fait saisir les meubles d'un locataire, pour avoir paiement de ses loyers, doit être admis, comme exerçant les droits de son débiteur, à réclamer la réduction des contributions auxquelles ce locataire a été imposé; cette réduction, si elle est fondée, constitue une valeur mobilière qui fait partie du patrimoine du débiteur (*Criquet*, 16 décembre 1865.) — Voir nos 49, 356, 816.

SECTION 2e. — Contribution foncière.

§ 1er. — *Exemptions.*

205. MAISON PARTIELLEMENT RECONSTRUITE. — Le propriétaire, qui a fait reconstruire un étage entier d'un bâtiment, peut réclamer, pour cet étage, le bénéfice de l'exemption de la contribution foncière pendant deux années, en exécution de l'art. 88 de la loi du 3 frimaire an VII, aux termes duquel la taxe ne doit être établie qu'à la troisième année après la construction. (*Mayeur*, 12 août 1865.)

§ 2e. — *Questions diverses.*

206. IMPÔT ÉTABLI DANS UNE COMMUNE QUE LE CONTRIBUABLE N'HABITE PAS. — *Délai pour réclamer.* — Lorsqu'un particulier a été imposé à la contribution foncière dans une commune qu'il n'habite pas, à raison d'un immeuble, dont il n'est pas propriétaire, la déchéance, pour tardivité de la réclamation, ne peut lui être opposée, qu'autant qu'il est établi qu'il a eu connaissance de la taxe plus de trois mois, avant le dépôt de sa requête à la Préfecture. (*Escoffier*, 7 novembre 1865.). — Voir no 828.

207. MUTATION DE COTE. — MISE EN CAUSE DE L'ACQUÉREUR DE L'IMMEUBLE. — La demande en décharge formée par un contribuable, qui a cessé d'être propriétaire de l'immeuble, objet de la taxe, doit être considérée comme une demande en mutation de cote. En conséquence, si le réclamant prouve que l'immeuble a cessé de lui appartenir, avant l'ouverture de l'exercice, et désigne la personne, à laquelle il l'a vendu, il y a lieu d'ordonner, avant faire droit, la mise en cause de l'acquéreur, à qui il appartient de contester, s'il y a lieu, la mutation de cote, qui serait prononcée à sa charge. (*Escoffier*, 7 novembre 1865.)

Section 3e. — Contributions des portes et fenêtres.

§ 1er. — *Exemptions.*

208. Cuisiniers et surveillants d'un hospice. — Il y a lieu de considérer comme serviteurs à gages et d'exonérer de la taxe des portes et fenêtres et de celle des prestations, pour l'entretien des chemins vicinaux, les surveillants et cuisiniers d'un hospice (celui de Bicêtre), qui, nourris, habillés et logés par l'Administration, touchent 600 fr. de gages au plus, n'ont pas droit à une pension de retraite, et peuvent seulement, après trente ans de service, rester dans l'établissement où ils continuent de recevoir le logement et la nourriture. (*Saingeot et autres*, 8 juillet 1865.)

209. Manufacture. — *Fabrique de cuirs vernis.* — Des bâtiments à usage de fabrique de cuirs vernis, ayant 50 ouvertures et renfermant habituellement de 50 à 60 ouvriers, doivent être exemptés de la taxe des portes et fenêtres à titre de manufacture, par application de l'art. 4 de la loi du 4 germinal an IV, le travail, qui s'y effectue consistant principalement en opérations de main-d'œuvre organisées et appliquées d'une manière collective. (*Lecen*, 21 novembre 1865.) — Voir nos 56, 211, 212, 214.

§ 2e. — *Matière imposable.*

210. Adjudant sous-officier. — *Commis-greffier d'un Conseil de guerre.* — Un adjudant sous-officier, attaché à un conseil de guerre en qualité de commis-greffier, est considéré comme employé militaire, et est imposable à la taxe des portes et fenêtres pour le logement, qui lui est concédé dans un bâtiment de l'État. (*Deleporte*, 29 avril 1865.) — Voir no 222.

211. Ateliers de corroierie. — Des ateliers de corroierie, éclairés par 65 ouvertures et occupés par 15 ou 20 ouvriers seulement, ne peuvent, à raison de la nature des travaux, qui y sont exécutés et du petit nombre d'ouvriers, qu'ils renferment, être considérés comme une manufacture, et être dispensés de la taxe des portes et fenêtres, par application de l'art. 4 de la loi du 4 germinal an XI. Lorsque le travail, au lieu de se pratiquer d'une manière collective, est fait individuellement et isolément par chaque ouvrier, l'établissement n'est pas une manufacture, mais un atelier imposable à la contribution des portes et fenêtres. (*Lecen*, 21 novembre 1865.) — Voir nos 56, 209, 213, 214.

212. COUR COMMUNE. — *Portes imposables.* — Lorsque plusieurs maisons, appartenant à divers propriétaires, sont situées sur une cour commune, communiquant avec la voie publique par une porte non taxée, les portes de ces maisons, qui ouvrent sur la cour doivent être imposées comme si elles ouvraient directement sur la voie publique. (*Aubineau*, 16 décembre 1865.)

213. FABRIQUE D'ÉQUIPEMENTS MILITAIRES. — Il n'y pas lieu d'exonérer de la contribution des portes et fenêtres, à titre de manufacture, par application de l'art. 4 de la loi du 4 germinal an XI, une fabrique d'équipements militaires, occupant de 50 à 100 ouvriers, répartis en trois ateliers, savoir : 1° atelier pour la préparation des objets à mettre au travail en dehors de la fabrique; 2° atelier pour la vérification des travaux après leur [illegible]; 3° atelier pour mettre la dernière main aux équipements [illegible] Ces divers travaux ne sont pas des opérations de main d'œuvre [illegible] en commun, telles que celles qui constituent le caractère d'une manufacture. (*Migeon*, 27 mai 1865.) — Voir nos 56, 200, 211, 214.

214. FABRIQUE D'ORGUES. — Une fabrique d'orgues occupant 20 ouvriers, répartis en plusieurs ateliers, ne doit pas être exonérée de la contribution des portes et fenêtres à titre de manufacture, par l'application de l'art. 4 de la loi du 4 germinal an XI. Dans un tel établissement, les opérations de main-d'œuvre ne s'effectuent pas collectivement par les ouvriers, mais chacune séparément par un ouvrier spécial; cet établissement a donc le même caractère que les ateliers de charrons, charpentiers, menuisiers, qui sont imposables, conformément à la loi et à l'instruction ministérielle du 30 septembre 1831. (*Migeon*, 27 mai 1865.) — Voir nos 56, 200, 211, 213.

215. SERRE ATTENANTE A UNE MAISON. — Les ouvertures d'une serre, attenante au salon principal d'une maison d'habitation, ne sont pas imposables à la contribution des portes et fenêtres, comme éclairant une dépendance de l'habitation, lorsque la serre n'est pas de plain pied avec le salon, qu'on n'y peut accéder qu'à l'aide de plusieurs marches, et que le sol est sablé comme celui du jardin. (*Loucet*, 2 décembre 1865.)

SECTION 4e. — Taxe de mainmorte.

216. IMMEUBLES ACQUIS POUR CAUSE D'UTILITÉ PUBLIQUE. — *Exemption.* — Des maisons acquises par une commune, pour cause d'utilité publique, destinées à être démolies, et dont le sol doit être en partie affecté à une rue et en partie revendu à des particuliers, ne sont pas imposables à la taxe des biens de mainmorte, alors même qu'elles seraient encore partiellement habitées et productives de revenu.

Dans ce cas, en effet, le défaut de possession continue par la commune enlève aux immeubles le caractère de biens de mainmorte. (*Ville de Paris*, 16 novembre 1865.)

217. Société anonyme. — *Constructions élevées par la société sur un terrain dont elle est seulement locataire.* — Une société anonyme est passible de la taxe des biens de mainmorte à raison des constructions qu'elle a fait élever sur un terrain dont elle est locataire, alors même qu'à la fin du bail ces constructions devraient être démolies ou abandonnées au propriétaire de l'immeuble. Elle est, en effet, propriétaire des constructions pendant la durée de son bail. (*Société des mines de Bouxwillers*, 11 novembre 1865.)

Section 5e. — Contributions personnelle et mobilière.

§ 1er. — *Exemptions*.

218. Écurie et remise servant exclusivement a l'exercice d'une profession patentée. — Le patentable qui possède dans des locaux, autres que ceux qu'il habite, une écurie et une remise, occupées par un cheval et une voiture, servant exclusivement à l'exercice de sa profession, doit être imposé, pour ces locaux, au droit proportionnel de patente, mais non à la contribution mobilière. Dans ces conditions, de tels locaux ne sont pas une dépendance de son habitation personnelle, laquelle seule est imposable à la taxe mobilière, d'après l'art. 17 de la loi du 21 avril 1832; ils constituent seulement des locaux industriels dans le sens des art. 7 et 10 de la loi du 25 avril 1844. (*Bouchon*, 13 septembre 1865.)

219. Officier avec troupe et sans résidence fixe. — *Habitation particulière. — Déduction de l'indemnité de logement.* — Les officiers avec troupe et sans résidence fixe, qui ont des habitations particulières, doivent être imposés à la contribution mobilière, conformément à l'art. 14 de la loi du 21 avril 1832, quand le loyer imposable de ces habitations excède le montant de l'indemnité de logement, qui leur est allouée, en vertu de l'ordonnance du 5 décembre 1840. Dans ce cas, il y a lieu de déduire du loyer réel le montant de l'indemnité de logement, pour déterminer le loyer imposable qui doit servir de base à ladite contribution. (*Justa*, 8 novembre 1865.) — Voir nos 63 à 65, 220, 851.

220. Officier avec troupe et sans résidence fixe. — *Résidence momentanée hors de la garnison.* — Un officier avec troupe et sans résidence fixe, en garnison dans une ville de province, qui a occupé un logement à Paris pendant un congé de semestre, n'est pas imposable à la contribution mobilière à raison de ce logement, son séjour à Paris n'ayant pas le caractère de fixité nécessaire pour motiver son imposition dans cette ville. (*Porry-Papy*, 26 octobre 1865.) — Voir nos 63, 64, 65, 219, 831.

221. Séjour accidentel de plusieurs mois dans un appartement meublé. — Une personne domiciliée en province, qui a passé les quatre premiers mois de l'année à Paris, dans un appartement meublé où elle a apporté une partie de ses menus objets de lingerie et de ménage et où elle a amené des domestiques, doit être considérée comme ayant habité accidentellement à Paris, et n'est pas imposable à la contribution mobilière si son séjour dans cette ville ne se reproduit pas annuellement. (*La Marquise de Marguerye*, 16 décembre 1865.) — Voir no 69.

§ 2e. — *Matière imposable.*

222. Adjudant sous-officier, agent principal d'une maison d'arrêt militaire. — Un adjudant sous-officier, agent principal d'une maison d'arrêt et de correction militaire, ne peut être admis à profiter de l'exemption de la contribution personnelle et mobilière accordée par les lois des 28 thermidor an X et 21 avril 1832 aux officiers avec troupe et sans résidence fixe; il ne réunit, en effet, aucune des deux conditions qui donnent lieu à l'exemption. (*Sirceaux*, 7 septembre 1865.)

223. Deux logements. — *Un seul mobilier.* — *Taxe unique.* — Lorsqu'un particulier habite alternativement deux communes différentes, s'il transporte son mobilier unique d'une commune dans l'autre, et si chacune des habitations reste fermée et sans mobilier quand elle est inoccupée, la contribution mobilière n'est due que dans la commune où le contribuable a son domicile et sa résidence la plus habituelle. (*Vaillant*, 10 août 1865.)

224. Intendant militaire logé dans un bâtiment de l'État. — Un intendant militaire, n'étant pas officier avec troupe sans résidence fixe, n'a pas droit à l'exemption de la taxe mobilière par application de l'art. 3 de la loi du 28 thermidor an X, et de l'art. 14 de la loi du 21 avril 1832. Lorsqu'il habite un bâtiment de l'État, sa contribution mobilière doit être basée sur la valeur locative des locaux qu'il occupe, sans déduction du montant de l'indemnité de logement qui pourrait lui être accordé s'il habitait en ville. (*Bocquer*, 26 octobre 1865.) — Voir nos 72, 229.

225. Jardinier non domestique a gages. — Un jardinier qui occupe dans la propriété de son maître un logement à part, où il tient son ménage, et qui est garni d'un mobilier lui appartenant, ne peut être considéré comme domestique à gages ; il est dès lors assujetti à la contribution personnelle et mobilière, comme jouissant de ses droits et non réputé indigent. (*Lecomte*, 12 août 1865.)

226. LOGEMENT HABITÉ EN COMMUN PAR LE FILS ET LA MÈRE. — Le contribuable imposé pour un appartement qu'il occupe en commun avec sa mère et ses nièces, ne peut obtenir ni la division, ni la réduction de la taxe mobilière, s'il n'est pas prouvé (par une expertise en cas de contestation) quelles parties de l'appartement ne sont pas consacrées à son habitation personnelle, quel est le montant du dégrèvement, auquel il prétend avoir droit pour les parties de bâtiment non occupées par lui, et quelle quote-part de loyer est supportée par chacun des co-locataires. (*Bois*, 12 juillet 1865.) — Voir nos 70, 227, 228, 863, et suivants.

227. LOGEMENT HABITÉ EN COMMUN PAR LE GENDRE ET LA BELLE-MÈRE. — *Maintien d'une seule taxe mobilière.* — Le contribuable, qui occupe en commun avec sa belle-mère des locaux ne formant qu'un appartement, est imposable à la taxe mobilière pour l'appartement entier, quand il est établi que l'appartement entier est à sa disposition, qu'il en est seul locataire et qu'il n'a pas fourni la preuve (par l'expertise en cas de contestation) que certaines parties ne sont pas consacrées à son habitation personnelle. (*Delsal*, 4 juillet 1865.) — Voir nos 70, 226, 228, 863 et suivants.

228. LOGEMENT HABITÉ EN COMMUN PAR LE GENDRE ET LA BELLE-MÈRE. — *Division de la taxe mobilière.* — Le contribuable, qui habite un appartement en commun avec sa belle-mère, n'est assujetti à la taxe mobilière que pour la valeur locative des locaux affectés à son habitation personnelle, conformément à l'art. 17 de la loi du 21 avril 1832, s'il est établi que certaines parties de l'appartement sont exclusivement occupées par sa belle-mère jouissant de ses droits et personnellement imposable. La preuve de ce qui constitue son habitation distincte de celle de la belle-mère peut résulter de la constatation faite de cette habitation personnelle pour l'assiette du droit proportionnel de patente. Dans ce cas, il doit être fait une ventilation du loyer imposable entier, pour fixer la quote-part afférente aux parties de l'appartement qu'il occupe, et pour lesquelles seules il est assujetti à la taxe mobilière. (*Choppin*, 1er août 1865.) — Voir nos 70, 227, 228, 863 et suivants.

Nota. La différence, entre cette décision et les deux précédentes, provient de ce que les parties de l'appartement, non occupées par le contribuable, avaient été reconnues dans l'assiette du droit proportionnel de patente qui, d'après l'art. 9 de la loi du 25 avril 1844, doit être établi, comme la contribution mobilière, sur l'habitation personnelle. En effet, l'habitation personnelle pour la contribution mobilière ne saurait être autre et plus étendue que l'habitation personnelle pour le droit proportionnel de patente.

229. OFFICIER D'ÉTAT-MAJOR ATTACHÉ A L'ARMÉE DE PARIS. — Aux termes de l'art. 14 de la loi du 21 avril 1832, les officiers d'état-major sont imposables à la contribution mobilière, comme les autres contribuables, sur la valeur locative de leurs habitations. Ils ne doivent être exemptés de ladite taxe, comme les officiers avec troupe et sans résidence fixe, que lorsque, détachés dans un régiment, pour y accomplir le temps de service déterminé par l'ordonnance du 23 février 1833, ils se trouvent pleinement assimilés à ces officiers. — Un officier d'état-major n'est pas fondé à réclamer la décharge de sa taxe mobilière par le motif qu'il est attaché à une division de l'armée de Paris. En effet, quoique formés en divisions et brigades, les corps de troupe, réunis sous le nom d'armée de Paris, sont sur le pied de paix et ne constituent pas une armée active. (*Dumas*, 11 octobre 1865.) — Voir n° 376.

230. SOCIÉTÉ EN GÉNÉRAL. — *Société pour l'exploitation d'un journal. — Locaux affectés au service de l'administration et des bureaux. — Inscription de la taxe au nom de la société.* — Aux termes des art. 12, 13 et 17 de la loi du 21 avril 1832, la contribution mobilière est due pour toute habitation meublée, qui est occupée par le contribuable ou qui est à sa disposition. En conséquence, les locaux meublés affectés à l'usage de l'administration et des bureaux d'un journal, alors même qu'ils seraient indépendants de l'habitation personnelle du directeur-gérant et demeureraient inoccupés pendant la nuit, sont imposables à la taxe mobilière, puisque, meublés selon leur destination, ils se trouvent à la disposition du gérant, sont susceptibles d'être habités par lui, et sont en effet habités pendant le jour. Si lesdits locaux ne sont pas habités pendant la nuit et si le gérant n'y couche pas, cette circonstance ne saurait les faire considérer comme n'étant pas affectés à l'habitation personnelle dans le sens de la loi et de la jurisprudence. On ne saurait les ranger parmi les magasins, boutiques, ateliers et autres locaux servant exclusivement à l'exercice d'une industrie, et qui ne sont imposables qu'au droit proportionnel de patente, par application des art. 9 et 10 de la loi du 25 avril 1844, combiné avec l'art. 17 de la loi du 21 avril 1832.

Si la taxe mobilière a été établie sur le rôle au nom de la Société en commandite du journal, au lieu d'être inscrite au nom personnel du gérant de la société, conformément à l'art. 12 de la loi du 21 avril 1832, il n'en saurait résulter un droit à la décharge de l'impôt; une société quelconque, représentée par un gérant, étant soumise à tous les impôts directs, sauf à l'impôt personnel, comme les autres propriétaires, locataires et commerçants contribuables. S'il en était autrement, les valeurs mobilières qu'une société possède, et qui doivent supporter leur quote-part du contingent de la contribution mobilière, échapperaient à cette taxe, qui retomberait injustement sur les autres contribuables. (*Société du journal le Constitutionnel*, 23 n. i 1865.) — Même décision pour les journaux *le Constitutionnel, la France, l'Opinion nationale, le Siècle, le Pays, la Patrie, la Presse,*

3 décembre 1865. — Même décision pour les bureaux d'une compagnie financière non patentée. — Voir n° 67.

SECTION 6e. — Patentes.

§ 1er. — *Qualité pour réclamer. — Délai.*

231. ÉTABLISSEMENT FERMÉ PAR SUITE DE DÉCÈS OU DE FAILLITE. — *Décharge réclamée par un tiers intéressé. — Délai de la déchéance. — Décharge réclamée par le propriétaire de l'immeuble où était exercée l'industrie.* — Dans le cas où un établissement, soumis à la patente, a été fermé par suite de décès ou de faillite, toute partie intéressée peut, aux termes de l'art. 23 de la loi du 25 avril 1844, réclamer la décharge des douzièmes de la taxe non échus, au moment de la fermeture de l'établissement; mais la réclamation doit, sous peine de déchéance, être formée, comme toute demande en matière de contribution, dans les trois mois qui suivent le jour où le droit de la présenter s'est ouvert, c'est-à-dire, pour l'espèce, dans les trois mois qui suivent la fermeture de l'établissement. (*Beaufour*, 1er février 1865; — *Bordiès par Fourcade*, 29 mai 1865.) — Le privilége, concernant le payement du loyer de l'immeuble, où le patenté exerçait son industrie, se trouvant primé par celui que peut invoquer l'État pour le recouvrement de l'impôt, on doit admettre dans ce cas, comme faite par une partie intéressée, la demande en décharge présentée par le propriétaire dudit immeuble. (*Fergusson-Tepper par Laforge*, 25 février 1865.)

§ 2e. — *Exemptions.*

232. ACHAT DE CRÉANCES PROVENANT DE FAILLITES. — Il y a lieu d'exonérer de la patente celui qui, n'ayant pas de cabinet ouvert au public, ne s'occupant ni de recouvrement, ni d'affaires contentieuses pour des tiers, se borne à se rendre adjudicataire en son propre nom de créances provenant de faillites, dont il poursuit le recouvrement pour son compte. En effet, ce genre d'industrie ne figure dans aucun tarif, ni dans aucun arrêté d'assimilation, et la patente d'agent d'affaires ne saurait lui être applicable. (*Guinon*, 16 mai 1865.)

233. DEUX OUVRIÈRES TRAVAILLANT ENSEMBLE. — Deux sœurs ayant une habitation commune, exerçant la même profession et n'occupant ni ouvrières ni apprenties, ont droit à l'exemption accordée par les lois des 4 juin 1858 et 3 juillet 1862, aux ouvrières travaillant seules. (*Dle Salle*, 27 septembre 1865.) — Voir n° 76.

§ 3e. — *Professions diverses.*

224. MÉDECIN D'UN ÉTABLISSEMENT D'EAUX MINÉRALES. — *Domicile principal et habituel à Paris.* — Il y a lieu de maintenir la taxe de patente, imposée à Paris au nom d'un médecin qui, attaché à un établissement d'eaux minérales, y réside seulement pendant la saison des eaux, et passe le reste de l'année à Paris où il donne des consultations, et où il a, dès lors son domicile principal et habituel. (*Chabory*, 11 novembre 1865.)

225. SAGE-FEMME IMPOSÉE COMME LOUEUSE DE CHAMBRES GARNIES. — Une sage-femme qui occupe des locaux spécialement destinés à des pensionnaires, est imposable, à titre de maison d'accouchement, à la patente de 6e classe (tableau A). En conséquence, il y a lieu de maintenir, comme ne constituant pas une surtaxe à son préjudice, la patente de 8e classe, imposée dans ces conditions à une sage-femme, à titre de loueuse de chambres garnies, quoique la dénomination de la profession réellement exercée soit inexacte. (De *Renazet*, 18 novembre 1865.)

§ 4e. — *Sociétés.*

226. ASSOCIÉ SECONDAIRE. — *Demande formée par l'associé principal.* — L'associé principal pouvant être tenu de payer, à titre de dette sociale, la taxe de patente de son coassocié, est dès lors recevable, comme partie intéressée, à demander la décharge de cette taxe. (*Petit*, 2 novembre 1865.)

227. ASSOCIÉ SECONDAIRE. — *Logement servant à l'exercice de la profession.* — *Droit proportionnel.* — Le logement d'un associé, secondaire doit être compris dans le droit proportionnel de patente, établi au nom de l'associé principal, lorsqu'il sert à l'exercice de la profession sociale : cette condition existe, si ce logement a la même entrée que les ateliers et magasins, avec lesquels il forme un tout indivisible, et si l'associé secondaire s'occupe presque seul des affaires de la société. (*Luquin et L'hermitte*, 14 décembre 1865.)

228. SOCIÉTÉ A RESPONSABILITÉ LIMITÉE. — *Directeur non imposable au droit fixe.* — *Société non imposable au droit proportionnel pour le logement du directeur.* — Une société à responsabilité limitée (dans l'espèce le Comptoir d'escompte et de prêts des halles et marchés) est placée, au point de vue de la patente, dans la même situation qu'une société anonyme. Le directeur d'une société de ce genre n'est, dès lors, point imposable personnellement à la patente en ladite qualité ; c'est au nom de la société que l'impôt doit être établi

Une telle société est responsable seulement des locations faites en son nom, et ne peut être imposée au droit proportionnel sur les locaux habités et pris en location par le directeur de la société en son nom personnel, si ces locaux ne sont d'aucune utilité à la société. (*Sr Auger*, directeur du Comptoir d'escompte et de prêts des halles et marchés 22 novembre 1865.)

§ 5e. — *Droit proportionnel.*

239. DÉBIT DE TABAC. — *Locaux servant à l'exercice de deux professions.* — Les locaux occupés à la fois par un débit de tabac et par un établissement de marchand de vin en détail, sont passibles d'un droit proportionnel de patente sur la totalité de leur valeur locative, sans déduction pour la partie des locaux servant au débit de tabac. (*Cresteg*, 21 octobre 1865). — Voir n° 924.

240. ENTREPRENEURS DE TRAVAUX PUBLICS. — *Habitation principale et habituelle dans une commune, autre que celle où la profession est exercée.* — Un entrepreneur de travaux publics, imposé à la patente dans une ville, où il exécute ses travaux et où il a pris son domicile politique, est imposable au droit proportionnel sur la valeur locative d'une habitation qu'il occupe dans une autre ville, où il a ses bureaux, et qui constitue son habitation habituelle et principale. (*Castor*, 24 octobre 1865.)

241. GARE. — *Valeur locative des bâtiments et de l'outillage. — Mode d'estimation. — Quais. — Candélabres.* — Conformément aux instructions ministérielles, la valeur locative, destinée à servir de base au droit proportionnel de patente relatif aux bâtiments d'une gare de chemin de fer, doit être calculée à 5 % du prix de revient du terrain et des constructions, et à 10 % du prix de revient de l'outillage, déduction faite des dépenses extraordinaires, qui n'ont rien ajouté à la valeur locative des bâtiments, soit qu'elles aient eu pour cause des circonstances accidentelles, soit qu'elles aient été nécessitées par les besoins de l'exploitation. — On doit écarter de l'évaluation la voie et son outillage spécial, notamment les quais établis pour le service des voyageurs et des bestiaux, et les candélabres placés sur les quais. (*Compagnie du chemin de fer du Nord*, 23 mai 1865.) — Voir nos 94, 404 à 407.

242. MARI SÉPARÉ DE BIENS, DEMEURANT AVEC SA FEMME. — Un patentable doit être imposé au droit proportionnel sur les locaux qu'il habite en commun avec sa femme, alors même que la location aurait été au nom de sa femme dont il serait séparé de biens. Ces locaux constituent, en effet, son habitation personnelle, et le droit proportionnel est dû, d'après l'art. 9 de la loi du 25 avril 1844, même sur le logement occupé à titre gratuit. (*Soussignon*, 15 décembre 1865.) — Voir n° 105.

§ 6e. — *Établissements secondaires.*

243. Compagnie de chemin de fer. — *Établissement secondaire affecté au factage et au camionnage des marchandises.* — Les magasins pour le factage et le camionnage des marchandises au nom et pour le compte d'une compagnie de chemin de fer, constituent un établissement secondaire dans le sens de l'art. 9 de la loi du 4 juin 1858; il y a lieu, en conséquence, à l'application de la moitié du droit fixe de patente (tableau B). (*Compagnie des chemins de fer de l'Ouest*, 13 mai 1865.) — Voir n° 98.

244. Succursale d'une maison de banque. — *Demi-droit fixe.* — On doit considérer comme constituant une caisse de recettes et de paiements (tableau A, 1re classe; loi du 25 avril 1844) et comme imposable à un demi-droit fixe de patente à titre d'établissement secondaire, une succursale de maison de banque, recevant des dépôts d'espèces et payant des chèques émis par les déposants. — Il n'y a pas lieu de s'arrêter à cette circonstance que les opérations de la succursale seraient faites par de simples commis de l'établissement principal, attendu que l'art. 9 de la loi du 4 juin 1858 assujettit au demi-droit fixe tout établissement, boutique ou maison secondaire, qu'il soit de la même espèce que l'établissement principal ou qu'il soit d'une espèce différente. (*Société générale du Crédit industriel agricole*, 27 janvier 1865.) — Voir n° 83.

§ 7e. — *Cession d'établissement.*

245. Vente de meubles meublant un établissement sans qu'il y ait cession de l'établissement. — Il n'y a lieu à transfert de patente, par application de l'art. 23, § 2, de la loi du 25 avril 1844, que dans le cas où le successeur du patenté a acquis le fonds de commerce de son prédécesseur. L'acquisition des meubles, meublant l'établissement, ne peut être considérée comme équivalant à celle du fonds de commerce, et ne peut donner ouverture au transfert de la patente. (*Demoiselle Lefèvre*, 13 décembre 1865.)

§ 8e. — *Fermeture d'établissement en cours d'exercice.*

246. Absence légalement constatée. — La fermeture d'un établissement par suite d'absence légalement constatée, offre, au point de vue de l'impôt, une parité complète avec le cas de fermeture par suite de décès. Il y a lieu, en conséquence, de considérer la taxe de patente comme n'étant due que pour le passé et le mois courant, conformément aux prescriptions de la loi du 25 avril 1844, art. 32, § 3. (*Lamy*, 15 novembre 1865.)

247. Décès. — *Fermeture non immédiate de l'établissement.* — Lorsqu'un patenté est décédé en cours d'exercice, s'il résulte des circonstances de l'affaire que la fermeture de l'établissement a été la conséquence directe du décès du contribuable, ses héritiers peuvent obtenir, par application de l'art. 23, § 3 de la loi du 25 avril 1844, la décharge des douzièmes non échus de la taxe, au moment de la fermeture, alors même que l'exercice de la profession aurait été continué par eux ou par des commis pendant quelques mois après le décès. Dans ces conditions, la continuation de la profession a un caractère purement provisoire. (*Dame Labiey*, 18 novembre 1865; — *Reynauld*, 2 décembre 1865.)

248. Décès. — *Réclamation formée par un créancier.* — Dans le cas de fermeture de magasins, boutiques ou ateliers par suite de décès ou de faillite déclarée, un créancier est recevable, comme partie intéressée, à réclamer, au nom de son débiteur patenté, la décharge des douzièmes de la taxe, qui n'étaient pas échus au moment de la fermeture de l'établissement. — Ce droit résulte en sa faveur de l'art. 1166 du Code Napoléon et de la loi du 25 avril 1844, art. 23, § 3. (*Dame veuve Hanguel*, 22 novembre 1865. — *Berklé-Jacquier*, 27 décembre 1865.)

249. Faillite. — *Délai pour réclamation.* — En cas de fermeture de la boutique par suite de faillite, la réclamation en décharge de la taxe pour le reste de l'année doit être formée, à peine de déchéance, dans le délai de trois mois, à partir de la déclaration de faillite ou à partir de la fermeture de la boutique, si le commerce a été continué après la déclaration de faillite. (*Beaufour*, 1er février 1865.)

Section 7e. — Prestations pour les chemins vicinaux.

Exemption.

Cuisiniers et surveillants d'un hospice. — Voir n° 208.

Section 8e. — Taxe sur les chevaux et voitures.

250. Chevaux et voitures n'étant plus en la possession du contribuable a l'ouverture de l'exercice. — *Défaut de décla-*

ration. — Le contribuable, qui, pendant le cours d'un exercice, a cessé de posséder les chevaux et voitures, à raison desquels il était imposé, et a omis d'en faire la déclaration dans les conditions prescrites par la loi, n'en peut pas moins obtenir la décharge de la taxe, à laquelle il a été imposé, pour l'exercice suivant. Aux termes de l'art. 11 de la loi du 2 juillet 1862, le défaut de déclaration n'entraîne pas la déchéance du droit de réclamer, mais seulement la présomption que les chevaux et voitures sont encore en la possession du réclamant, à qui incombe, par conséquent, la charge de prouver que la matière imposable a cessé d'exister. (*Soyer et Grimault*, 22 mars 1865.)

SECTION 9e. — Taxe sur les chiens.

§ 1er. — *Matière imposable.*

231. CHIEN DE GARDE LAISSÉ EN LIBERTÉ PENDANT LE JOUR. — Le chien, qui, pendant la nuit, est affecté à la garde d'un atelier séparé de l'habitation de son maître, doit être taxé comme appartenant à la 2e catégorie. La circonstance qu'il ne serait pas tenu à l'attache, pendant le jour, ne doit pas être considérée comme suffisante pour lui enlever le caractère de chien de garde ou même pour lui donner le caractère mixte à raison duquel il devrait être classé dans la 1re catégorie, aux termes du § 4 de l'art. 1er du décret du 4 août 1855. (*Bonhomme et Bruestchy*, 19 octobre 1865.) — Voir no 427.

232. CHIEN LÉVRIER. — Un chien lévrier, qui, pendant le jour, circule dans l'appartement et dans le jardin de son maître, est un chien d'agrément, en raison de sa race et de ses habitudes. Dans tous les cas, il ne peut être considéré comme exclusivement consacré à la garde, et doit dès lors être taxé comme appartenant à la 1re catégorie, par application des dispositions du § 4, art. 1er, du décret du 4 août 1855. (*Dame veuve Altairac*, 15 janvier 1865.)

§ 2e. — *Décisions diverses.*

233. CHIEN N'ÉTANT PLUS EN LA POSSESSION DU CONTRIBUABLE A L'OUVERTURE DE L'EXERCICE. — *Défaut de déclaration.* — *Décharge.* — La disposition du décret du 3 août 1861, qui décide que la taxe, établie sur un chien, continuera d'être payée jusqu'à déclaration contraire, doit être entendue, non comme édictant une fin de non-recevoir analogue à la déchéance, mais comme établissant la présomption que le chien est encore en la possession du contribuable, à qui incombe, dès lors, l'obligation de prouver que la matière imposable a cessé d'exister. Entendue comme édictant une fin de non-recevoir, cette disposition serait en contradiction avec l'art. 6 de la loi du 2 mai 1855, d'après lequel le recouvrement de ces taxes doit avoir lieu, comme en matière de contributions directes; dès lors, le droit de réclamation étant ouvert, d'une manière absolue, par toutes les lois sur les contributions directes, durant les trois mois qui suivent la publication du rôle, le contribuable qui a cessé, avant le 1er janvier, de posséder le chien pour lequel il a été imposé, et qui a omis d'en faire la déclaration, est recevable à former une demande en décharge contre son inscription au rôle. Le décret du 3 août 1861, rendu pour régler la formation du rôle, n'a pu établir une déchéance, qui ne résulte pas du texte de la loi, surtout lorsque cette déchéance a pour conséquence de maintenir une taxe, quand la matière imposable n'existe plus. (*Crosse, Boucicaut, Bauchet*, 25 mars 1865.) — Voir nos 118, 962.

234. DÉCLARATION AU GARDE CHAMPÊTRE. — Le contribuable, qui a fait la déclaration de son chien au garde champêtre de la commune chargé de constater le nombre des chiens existants, doit être considéré comme ayant suffisamment rempli l'obligation, que lui imposait la loi du 2 mai 1855, et il n'est pas passible de la triple taxe pour défaut de déclaration. (*Soubit contre la commune d'Ivry*, 4 octobre 1865.)

235. DOUBLE TAXE. — *Réclamation tardive. — Bonne foi. — Déchéance.* — Il n'y a pas lieu d'opposer la déchéance, pour tardivité de la demande, au contribuable qui, imposé en double emploi à la taxe sur les chiens à son domicile actuel et à un précédent domicile, a pu se croire imposé à une seule taxe, et a regardé l'avertissement, concernant son domicile actuel, comme n'ayant d'autre objet que la substitution d'une taxe régulière à la taxe irrégulièrement établie à son ancien domicile. (*Duhamel*, 8 avril 1865.)

DÉPENS.

FRAIS D'EXPERTISE. — Voir n° 270.

EAUX.

CONCESSIONS D'EAUX FAITES PAR UNE COMMUNE. — *Conditions imposées. — Compétence.* — Voir n° 161.

ÉLECTIONS (CONSEIL DES PRUD'HOMMES).

Liste électorale.

236. AGE. — D'après l'art. 1er du décret du 30 avril 1855, le livret devant indiquer l'âge de l'ouvrier, la justification de l'âge pour être électeur des prud'hommes, est faite par la production de ce document. Mais si l'indication de l'âge a été omise ou si elle est erronée, l'ouvrier, qui réclame son inscription sur la liste électorale des prud'hommes, est recevable à justifier de son âge, soit par un acte de naissance, soit par son inscription sur la liste électorale politique. L'indication de l'âge n'est pas une énonciation substantielle du livret, contre laquelle aucune autre preuve ne puisse prévaloir. (*Ory-Hautin*, 16 et 25 mars 1865.)

257. APPRENTISSAGE. — Il résulte de la combinaison des art. 1 et 15 de la loi du 22 juin 1854 sur les livrets d'ouvriers, avec l'art. 1er de la loi du 22 février 1851 sur l'apprentissage, que le livret est délivré seulement à l'ouvrier, qui exerce une profession, et non à l'apprenti, à qui cette profession est enseignée, mais qui ne l'exerce pas encore. Dès lors, la durée de l'apprentissage ne doit pas être comptée dans les années d'exercice de la profession exigées par l'art. 4 de la loi du 1er juin 1853, pour l'inscription sur la liste électorale des prud'hommes. (*Hoyon*, 25 mars 1865.)

258. ARTISTE. — Le sculpteur qui travaille, comme artiste et non comme ouvrier, et qui dès lors est dispensé du livret, n'a qualité pour être inscrit sur la liste électorale des prud'hommes, ni comme ouvrier ni comme patron. (*Courent-Gricot*, 28 mars 1865.)

259. DÉLAI DES RÉCLAMATIONS. — *Déchéance.* — La loi du 1er juin 1853 ne fixant pas le délai, pendant lequel peuvent être produites les réclamations ayant pour objet l'inscription des électeurs omis, ou la radiation des électeurs indûment inscrits sur les listes électorales des prud'hommes, on doit considérer comme frappée de déchéance toute réclamation présentée après le délai de dix jours, par application de l'article 5 du décret réglementaire du 2 février 1852, concernant les listes électorales politiques. Ce délai court du jour de la publication de la liste électorale. (*Chante-Perdrix*, 18 mars 1865.)

260. DOMICILE CONTINU. — Un ouvrier doit être considéré comme ayant eu un domicile continu dans la circonscription du Conseil des prud'hommes, lorsqu'il résulte de son livret qu'il n'a quitté cette circonscription que pour aller exécuter des travaux au compte de son patron. (*Collet*, 28 mars 1865.) — Il en est de même de l'ouvrier qui n'a cessé de travailler dans la circonscription du Conseil que momentanément et pour aller visiter une exposition industrielle. (*Liot*, 28 mars 1865.)

261. FILS TRAVAILLANT CHEZ SON PÈRE. — *Défaut de qualité.* — Le fils, travaillant chez son père comme ouvrier, ne peut être inscrit sur la liste électorale des prud'hommes, en qualité d'ouvrier. En effet, les rapports de louage d'ouvrage, que le livret a pour but de constater, n'existant pas entre le père et le fils, ce dernier ne peut être pourvu d'un livret. Or, l'art. 15 de la loi du 22 juin 1854 exige la production d'un livret pour l'inscription des ouvriers, et n'admet pas d'exception. (*Pécoult*, 21 mai 1865.)

262. Homme de peine. — Lorsqu'à l'appui d'une demande en inscription sur la liste électorale des prud'hommes, il est produit un livret constatant que le réclamant a été employé, en qualité d'homme de peine plutôt que comme ouvrier, la demande doit être rejetée. (*Bossin*, 18 mars 1865.)

263. Interruption de l'exercice de la profession. — Il y a lieu d'inscrire sur la liste électorale des prud'hommes l'ouvrier qui a exercé sa profession pendant cinq années, alors même que, dans le cours de cette période, il serait demeuré momentanément inoccupé, faute de travaux, cette interruption étant considérée comme un fait exceptionnel et de force majeure, dont il ne doit pas être tenu compte. (*Duranton*, 21 mars 1865.) — Il en doit être ainsi du réclamant, qui a interrompu l'exercice de sa profession, pour cause de service militaire, si les années de travail, antérieures à son entrée au service et celles postérieures à sa sortie, forment ensemble cinq années d'exercice non interrompu de la profession, dont trois ans dans la circonscription du Conseil de Prud'hommes. (*Annotel*, 18 mars 1865.)

264. Livret. — *Indication du domicile et de l'exercice de la profession.* — Les renseignements, contenus dans le livret, doivent être considérés comme substantiels, en ce qui concerne le caractère de la profession, la durée de son exercice et les résidences dans lesquelles l'ouvrier a travaillé. En ce qui touche ces divers points, aucune preuve n'est admissible contre ce livret, ni même en dehors des énonciations, qu'il contient. En conséquence, nul ouvrier ne doit être inscrit sur la liste électorale, si son livret ne fournit pas la preuve, qu'il exerce son industrie depuis cinq années au moins sans interruption, et qu'il est domicilié depuis trois ans dans la circonscription du Conseil de prud'hommes. (*Bellinger*, *Hauteux* et *Larcher*, 25 et 28 mars 1865.)

265. Livret. — *Ouvriers. — Contre-maîtres.* — Aux termes de l'art. 15 de la loi du 22 juin 1854, aucun ouvrier soumis à l'obligation du livret ne peut être inscrit sur la liste électorale des prud'hommes, s'il n'est pourvu d'un livret. — Il ne peut être suppléé au livret par la production d'un certificat, délivré par un patron et attestant que l'ouvrier exerce sa profession et a travaillé pour lui, depuis plus de cinq années consécutives. — Un tel certificat doit être surtout repoussé, lorsque le commissaire de police se borne à légaliser la signature du patron, et que le registre prescrit par l'article 4 de la loi du 22 juin 1854 n'est pas produit. (*Noël. Poret, Pommard*, 30 mars 1865.) — Il en doit être ainsi des contre-maîtres, qui sont soumis, comme les ouvriers, à l'obligation du livret. (*Doisy*, 28 mars 1865.)

266. Ouvrier devenu patron. — L'ouvrier devenu patron doit être inscrit sur la liste électorale en cette dernière qualité, bien qu'il ne soit pas patenté depuis cinq ans, s'il justifie de l'exercice non interrompu de sa profession, soit comme ouvrier, soit comme patron, pendant cinq ans, dont trois ans avec domicile dans la circonscription du Conseil de prud'hommes. (*Marie*, 18 mars 1865.)

ÉTABLISSEMENTS INSALUBRES.

267. Établissement insalubre de première classe. — *Opposition à l'autorisation. — Voisinage des habitations. — Défaut d'affichage de la demande d'autorisation dans les communes voisines.* — Un établissement insalubre de première classe peut être autorisé dans le voisinage des habitations, quand les conditions sous lesquelles l'autorisation est accordée sont de nature à garantir lesdites habitations de tout inconvénient réel. — Si la demande d'autorisation n'a pas été affichée dans les communes situées à moins de 5 kilomètres, conformément aux prescriptions du décret du 15 octobre 1810, cette omission ne constitue pas, de plein droit, une cause de nullité de l'acte, qui a autorisé l'établissement. Il appartient, en pareil cas, au Conseil de Préfecture d'apprécier, d'après les circonstances de l'affaire, s'il a été satisfait au décret précité, et si la demande a reçu partout une suffisante publicité. (*Plaine, Humbert et consorts contre Guérin Delaroche*, 18 janvier 1865.)

EXPERTISE.

1° *Contributions.*

Retard dans la désignation de l'expert. — *Déchéance.* — Voir n° 203.

2° *Logements insalubres.*

Expertise avant faire droit. — Voir nos 275 et 278.

3° *Travaux publics.*

268. — Expertise avant faire droit. — L'expertise, prescrite par l'article 56 de la loi du 16 septembre 1807, à l'effet d'évaluer les indemnités qui peuvent être dues pour dommages causés par des travaux publics, doit être ordonnée quand les parties sont contraires en fait, et qu'il est nécessaire de faire vérifier, par des hommes de l'art, les allégations contradictoires respectivement produites. (*Barnier contre la Ville de Paris*, 22 avril 1865.)

Il n'y a pas lieu d'ordonner l'expertise avant faire droit si les parties, d'accord sur les faits de la cause, ne sont divisées que sur les conséquences juridiques à en tirer au point de vue de l'indemnité; l'expertise, dans ce cas, serait frustratoire, puisqu'il s'agit seulement de savoir s'il est dû réparation pour les dommages reconnus. — (1° *Huart et consorts contre la Ville de Paris*, 17 janvier 1865.) Dans l'espèce, il s'agissait de savoir si, en réduisant la largeur d'une rue, sans modifier les abords immédiats des habitations et leurs facilités d'accès, et en supprimant l'une des rues d'un carrefour, ce qui oblige à un parcours plus long pour se rendre dans les autres quartiers de la ville, il est causé un dommage direct et matériel dont il soit dû réparation. Tous les faits étaient reconnus. — (2° *Adrien et dame Gorisse contre la Ville de Paris*, 23 novembre 1865.) Dans l'espèce, les réclamants, principaux locataires d'une maison, ne se plaignaient pas d'une atteinte directe et matérielle portée à l'immeuble, mais de la perte de leur clientèle, de la dépréciation de leur mobilier et des désagréments qu'ils avaient éprouvés par suite de la démolition des maisons situées de l'autre côté de la rue. Ces faits n'étaient pas contestés par la Ville de Paris. Les réclamants se plaignaient encore de l'interruption momentanée de la circulation ordonnée, à l'occasion desdits travaux, dans un intérêt de sûreté publique; mais il résultait des déclarations par eux faites à l'audience que la circulation n'avait jamais été absolument interrompue. — (3° *Gellion contre la Ville de Paris*, 11 mai 1865.) Dans l'espèce, il était reconnu que le sol de la rue Saint-André habitée par le réclamant, n'avait subi aucune modification au devant de la maison, où il exerçait son commerce; que si cette rue s'était trouvée barrée provisoirement à peu de distance de ladite maison pour être raccordée avec l'avenue du Roi-de-Rome, les accès du réclamant n'avaient pas été supprimés, et que l'accès par la rue du Bel-Air n'avait pas été modifié. — Voir n° 145, *affaire Ducoudré, Rebattet et Chéron*. Dans cette affaire, le Conseil d'État a annulé l'arrêté du Conseil de Préfecture par décret du 27 janvier 1865, en se fondant sur ce que les requérants avaient soutenu que la suppression d'une issue de la rue avait diminué la facilité d'accès en voiture. Cette allégation de la requête, toute vague qu'elle était, n'ayant pas été expressément reconnue par l'Administration, il a paru nécessaire d'en ordonner la vérification par une expertise.

269. Experts ayant opéré isolément. — *Nullité.* — L'expertise prescrite par l'art. 56 de la loi du 16 septembre 1807 a pour objet de compléter l'instruction des demandes d'indemnité, par les avis d'hommes de l'art sur le caractère des faits et sur l'importance du dommage. Si aucune disposition de cette loi ne s'oppose à ce que chacun des experts exprime son opinion par un rapport distinct et séparé, il ne saurait être mis en doute qu'ils doivent procéder ensemble à la visite des lieux et à l'examen de la demande, afin de s'éclairer par la discussion, et d'arriver, autant que possible, à formuler d'un commun accord des propositions d'indemnité. — Lorsque chacun des experts a opéré isolément, leur travail n'a pas le caractère d'une expertise contradictoire, dans le sens de la loi du 16 septembre 1807, et doit, dès lors, être considéré comme non avenu. Il y a lieu, dans ce cas, de faire procéder à une autre expertise par de nouveaux experts. (*Gallet, Lefebre et Cie*, 14 décembre 1865.)

270. Frais d'expertise. — *Liquidation.* — Si les frais et honoraires des experts n'ont pas été taxés, au moment du dépôt du procès-verbal d'expertise, par ordonnance du président du Conseil de Préfecture (Code de Procédure civile, art. 319), il appartient au Conseil, suivant l'article 14 de la loi du 21 juin 1865 sur les Conseils de Préfecture, et l'art. 1er du décret du 16 février 1807, sur la liquidation des dépens, de régler ces frais et honoraires dans son arrêté, en statuant sur le fonds même du litige. (*Sénéchal et Genouville contre Legrand*, 28 juin 1861 ; 2 mars 1865.)

Locataire et propriétaire. — *Double demande.* — *Connexité* — *Double expertise.* — Voir nos 153, 307.

271. Supplément d'expertise. — Si, en présence des conclusions contradictoires des parties sur le résultat de l'expertise, le Conseil ne trouve pas dans l'état de l'instruction les documents nécessaires pour statuer, il peut ordonner un supplément d'expertise en vertu de l'art. 322 du Code de Procédure civile, et nommer un seul expert. (*Sénéchal et Genouville contre Legrand*, 28 juin 1861 ; 2 mars 1865.)

272. Tiers expert. — *Suppression d'une rue de Paris.* — *Nomination d'un tiers expert autre que l'ingénieur en chef.* — *Nullité de la tierce expertise.* — Lorsqu'il s'agit de la réparation du dommage, résultant des travaux de voirie pour la suppression d'une rue de Paris, il y a lieu d'appliquer l'art. 56 de la loi du 16 septembre 1807, qui désigne comme tiers expert l'ingénieur en chef du département. En pareil cas, on doit considérer comme non avenue la tierce expertise faite par un autre fonctionnaire désigné comme tiers expert par le Préfet. (*Gallet, Lefebre et Cie*, 14 décembre 1865.) — L'art. 56 de la loi de 1807 établit une distinction entre le cas où il s'agit de travaux de grande voirie et celui où il s'agit de travaux de ville. Dans ce dernier cas, le tiers expert doit être nommé par le Préfet et n'est pas, de droit, l'ingénieur en chef du département. La question était de savoir si les travaux faits pour la suppression d'une rue, à Paris, ont le caractère de travaux de grande voirie. — Voir n° 413.

273. Tiers expert. — *Visite des lieux.* — *Audition des experts.* — La loi n'exige pas que le tiers expert se transporte sur les lieux, s'il trouve dans les procès-verbaux d'expertise qui lui sont soumis les éléments d'appréciation dont il a besoin. En conséquence, il y a lieu de maintenir la validité d'un procès-verbal de tierce expertise, dont l'annulation est demandée, en se fondant sur ce que le tiers expert n'aurait pas visité les lieux après avoir prêté serment, et, avant de déposer son rapport. (*Picard contre la Ville de Paris*, 22 février 1865.)

LOGEMENTS INSALUBRES.

274. CONSEIL MUNICIPAL. — *Délibération. — Travaux ordonnés en dehors des propositions de la Commission des logements insalubres.* — L'art. 5 de la loi du 13 avril 1850, sur les logements insalubres, confère d'une manière générale aux Conseils municipaux le droit de déterminer les travaux d'assainissement et les lieux où ils devront être effectués. Il en résulte que le Conseil municipal peut valablement ordonner telles mesures qu'il juge opportunes, sans qu'elles aient été proposées par la Commission des logements insalubres, dont le rapport n'est pour lui qu'un moyen d'instruction. (*Hamot*, 6 décembre 1865.)

275. CONSEIL DE PRÉFECTURE. — *Arrêté. — Valeur juridique du rapport de la Commission des logements insalubres et de la délibération du Conseil municipal. — Expertise avant faire droit.* — Lorsque, en vertu de la loi du 13 avril 1850, une délibération du Conseil municipal a prescrit des travaux pour faire cesser l'insalubrité d'une maison, le recours ouvert contre ladite délibération, devant le Conseil de Préfecture, par l'art. 6 de la loi susvisée, embrasse la question tout entière, et peut porter, non-seulement sur les divers travaux, prescrits par le Conseil municipal pour faire disparaître l'insalubrité, mais encore sur la question de savoir, si l'insalubrité existe, et s'il y a lieu d'ordonner des travaux quelconques. — Si, d'après l'art. 3 de ladite loi, il appartient à la Commission des logements insalubres de déterminer l'état d'insalubrité, et d'en indiquer les causes, ainsi que les moyens d'y remédier, la Commission n'est pas investie du pouvoir de régler ce point important pour les propriétaires d'une manière absolue et sans recours. — Si les faits allégués dans les rapports de la Commission des logements insalubres pour établir le fait d'insalubrité, et sur lesquels est fondée la décision municipale, sont contestés, il y a lieu de recourir, avant faire droit, à une expertise contradictoire, le Conseil de Préfecture ne pouvant accepter lesdits rapports, comme faisant foi juridiquement et d'une manière absolue, mais seulement jusqu'à preuve contraire. Aucune règle spéciale n'étant prescrite pour ladite expertise, il convient de s'en référer aux dispositions du Code de Procédure civile, qui ne sont pas incompatibles avec la juridiction administrative. (*Dᵉ Denoyelle*, 6 décembre 1865.) — Voir n° 1011.

276. DÉPENDANCES DE LOGEMENTS INSALUBRES. — Les mesures d'assainissement à ordonner, en exécution de la loi du 13 avril 1850 ne sont pas applicables seulement à l'intérieur des chambres et logements occupés par des locataires ; elles peuvent s'étendre aux corridors escaliers et autres dépendances. En effet, par son art. 1er, la loi précitée soumet aux prescriptions, qu'elle édicte, non-seulement les logements, mais encore leurs dépendances insalubres, et, par son art. 3, elle charge, dans les termes les plus généraux, la Commission de déterminer l'état d'insalubrité des lieux mis en location, qu'elle a mission de visiter, et d'en indiquer les causes ainsi que les moyens d'y remédier. (*Hamot*, 6 décembre 1865.)— Voir nos 1008 et suivants.

277. ÉCOULEMENT D'EAUX. — *Nivellement de la voie publique.* — Les travaux nécessaires à l'écoulement des eaux, dont la stagnation rend une maison insalubre, peuvent être ordonnés, alors même que le niveau de la voie publique ne serait pas définitivement arrêté, pourvu que l'état des choses ne fasse pas obstacle à l'exécution des travaux. (*Vincent*, 1er février 1865.)

278. LOCATAIRE. — *Causes d'insalubrité attribuées à l'industrie du locataire.* — *Expertise demandée.* — Lorsque le Conseil municipal a ordonné des travaux, destinés à faire cesser des infiltrations d'eaux pluviales, qui rendent un logement insalubre, le propriétaire de l'immeuble ne saurait être dispensé de l'exécution de ces travaux, par le motif que l'industrie exercée par le locataire serait de nature à accroître l'humidité du logement. L'insalubrité étant constatée et non déniée, il serait inutile, et par conséquent frustratoire, d'ordonner une expertise à l'effet de faire constater si l'industrie du locataire accroît réellement l'humidité du logement, et dans quelle proportion elle peut l'accroître. (*Morieux*, 4 mai 1865.) — Voir nos 635, 1007.

279. PROPRIÉTAIRE APPARENT. — *Litispendance sur la question de propriété.* — Lorsque la procédure déterminée par la loi du 13 mars 1850, a été engagée contre la personne qui paraît être propriétaire de l'immeuble insalubre et qui l'a mis en location, il n'y a pas lieu de suspendre l'instance, en raison de ce qu'un débat, relatif à la propriété de l'immeuble, a été porté devant les tribunaux civils. Jusqu'à la décision à intervenir sur la question de propriété, celui qui détient l'immeuble à titre de propriétaire, doit être considéré comme responsable de l'état d'insalubrité. (*Vincent*, 1er janvier 1865.)

280. TOITURE. — *Remplacement du papier goudronné par le zinc ou autres matières imperméables.* — La loi du 13 avril 1850 confère aux Conseils municipaux le droit de prescrire indistinctement tous les travaux, propres à faire cesser l'état d'insalubrité des logements mis en location. En conséquence, lorsque le Conseil municipal a ordonné le remplacement d'une couverture en papier goudronné par une couverture en zinc ou autres matériaux imperméables, parce que l'insalubrité résultait de l'insuffisance du papier goudronné pour protéger l'habitation contre le froid et contre l'infiltration des eaux pluviales, il y a lieu de repousser l'argument tiré de ce qu'aucune loi ou règlement n'imposerait aux propriétaires de maisons tel ou tel mode de couverture. (*Gonod d'Artemare*, 8 février 1865.)

MARCHÉ DE TRAVAUX PUBLICS.

281. Abattoir. — *Traité pour la construction d'un abattoir. — Contestations. — Compétence.* — Le traité relatif à la construction d'un abattoir et d'un atelier d'équarrissage a le caractère d'un marché de travaux publics ; les contestations, auxquelles son exécution peut donner lieu, rentrent dans la compétence du Conseil de Préfecture, aux termes de l'art. 4 de la loi du 28 pluviôse an VIII. (*Camus*, 31 janvier 1865.)

Commune. — *Concession d'eaux. — Traité. — Publicité du règlement des concessions.* — Voir n° 161.

282. Fourniture et pose de plaques pour le numérotage des maisons. — *Traité. — Compétence. — Résiliation.* — On doit considérer comme un marché de travaux publics le traité par lequel une compagnie s'est engagée à fournir à une commune des plaques indicatives du numérotage des maisons, à poser ces plaques et à les sceller, et le Conseil de Préfecture est compétent pour connaître des contestations que peut soulever l'exécution d'un traité de cette nature. Sur la demande de la commune, le traité peut être résilié pour cause d'inexécution des travaux ou des clauses du cahier des charges. (*Fouque-Arnoux et Cie contre la Ville de Paris*, 30 novembre 1865.)

NIVELLEMENT.

Dommage. — *Bases de l'indemnité.* — Voir n° 308.

PAVAGE (Taxe de).

283. Premier pavage (frais de). — *Charge réelle. — Engagement de payer pour un tiers ; charge personnelle.* — L'obligation incombant aux propriétaires de pourvoir au premier pavage des voies publiques bordant leurs propriétés, est une charge réelle qui suit les immeubles en quelques mains qu'ils passent, à partir du jour où l'obligation est née, c'est-à-dire, à partir du jour de la publication du rôle. (*Becquemont*, 27 juin 1865.) — Voir nos 456, 457, 1027, 1028. — Voir arrêt de la Cour impériale de Paris du 6 mai 1852, et jugement du Tribunal civil de la Seine du 7 mai 1866, affaire *Jacquemart*, décidant de même que les frais de premier pavage sont une charge réelle de l'immeuble, qui le suit en quelques mains qu'il passe, sans qu'il y ait lieu à une inscription hypothécaire. — On doit, au contraire, considérer comme constituant une obligation purement personnelle, l'engagement pris par un tiers de payer la part contributive de frais de pavage incombant à un propriétaire. (*Becquemont*, 27 juin 1865.)

284. PREMIER PAVAGE (FRAIS DE). — *Insuffisance des revenus ordinaires de la Ville de Paris. — Largeur de la voie. — Exécution préalable des travaux. — Débiteurs des taxes. — Recouvrement.*

1° *Insuffisance des revenus ordinaires.* — Il résulte des anciens règlements sur la voirie, notamment de l'art 24 de l'arrêt du Conseil du 30 décembre 1785, ainsi que de l'usage constamment suivi et confirmé par l'art. 8 du décret du 26 mars 1852, qu'à Paris, les frais de premier pavage ou de premier empierrement des rues, nouvellement ouvertes, sont à la charge des propriétaires riverains, chacun au droit soi, suivant l'étendue des façades de leurs propriétés sur la voie publique. — Cet usage ayant été observé, avant et depuis la loi du 11 frimaire an VII, quelle que fût la situation financière de la Ville de Paris, l'Administration municipale n'a pas à justifier de l'insuffisance de ses revenus ordinaires puisque, suivant l'avis du Conseil d'État du 25 mars 1807, on doit continuer à suivre, à cet égard, l'usage établi. — D'ailleurs, l'insuffisance des revenus, dans le sens de la loi de frimaire an VII, est établie par les nombreux emprunts que la Ville a dû contracter en vertu de lois successives proposées par le Gouvernement et votées par le pouvoir législatif. — Voir nos 616, 617, 1024, 1025.

2° *Largeur de la voie.* — Il résulte des anciens règlements et de l'usage établi que l'obligation de supporter les frais de premier pavage (ou de premier empierrement, suivant l'art. 8 du décret du 25 mars 1852), s'étend à la largeur totale de la voie publique, à l'exception du cas où, par sa destination, sa largeur ou son mode de construction, la voie a le caractère d'une place. — La fixation de la largeur des voies publiques appartient pleinement à l'Administration, et les actes qui règlent ce point ne peuvent être attaqués par les riverains, devant le Conseil de Préfecture, comme moyen d'exception contre un rôle de taxe de pavage, si les formalités légales destinées à protéger les intérêts privés ont été accomplies lors du classement de la voie publique. — Voir nos 618, 1034, 1035.

3° *Exécution des travaux avant la mise en recouvrement du rôle.* — D'après les mêmes règlements, l'usage établi et la loi du 25 juin 1841, les riverains ne sont tenus que du remboursement des dépenses effectuées. En conséquence, le rôle ne doit être mis en recouvrement, qu'après que les travaux ont été exécutés, et ont procuré aux riverains l'avantage d'une voie pavée dont ils sont tenus de payer les frais.

4° *Débiteurs des taxes.* — Les obligations des riverains ayant pour point de départ la date de l'arrêté préfectoral, qui arrête le rôle des frais de premier pavage, les redevables à inscrire au rôle sont les personnes qui, à cette date, se trouvent propriétaires des immeubles au devant desquels les travaux ont été exécutés. — Voir nos 456, 457, 1027, 1028.

5° *Répartition et recouvrement des taxes. — Formation et publication du rôle.* — Une délibération du Conseil municipal de

Paris, du 28 mars 1851, approuvée par un décret du 26 novembre suivant, ayant réglé d'une manière générale la répartition des frais de premier pavage à mettre à la charge des propriétaires riverains dans toute rue nouvelle, et ayant fixé à forfait la part de chacun dans la dépense, à raison de 12 fr. par mètre superficiel, il a été satisfait convenablement par cette mesure aux dispositions de l'art. 28 de la loi du 25 juin 1841, et à celles de l'art. 41 de la loi du 18 juillet 1837 (applicable en cet article à la Ville de Paris). Ce système d'établissement de la taxe à forfait équivaut à la répartition de la dépense, qui, d'après les lois précitées, doit être faite par le Conseil municipal pour chaque opération de pavage. — La répartition de la dépense étant ainsi réglée d'avance, et pour tous les cas, par le Conseil municipal, c'est régulièrement que le rôle de recouvrement a été dressé d'après ces bases par le Préfet, sans une nouvelle délibération du Conseil municipal, pour chaque opération. En effet, dans une telle situation, la formation du rôle n'est plus qu'une mesure d'exécution de la délibération du Conseil municipal, consistant dans l'application du tarif à chaque propriété riveraine, eu égard à l'étendue de sa façade sur la voie publique. Cette marche, loin d'être en opposition avec les dispositions précitées des lois des 25 juin 1841 et 18 juillet 1837, est, au contraire, autorisée par elles et par la loi annuelle des finances, aux termes desquelles les taxes de pavage doivent être perçues, suivant les formes établies pour le recouvrement des contributions publiques, dont le rôle est également arrêté par le Préfet. Mais il est nécessaire que le rôle soit publié comme le rôle des contributions directes, et qu'il fasse connaître l'étendue de la façade, aussi bien que le nombre de mètres superficiels de pavage, à raison desquels chaque propriétaire est appelé à contribuer; ces mêmes conditions doivent être reproduites dans l'extrait du rôle notifié, à titre d'avertissement, le tout à peine de nullité. (*Gutman et Cherel contre Préfet de la Seine*, 1er août 1865.) — Voir nos 658, 1032.

995. PREMIER PAVAGE (FRAIS DE). — *Pavage exécuté dans la moitié de la rue non contiguë à un immeuble.* — Les frais de premier pavage, que les anciens règlements et l'usage mettent à la charge des propriétaires riverains des voies publiques à Paris, sont limités, pour chaque propriétaire, aux travaux exécutés dans la moitié de la voie qui borde immédiatement son immeuble, et ne peuvent s'étendre aux travaux exécutés dans la moitié de la voie située à l'opposite. (*Cottin, Samson et Masselin*, 2 mars 1865.) — Ce principe est applicable alors même que le terrain où les travaux ont été exécutés aurait été nouvellement réuni à la voie publique. — (*Fleury*, 7 novembre 1865. — *Comte Uccioni*, 23 novembre 1865.) — Le Conseil de Préfecture, dans ces espèces, a dû appliquer, conformément aux conclusions de l'Administration, les principes posés par le Conseil d'État dans les arrêts *Cottin*, 24 juillet 1861, *Pénicaut et Péat*, 11 janvier 1861, qui avaient annulé les décisions suivant sa jurisprudence constante. Les règles de jurisprudence que le Conseil de Préfecture avait adoptées, avant les décrets précités, peuvent se résumer ainsi : — De même que, dans une rue nouvelle, chaque propriétaire riverain doit payer les frais de pavage de la moitié de la rue, chacun au droit soi; de même, quand il y a élargissement de la voie publique d'un seul côté, le pavage de la nouvelle voie est, pour moitié, à la charge des deux riverains qui se font face, bien que, d'un côté, la voie nouvelle ne soit pas immédiatement contiguë à la propriété. La rue élargie doit être considérée dans son ensemble, et dès lors le propriétaire du côté où s'est fait l'élargissement ne saurait être tenu de payer seul les frais du pavage, et il avait paru équitable d'appeler au partage de la dépense nouvelle, résultant de l'élargissement de la voie publique, les propriétaires riverains de chaque côté, comme précédemment ils avaient supporté par moitié le premier établissement du pavage. Lorsque l'élargissement a lieu des deux côtés en même temps, dans des proportions différentes : par exemple, d'un côté 2 mètres, de l'autre 1 mètre, il avait aussi paru juste de prendre l'ensemble de l'élargissement de la voie, soit 3 mètres, pour base de la répartition de la dépense par moitié entre les propriétaires riverains, puisqu'ils profitent tous les deux, d'une manière égale, de l'élargissement, au lieu de laisser à chaque propriétaire la charge du pavage pour la partie de la rue contiguë à sa propriété. Par la même raison, lorsque l'élargissement se fait d'abord d'un côté, le propriétaire à l'opposite doit payer la moitié du pavage; puis, quand l'élargissement se fait plus tard de l'autre côté, il est naturel que, par mesure de réciprocité, l'autre propriétaire à l'opposite paie de même, à son tour, la moitié du pavage. — Voir nos 132, 460, 651, 1022.

286. Premier pavage (frais de). — *Remboursement des dépenses réellement effectuées. — Trottoirs.* — Les taxes de pavage ne pouvant avoir d'autre objet que le remboursement des dépenses, réellement effectuées par la Ville, suivant le tarif municipal à forfait, il convient, pour en déterminer le montant, de déduire de la superficie totale de la voie, celle des trottoirs dont les frais d'établissement auraient été antérieurement supportés par les propriétaires riverains. Les trottoirs constituent l'équivalent du pavage, et sont, en réalité, un pavage perfectionné; dès lors, le propriétaire qui a fait établir devant sa propriété un trottoir, reçu à l'entretien de la Ville, a accompli son obligation de premier pavage. (*Comtesse Treilhard*, 18 février 1865.) — Voir no 138.

POLICE MUNICIPALE.

287. Arrêté préfectoral prescrivant l'assainissement d'un puisard. — *Demande d'annulation. — Incompétence* — L'arrêté du Préfet de la Seine, qui prescrit l'assainissement d'un puisard, situé à Paris dans une propriété particulière, est une mesure de police municipale prise dans l'intérêt de la salubrité publique, en vertu du titre XI de la loi du 16-24 avril 1790, et, dès lors, il n'appartient pas au Conseil de Préfecture de connaître d'une demande tendant à en obtenir l'annulation. (*Vicomte Aguado contre Préfet de la Seine*, 27 mai 1865.)

PRESCRIPTION.

CONTRAVENTION. — *Arrêté du Conseil de Préfecture resté sans exécution pendant trente ans.* — Voir n° 198.

PRESCRIPTION RÉSULTANT DE L'ART. 640 DU CODE D'INSTRUCTION CRIMINELLE. — *Délai.* — *Point de départ.* — Voir n° 173.

VOIRIE (Droits de). — Voir n° 314.

PROCÉDURE.

CONTRAVENTIONS. 1° Questions générales.

Arrêté du Conseil de Préfecture resté sans exécution pendant trente ans. — *Nouveau procès-verbal.* — Voir n° 198. ═══ *Arrêté par défaut.* — *Opposition formée par la femme d'un contrevenant détenu en prison.* — *Non recevabilité.* — Voir n° 171. ═══ *Maire.* — *Autorisation nulle.* — *Berge d'une rivière.* — *Dépôt de matériaux.* — Voir n° 172. ═══ *Procès-verbal complété par l'instruction.* — Voir n° 174. ═══ *Procès-verbal contesté.* — *Enquête.* — Voir n° 175. ═══ *Tierce opposition.* — *Travaux en contravention sur un immeuble.* — *Condamnations prononcées contre un mari séparé de biens pour un immeuble appartenant à sa femme.* — Voir n° 176. ═══ *Tierce opposition.* — *Travaux en construction sur un immeuble.* — *Condamnations prononcées contre l'ancien propriétaire de l'immeuble.* — Voir n° 177.

2° Voie publique.

Chemin de halage. — *Dégradations occasionnées par le passage de voitures.* — *Notification du procès-verbal.* — *Délai.* — Voir n° 181. ═══ *Chemin de halage.* — *Stationnement d'une voiture.* — *Responsabilité.* — Voir n° 182.

3° Roulage.

Procès-verbal dressé par la gendarmerie et non enregistré. — *Nullité.* — Voir n° 200. ═══ *Procès-verbal non notifié au charretier.* — *Déchéance, même à l'égard du propriétaire de la voiture.* — Voir n° 201.

288. INSTRUCTION PAR ÉCRIT. — *Conclusions nouvelles posées à l'audience.* — *Faits nouveaux.* — *Supplément d'instruction.* —

Aux termes des art. 9 et 14 de la loi du 21 juin 1865, et des art. 1er, 4, 5, 6, 9 et 12 du décret du 12 juillet suivant, l'instruction des affaires devant le Conseil de Préfecture se fait par écrit, et l'on doit, au besoin, compléter ces règles par celles des art. 95 et suivants du Code de procédure civile sur l'instruction par écrit devant les tribunaux ordinaires. Lorsque les requêtes et conclusions des parties ont été respectivement produites, tant sur la demande introductive d'instance, que sur les expertise et tierce expertise, qui ont eu lieu, l'affaire doit être considérée comme en état, suivant le principe posé dans l'art. 9 du décret du 12 juillet 1865 et dans l'art. 343, § 2 du Code de procédure civile. Dès lors, il n'y a pas lieu d'autoriser qu'il soit présenté à l'audience des conclusions nouvelles ou supplémentaires, qui, si elles étaient admises, devraient donner lieu à un supplément d'instruction par écrit, à la suite duquel le même incident pourrait être renouvelé. Mais s'il est reconnu que les circonstances du procès ont changé, depuis le dépôt des conclusions écrites, l'affaire doit être considérée comme ayant cessé d'être en état, et l'une ou l'autre des parties intéressées peut demander un supplément d'instruction, pour l'appréciation des faits nouveaux. Du reste, le Conseil peut toujours ordonner un supplément d'instruction par écrit lorsque, d'après les faits de la cause, il le juge nécessaire à la manifestation de la vérité et à l'appréciation des intérêts des parties en cause. (*Vernhet*, 2 août 1865. — *Nicole et Sirey*, 12 août 1865.) — Voir nos 461, 676, 677, 1013.

288 bis. Observations orales a l'audience. — La faculté de présenter des observations à l'audience, qui a été donnée aux parties par le décret du 30 décembre 1862, par les art. 8 et 9 de la loi du 21 juin 1865 et par les art. 6 et 12 du décret du 12 juillet 1865, n'a pas changé le caractère de la procédure devant les Conseils de Préfecture, laquelle doit avoir lieu par écrit, suivant les dispositions des art. 1er, 4, 5, 6 et 9 du décret du 12 juillet précité. Les observations orales des parties ou de leurs mandataires et avocats doivent donc se renfermer exclusivement dans la discussion, soit des conclusions respectivement présentées, soit des rapports d'experts et des autres pièces de l'instruction. Les parties ne sauraient être, dès lors, admises à produire et à discuter des faits nouveaux ou des conclusions additionnelles et complémentaires, qui, n'appartenant pas au dossier écrit de l'affaire, ne peuvent être pris en considération dans la décision à intervenir. (*Vernhet contre Ville de Paris*, 2 août 1865.)

Logements insalubres. — *Expertise avant faire droit.* — Voir nos 275, 278, 1014. — *Propriétaire apparent.* — *Litispendance sur la question de propriété.* — Voir no 279.

Pavage (Frais de premier). — *Exécution préalable des travaux.* — *Débiteurs des taxes.* — *Recouvrement.* — Voir no 281.

Travaux publics. — *Dépens.* — *Frais d'expertise.* — Voir no 270.

PRUD'HOMMES (Conseil de). — Voir n°s 256 et suivants, 603 et suivants.

TAXES MUNICIPALES.

1° Chiens (Taxe sur les). — Voir n°s 251 et suivants.

2° Pavage (Taxe de); — Voir Pavage, n° 283.

TRAVAUX PUBLICS.

Dommage. — Indemnité.

289. Dépot de matériaux sur le terrain d'un particulier. — *Demande d'indemnité. — Compétence.* — Lorsque des matériaux, destinés à une entreprise de travaux publics, ont été déposés sur une propriété particulière, le Conseil de Préfecture n'est compétent pour statuer sur la demande d'indemnité formée contre l'entrepreneur, qu'autant qu'il est justifié que le terrain a été régulièrement désigné par l'autorité compétente pour recevoir les matériaux. (*Brocard contre Dufour*, 7 mars 1865.)

290. Dommage indirect. — *Démolition de maisons d'un des côtés d'une rue. — Gêne momentanée. — Perte de clientèle. — Dépréciation de mobilier. — Circulation plus difficile. — Rejet sans expertise.* — Lorsque, pour l'exécution de travaux publics, l'Administration a fait démolir les maisons bordant l'un des côtés d'une rue, et que les locataires d'immeubles situés de l'autre côté se plaignent de la perte de leur clientèle, de la dépréciation de leur mobilier, et des dommages qu'ils ont éprouvés pendant le cours des travaux, il n'y a pas lieu d'accorder d'indemnité, s'il est établi que ces travaux n'ont porté aucune atteinte directe et matérielle à l'immeuble, occupé par les réclamants, que les démolitions ont été faites avec toutes les précautions nécessaires et que la circulation de la rue n'a jamais été absolument interrompue. — Tous les faits et griefs, énoncés dans la requête, étant reconnus exacts par l'Administration, et le dommage ainsi allégué étant un dommage indirect, qui ne peut donner lieu à réparation, l'expertise ne doit pas être ordonnée, puisqu'il n'y a aucune vérification de faits à opérer. — Si le passage de la rue a été rendu difficile par les démolitions et par la circulation de nombreux tombereaux, il n'en résulte aucun droit à une indemnité, la Ville n'ayant fait qu'user de la rue comme tout propriétaire qui démolit le peut faire. — D'ailleurs, ces inconvénients sont de ceux, que les habitants d'une ville doivent supporter, en raison de la servitude imposée aux riverains d'une voie publique. (*Adrien et D^e Gorisse contre la Ville de Paris*, 23 novembre 1865.)

201. Dommage indirect. — *Diminution de la population du quartier. — Perte de clientèle.* — La diminution de la population d'un quartier due à l'exécution de travaux publics et les pertes de clientèle commerciale, qui en sont la suite, ne constituent pas des dommages directs et matériels, pouvant donner lieu à l'allocation d'une indemnité en faveur des particuliers, qui ont pu en souffrir. (*Poulet contre la Ville de Paris,* 28 janvier 1865.)

202. Dommage indirect. — *Division d'une rue en rue haute et rue basse. — Diminution de la circulation dans la partie ancienne.* — En réduisant la largeur d'une rue, sans modifier les abords immédiats des habitations et leurs facilités d'accès, l'Administration ne fait qu'user du droit qu'elle a d'apporter aux voies publiques tous les changements, que commandent les besoins de la circulation, et ne cause aux riverains de la partie conservée de l'ancienne rue aucun dommage direct et matériel, dont il leur soit dû réparation. — Il en est de même dans le cas, où, pour l'exécution partielle d'un nivellement, le sol d'une rue a été divisé en deux parties, constituant une rue haute et une rue basse, pourvu que la portion de la voie contiguë aux immeubles ait conservé une largeur suffisante pour la circulation des voitures et pour le libre accès aux immeubles. — Si la circulation abandonne la rue basse pour se porter principalement sur la rue haute (ou réciproquement), c'est là une des conséquences ordinaires des changements et améliorations apportés dans le réseau des voies publiques. Les pertes, qui en peuvent résulter, si importantes qu'elles soient, constituent seulement un dommage indirect, qui ne saurait donner ouverture à une action en indemnité. (*Reyneau et consorts, Checolot et Gilot contre l'État et la Ville de Paris,* 12 août 1865; — *Huart et consorts, contre la Ville de Paris,* 17 janvier 1865.)

203. Dommage indirect. — *Rue barrée, transformée en impasse. — Expertise.* — Lorsque, par suite de l'exécution de travaux publics, une rue a été barrée à l'une de ses extrémités et transformée en impasse, les immeubles, qui y sont situés, ne doivent pas être considérés comme ayant éprouvé, par ce seul fait, un dommage direct et matériel dont il soit dû réparation, s'ils ont conservé toutes leurs facilités d'accès sur la rue même et leurs communications par l'autre extrémité de la rue. — La transformation d'une rue en impasse est un de ces faits de l'Administration qui ne donne pas ouverture à une action en indemnité, et rentre dans son droit de changer le caractère des voies publiques, ainsi que leur largeur et leur direction selon l'intérêt général. (*Gellion contre la Ville de Paris,* 11 mai 1865. — (Voir n° 145, aff. *Ducoudré,* voir aussi le décret du Conseil d'État, en date du 27 janvier 1865, qui annule ladite décision.)

Le Conseil de Préfecture, dans l'affaire Ducoudré et consorts, s'était appuyé, pour rejeter la requête, sur ce qu'il était reconnu que la transformation de la rue en impasse, par la suppression de l'une des issues, n'avait modifié ni le sol de la voie publique, ni les moyens d'accéder aux maisons à pied ou en voiture, et n'avait pas porté atteinte aux immeubles. Le Conseil d'État n'a pas contesté ce principe; mais les requérants ayant soutenu, qu'en fait, et en raison des dimensions étroites de la rue, il y avait eu, pour leur maison, diminution des facilités des accès en voiture, il a pensé qu'il était nécessaire d'ordonner une expertise pour apprécier le mérite de cette prétention. Telle est aussi la jurisprudence constante du Conseil de Préfecture, lorsque les faits, allégués comme ayant causé dommage, ne sont pas reconnus par l'Administration. Dans l'espèce, l'expression vague de la requête faisait supposer qu'on se plaignait uniquement du dommage résultant de la gêne et des détours occasionnés par la suppression de l'une des issues de la rue, et non d'une modification des accès immédiats sur la voie publique.

204. Dommage indirect. — *Suppression de l'une des rues d'un carrefour. — Diminution des facilités de circulation.* — En supprimant une des rues d'un carrefour dans les conditions prescrites par la loi, l'Administration ne fait qu'user du droit qu'elle a d'apporter dans le réseau des voies publiques toutes les modifications qu'exige l'intérêt général. S'il en résulte, pour les propriétaires riverains des rues voisines conservées, la nécessité d'un parcours plus long, pour se rendre dans d'autres quartiers de la Ville, cette circonstance ne constitue pas un dommage direct et matériel, dont il soit dû réparation aux particuliers, qui en peuvent souffrir. (*Huart et consorts*, 17 janvier 1865.)

205. Dommage indirect. — *Accès rendus plus difficiles pendant les travaux de viabilité.* — Si les accès d'un immeuble n'ont pas été interceptés, pendant l'exécution des travaux de voirie, mais seulement rendus plus difficiles, les pertes qu'un propriétaire ou locataire a pu subir dans ses locations ou son commerce, par suite de cette gêne ou de cette difficulté momentanée de circulation, ne donnent pas ouverture à une action en indemnité. (*Chavanne*, 11 juillet 1865. — *Andrieu*, 9 décembre 1865.) — Voir n° 510.

206. Dommage indirect. — *Travaux de viabilité. — Interruption momentanée de la circulation.* — L'Administration, en exécutant des travaux sur la voie publique, ne fait qu'user de son droit sur les choses qui sont de son domaine, et, si elle ne porte aucune atteinte directe à la chose d'autrui, aucune loi ne lui impose l'obligation de réparer le dommage, indirectement causé par les travaux, qu'elle effectue pour le service public. Dès lors, les propriétaires riverains sont tenus de souffrir, sans indemnité, les inconvénients et les dommages, résultant pour eux de l'interruption momentanée de la circulation durant l'exécution des travaux, pourvu qu'il n'y ait pas eu privation entière de la jouissance de leur immeuble. C'est là une charge imposée aux riverains, qui doivent ensuite profiter des améliorations ainsi apportées aux voies publiques. (*Vernier*, 2 août 1865.)

297. Dommage indirect. — *Trouble momentané dans la jouissance d'un immeuble. — Conditions. — Expertise.* — La gêne et le dommage momentanés, que peuvent causer aux propriétaires et locataires riverains les travaux d'utilité publique exécutés dans une rue, ne donnent pas ouverture à une action en indemnité, pourvu que l'Administration ait usé de ses droits en bon père de famille, et notamment : 1° que des précautions convenables aient été prises pour diminuer, autant que possible, les inconvénients résultant des travaux pour les riverains; 2° que les travaux n'aient duré que le temps nécessaire à leur exécution; 3° que les accès des immeubles riverains n'aient jamais été complétement interceptés de manière à constituer une entière privation de jouissance. Lorsqu'il y a désaccord entre le requérant et l'Administration sur les faits relatifs à l'exécution des conditions dans lesquelles les travaux devaient être exécutés, il y a lieu d'ordonner l'expertise. (*Barnier*, 22 avril 1865; *Chavanne*, 11 juillet 1865; *Vernhet*, 2 août 1865, *Adrien et dame Gorisse*, 23 novembre 1865; *Andrieu*. 9 décembre 1865.)

298. Entrepreneur de travaux publics. — *Demande d'indemnité pour erreur de métrage, remboursement de dépenses. etc. — Déchéance.* — Par application de l'article 32 des clauses et conditions générales du 25 août 1833, il y a lieu de rejeter, pour cause de déchéance, la réclamation par laquelle un entrepreneur de travaux publics demande une allocation pour erreur de métré, remboursement de droits d'octroi sur les matériaux par lui employés, etc., lorsque cette réclamation a été formée après l'expiration du délai de dix jours (fixé par ledit article), à partir de la communication faite au réclamant des métrages et des états de dépenses. (*Veuve Collot*, 27 décembre 1865.)

299. Entrepreneur de travaux publics. — *Détournement des eaux d'une route. — Compétence.* — L'entrepreneur chargé de la construction d'un chemin de fer, qui, en vertu d'une autorisation administrative, détourne les eaux d'une route pour faciliter l'exécution de ses travaux, fait acte d'entrepreneur de travaux publics, et le Conseil de Préfecture est, dès lors, compétent pour statuer sur les demandes d'indemnité auxquelles cet acte peut donner lieu. (*Schmit, Alaseur contre l'État*, 30 novembre 1865.) — Voir n° 616.

300. Exécution des travaux en vue desquels l'indemnité a été réglée. — Dans le cas de dommage causé à une propriété privée par des travaux publics, l'Administration n'est pas fondée à exiger que les sommes, dues par elle à titre d'indemnité, soient employées à l'exécution, dans l'immeuble, des travaux en vue desquels l'indemnité a été accordée, et d'en subordonner le paiement à leur exécution. (*Tourseiller*, 5 décembre 1865.) — Voir nos 144, 520.

301. Extraction de matériaux. — *Contestations. — Compétence. — Terrains clos.* — Aux termes de l'article 4 de la loi du 28 pluviôse an VIII, les Conseils de Préfecture sont compétents pour connaître des contestations, qui s'élèvent entre les entrepreneurs de travaux publics, et les propriétaires de terrains désignés par arrêté préfectoral pour l'extraction des matériaux nécessaires auxdits travaux, qu'il s'agisse de la désignation des terrains à fouiller ou des indemnités dues à raison du dommage causé par les fouilles. Il résulte de la combinaison des arrêts du Conseil des 7 septembre 1755 et 20 mars 1780 que la prohibition de désigner, pour l'extraction de matériaux, des lieux fermés de murs ou autres clôtures équivalentes ne s'applique qu'aux cours, jardins, vergers et autres possessions de ce genre attenant à une habitation. — La clôture d'un terrain effectuée postérieurement à l'arrêté préfectoral qui l'a désigné pour l'extraction de matériaux, ne soustrait pas ce terrain à la servitude d'extraction. (*Veuve et héritiers Lagille, et Dehaynin*, 17 janvier 1865.)

202. Extraction de matériaux. — *Terrain improductif. — Indemnité annuelle.— Répartition de l'indemnité entre plusieurs entrepreneurs.* — Dans le cas d'occupation régulière d'un terrain pour l'exécution de travaux publics, si la durée de l'occupation n'a pas été limitée, et si elle a pour effet de rendre le terrain improductif de revenus, il y a lieu d'accorder une indemnité annuelle, représentative de ses revenus, indépendamment de l'indemnité pour dégradations, qui ne peut être réglée que lorsque l'occupation aura cessé. — Plusieurs entrepreneurs, autorisés à occuper un même terrain, doivent, dans le cas dont il s'agit, payer par égales portions l'indemnité annuelle due au propriétaire; mais chacun d'eux peut toujours faire cesser l'obligation, qui lui incombe à ce sujet, en renonçant à la permission d'occupation, qui lui a été concédée. (*Loiseau-Pinçon contre Chanudet, Francastel et Lesieur*, 4 mars 1865.) — Voir décret conforme du Conseil d'État, en date du 15 juin 1864; *Chemin de fer d'Orléans.*

203. — Indemnité réglée par le jury d'expropriation. — *Demande formée devant le Conseil de Préfecture pour dommages résultant de l'exécution des travaux. — Compétence. — Expertise.* — Aux termes de la loi du 3 mai 1841, le jury, en fixant les indemnités, dues aux propriétaires dépossédés, doit tenir compte des préjudices de toute nature, qui, d'après les plans et les documents produits, seront la conséquence nécessaire de l'expropriation, et en ayant égard, suivant l'art. 51, à l'augmentation de valeur, que l'exécution des travaux publics doit procurer. Un propriétaire exproprié ne peut donc réclamer devant le Conseil de Préfecture, en vertu de la loi du 28 pluviôse an VIII, une indemnité supplémentaire, pour le dommage que lui cause l'exécution des travaux publics en vue desquels l'expropriation a eu lieu, qu'autant qu'il s'agirait d'un dommage nouveau, qui ne serait pas une suite naturelle de l'exécution des plans du projet et qui n'aurait pas pu être prévu lors de la décision du jury. S'il est établi par les requêtes mêmes et par les documents respectivement produits, qu'il n'a été causé aucun dommage de cette nature, et que celui dont on se plaint est une suite naturelle de l'exécution des travaux, d'après les plans sur lesquels l'expropriation a été poursuivie (plans qui ont été connus et ont dû être appréciés lors du règlement de l'indemnité d'expropriation), il n'y a pas lieu d'ordonner l'expertise, et la requête doit être rejetée. (*Lauzin-Colmet*, 12 avril 1865.) — Voir nos 538, 714 et suivants.

301. Locataire. — *Diminution de jouissance. — Indemnité proportionnée à la durée du bail. — Conditions de paiement.* — Le locataire d'un immeuble, qui a été mis par des travaux publics en contre-bas ou en contre-haut du sol de la voie publique, sans qu'il y ait lieu à des travaux de raccordement, et qui doit éprouver ainsi, pendant toute la durée de son bail, une diminution de jouissance, a le droit de former une réclamation directe contre l'Administration, selon l'art. 4 de la loi du 28 pluviôse an VIII, en raison des torts et dommages dont il a ainsi à se plaindre. S'il est établi par l'expertise que l'immeuble a éprouvé une dépréciation de valeur locative, et que le propriétaire n'ait pas été mis en cause, il y a lieu d'allouer au locataire, non une indemnité totale en raison de la durée du bail, mais une indemnité annuelle proportionnée à la diminution de valeur locative, pour lui être payée à l'expiration de chaque année de la location. En effet, la jouissance du locataire pourrait cesser, et, dans ce cas, le propriétaire, rentré en jouissance de l'immeuble, serait fondé à réclamer une indemnité applicable aux années de bail restant à courir, sans qu'on pût lui opposer le paiement effectué entre les mains de son locataire pour toute la durée du bail. (*Gilot*, 12 août 1865.)

302. Locataire. — *Diminution de jouissance. — Indemnité réglée d'après un devis de travaux à exécuter. — Conditions du paiement.* — Lorsque les accès d'un immeuble sur la voie publique ont été modifiés par des travaux publics, le locataire a le droit de demander que l'Administration soit condamnée à payer la somme nécessaire pour faire exécuter le raccordement de l'immeuble avec le nouveau relief de la rue. Mais comme ces travaux de raccordement ne peuvent être exécutés dans l'immeuble, sans l'assentiment du propriétaire, si celui-ci n'a pas été mis en cause, il y a lieu de décider que l'indemnité ne sera payée au locataire requérant, que sur la justification soit de l'exécution des travaux, soit de l'autorisation donnée, pour leur exécution, par le propriétaire ou, sur son refus, par justice. En effet, si l'Administration est tenue de payer, à titre d'indemnité, le montant des travaux nécessaires pour rétablir les lieux, dans des conditions équivalentes à celles où ils se trouvaient avant les modifications résultant des travaux publics, elle doit être garantie de tout recours ultérieur de la part du propriétaire pour le même dommage. Or, si la condition précitée n'était pas imposée au paiement de l'indemnité, il se pourrait qu'à l'expiration du bail, le propriétaire rentrant en jouissance, demandât la réparation du préjudice permanent causé à son immeuble, et opposât l'axiome *res inter alios acta* à la décision intervenue entre l'Administration et le locataire, et au paiement fait entre les mains de ce dernier. (*Checolot et Gilot*, 12 août 1865). — Voir n° 152.

306. LOCATAIRE. — *Indemnité réglée avec le propriétaire.* — Lorsque l'indemnité, due pour le raccordement d'un immeuble avec le nouveau relief d'une voie publique, a été réglée entre l'Administration et le propriétaire de l'immeuble, d'après un devis de travaux à exécuter pour mettre la propriété dans des conditions analogues à celles qu'elle présentait auparavant, si le propriétaire, ne se conformant pas au devis, fait des travaux plus considérables dans son intérêt, et cause ainsi un préjudice à ses locataires, c'est contre lui et non contre l'Administration que les locataires doivent poursuivre la réparation de ce préjudice. (*Chavanne*, 11 juillet 1865.)

307. LOCATAIRE ET PROPRIÉTAIRE. — *Double demande.* — *Connexité.* — *Double expertise.* — Lorsque, par suite de l'exécution de travaux publics, des indemnités sont réclamées par le propriétaire d'un immeuble pour le dommage causé à sa propriété, et par un locataire, tant pour le trouble apporté à sa jouissance, que pour le préjudice causé à son industrie et la perte de sa clientèle, il y a lieu de joindre les causes en raison de leur connexité, d'ordonner une double expertise simultanée et d'admettre chacun des réclamants à désigner un expert pour opérer contradictoirement avec l'expert ou les experts désignés par l'Administration. En effet, quoique le dommage qu'a pu éprouver l'industrie du locataire soit une conséquence du dommage causé à l'immeuble même, le propriétaire et le locataire n'en ont pas moins, dans la cause, des intérêts essentiellement distincts, la perte de clientèle n'ayant aucun rapport avec les travaux nécessaires pour raccorder l'immeuble avec la voie publique. (*Héritiers Demonchy et Boumard*, 21 novembre 1865.) — Voir n°s 153, 722, 1068 et suivants.

Il y a entre l'espèce actuelle et les espèces citées une différence essentielle qu'il importe de faire remarquer. Dans l'espèce actuelle, le locataire ne se plaignait pas seulement du dommage causé à la jouissance de l'immeuble, pour laquelle il avait avec le propriétaire un intérêt commun vis-à-vis de la Ville, mais encore du préjudice causé à son industrie et de la perte de sa clientèle. Or, ce dommage n'a aucun rapport avec la propriété, et constituait un intérêt distinct de celui du propriétaire. Dans les espèces citées, *Garnier*, *Dumont*, *Reynaud*, il s'agissait, au contraire, d'un dommage commun au locataire et au propriétaire, puisqu'il résultait du trouble apporté seulement à la jouissance et à la propriété par les modifications que l'immeuble avait subies. L'Administration, en effet, ne doit qu'une seule indemnité pour l'immeuble, considéré dans son ensemble, et elle est en droit d'opposer au propriétaire la compensation de la plus-value, qui peut n'être pas opposable au locataire.

808. NIVELLEMENT. — *Bases de l'indemnité.* — Lorsque, par l'abaissement du sol d'une voie publique, les moyens d'accès d'un immeuble ont été supprimés, l'indemnité à allouer, en réparation du dommage causé, ne doit pas être calculée sur le montant des dépenses nécessaires pour mettre l'ensemble de la propriété dans les conditions de nivellement où elle se trouvait antérieurement par rapport à la rue, en opérant le déblai de tout le terrain, la démolition et la reconstruction de l'hôtel qui y était construit. Le dommage causé, consistant dans la suppression des communications, il suffit, pour le réparer, de rendre la propriété accessible à la nouvelle voie publique dans des conditions, aussi convenables que le comporte l'état des lieux, et, dès lors, l'indemnité doit être basée seulement sur la dépense à faire pour ces travaux de raccordement. Si, en raison de la condition moins avantageuse des moyens d'accès, l'immeuble subit une dépréciation, soit dans sa valeur locative, soit dans sa valeur foncière, il y a lieu d'accorder de ce chef une indemnité complémentaire; mais si, en raison de la grande plus-value acquise à l'immeuble par l'exécution des travaux publics, la valeur n'en doit être diminuée en aucune façon après le raccordement ainsi opéré, aucune indemnité n'est due, puisqu'il n'y a pas alors de ce chef un dommage à réparer. (*Marquis de Nicolaï*, 6 juillet 1865) — Voir nos 477 à 481, 682, 683, 1018 à 1050.

809. — TRAVAUX PUBLICS ORDONNÉS, MAIS NON EXÉCUTÉS. — *Demande d'indemnité.* — *Rejet.* — Lorsqu'un décret a prescrit l'exécution de travaux publics, le propriétaire d'un immeuble qui doit être atteint par ces travaux ne peut réclamer une indemnité, avant leur exécution. Quoique certain et imminent, le préjudice, qui n'est pas encore né, ne peut donner ouverture à une action et ne saurait, en tout cas, être considéré comme constituant un dommage direct et matériel dans le sens de la loi et de la jurisprudence. Tant que les travaux n'ont pas été exécutés, il est impossible d'apprécier, sur des éléments matériels certains, les conséquences et les dommages qui peuvent résulter de leur exécution ; et, d'ailleurs, il se peut que l'Administration abandonnant le projet, les travaux ne soient jamais entrepris et ne donnent pas lieu à un dommage. (*Reynaut, Rigaud, Burlat et consorts.* 12 août 1865.)

TRAVAUX COMMUNAUX. — *Souscription par des particuliers.* — *Contestation.* — *Compétence.* — Voir no 162.

810. TRAVAUX PUBLICS ORDONNÉS. — *Retard dans l'exécution.* — *Demande d'indemnité.* — *Incompétence.* — Le Conseil de Préfecture est incompétent pour statuer sur une demande d'indemnité formée par un propriétaire, à raison du préjudice que lui causerait le retard apporté par l'Administration à l'exécution de travaux publics ordonnés par un décret. (*Reynaud, Rigaud, Burlat et consorts*, 12 août 1865.) — Voir nos 142, 147.

811. TRAVAUX PUBLICS PROJETÉS. — *Incitation de suspendre* *une construction. — Demande d'indemnité. — Incompétence.* — Lorsque, sur une invitation, que lui a adressée l'Administration, en vue d'un projet d'élargissement de la voie publique, un particulier a suspendu des travaux de construction, qu'il faisait exécuter dans les conditions déterminées par une permission à lui délivrée, le préjudice qu'a pu lui causer cette suspension de travaux n'est pas un dommage résultant de travaux publics dans le sens de la loi du 28 pluviôse an VIII, et dès lors il n'appartient pas au Conseil de Préfecture d'en connaître. (*Scholtus*, 21 mars 1865.)

319. Voies de service provisoires. — *Établissement et entretien. — Interprétation de cahier des charges.* — Aux termes de l'art. 9 des clauses et conditions générales du 25 août 1833, les voies de service provisoires nécessaires à l'exécution des travaux publics doivent être établies et entretenues par les entrepreneurs de travaux. En conséquence, l'entrepreneur est tenu d'assurer l'entretien d'une telle voie, alors même que l'Administration se serait chargée de l'établir. Par un engagement de cette nature, il n'est dérogé à la règle commune qu'en ce qui concerne l'établissement de la voie, et la dérogation ne doit pas être étendue au delà des termes dans lesquels elle est conçue. (*Francastel*, 15 juillet 1865.)

TROTTOIRS. — Voir n° 286.

VOIRIE (grande).

313. Chasse-roues brisé. — *Frais de réparation. — Compétence. — Prescription.* — Le propriétaire d'un immeuble, situé à Paris, qui a été autorisé à établir des chasse-roues sur la voie publique au devant de sa propriété, à la condition de les entretenir, peut être condamné à rembourser les frais de réparation de ces chasse-roues, lorsqu'ils ont été dégradés. Il s'agit, dans ce cas, de l'exécution des conditions sous lesquelles a été accordée la permission d'établir les chasse-roues, qui est une permission de voirie. Dès lors, il appartient au Conseil de Préfecture de statuer, en vertu de l'art. 4 de la loi du 28 pluviôse an VIII, qui lui attribue la connaissance de toutes les difficultés, qui peuvent s'élever en matière de grande voirie. La prescription édictée par l'art. 640 du Code d'instruction criminelle ne peut pas être invoquée, et la réparation des chasse-roues doit être ordonnée, alors même que le fait de leur dégradation remonterait à plus d'une année. (*Vendic*, 20 mai 1865.)

Droits de voirie. — *Changement de propriétaire. — Responsabilité de l'ancien et du nouveau propriétaire.* — Voir n° 192.

314. Droits de voirie. — *Compétence. — Prescription.* — Aux termes de l'art. 6 du décret du 27 octobre 1808, et de l'art. 4, §§ 2 et

6 de la loi du 28 pluviôse an VIII, le Conseil de Préfecture de la Seine est compétent pour connaître des réclamations relatives aux droits de voirie, dont le recouvrement est poursuivi par la Ville de Paris. Les droits de voirie se prescrivent par un délai de trois années, conformément aux dispositions de l'art. 17 de l'arrêté du Gouvernement du 16 thermidor an VIII, et non par le délai d'un an, conformément à l'art. 640 du Code d'instruction criminelle, qui ne leur est pas applicable. Même dans le cas où, par suite d'une condamnation pour contravention de grande voirie, le propriétaire d'un immeuble a été condamné à payer les droits de voirie afférents aux travaux par lui exécutés, ces droits ne perdent pas le caractère de contribution, que leur a attribué le décret du 27 octobre 1807, et ne sauraient être compris parmi les réparations civiles, qu'a eu en vue l'article 640 du Code d'instruction criminelle. (*Desfontaines contre Préfet de la Seine*, 8 novembre 1865.) — Voir n° 1086.

315. Permission de voirie. — *Contestations.* — *Incompétence.* — La délivrance d'une permission de voirie est un acte de pure administration, qui rentre exclusivement dans les attributions de l'Autorité administrative. Aucune disposition de loi ou de règlement n'autorise les Conseils de Préfecture à connaître des autorisations ou des refus formels ou implicites, auxquels peuvent donner lieu les demandes de permission de cette nature. (*Chamouillet*, 9 février 1865.) — Voir n° 157 *bis*.

Réimpression de l'Année 1866.

PRÉFECTURE DU DÉPARTEMENT DE LA SEINE
(31 DÉCEMBRE 1866)

M. le baron HAUSSMANN, G. C. ✱, Sénateur, *Préfet.*
M. ALFRED BLANCHE, C. ✱, Conseiller d'État, *Secrétaire général,* boulevard Malesherbes, 75.

CONSEIL DE PRÉFECTURE.

Le Conseil de Préfecture, réorganisé en exécution des décrets des 30 décembre 1862 et 17 mars 1863, est divisé en deux sections, sous la direction d'un Président nommé par l'Empereur.

La loi du 21 juin 1865 et le décret du 12 juillet suivant ont réglé la composition des Conseils de Préfecture et leur procédure.

Des arrêtés du Préfet en Conseil de Préfecture ont déterminé le service intérieur du Greffe pour l'instruction des affaires, ainsi que la composition et les attributions des deux sections du Conseil.

La 1re section est principalement chargée des affaires purement administratives; elle tient ses séances les lundi et vendredi de chaque semaine, à midi, pour les affaires administratives, et le mercredi pour les affaires contentieuses. La 2e section est principalement chargée des affaires contentieuses; elle tient ses séances les mardi, jeudi et samedi, à la même heure. Les séances générales, quand il y a lieu, se tiennent en la chambre du Conseil pour les affaires administratives, et en audience publique pour les affaires contentieuses, le premier lundi de chaque mois, à midi.

M. le Secrétaire général de la Préfecture est Commissaire du Gouvernement près le Conseil, et remplit les fonctions du ministère public, assisté de quatre auditeurs au Conseil d'État attachés à la Préfecture de la Seine.

COMPOSITION DU CONSEIL :

M. DIEU, C. ✱, *Président,* rue du Faubourg-Saint-Honoré, 139.

1re Section.

Conseillers.

MM. NOYON, O. ✱, rue Nicolas-Flamel, 3 *(Président de section).*
LANÇON, ✱ boulevard Malesherbes, 53.
MARGUERIE, ✱, rue de Lille, 37.
DOMBRGUE, O. ✱, rue du Faubourg-Saint-Honoré, 52.

Auditeurs au Conseil d'État, Commissaires du Gouvernement.

MM. LEGRAND, ✱, rue Tronchet, 8 (en fonctions jusqu'au 5 décembre 1866).
ARTAUD-HAUSSMANN, rue de Ponthieu, 61.
JOIN-LAMBERT, rue Jacob, 13 (en fonctions depuis le 5 décembre 1866).

2e Section.

Conseillers.

MM. LOYSEL, O. ✱, rue Pergolèse, 48 *(Président de section).*
MARIE (Sylvain), ✱, rue de la Chaussée-d'Antin, 21.
SERIRE (A.), O. ✱, rue Ventadour, 11.
MARGUERIE, ✱, rue de Lille, 37.

Auditeurs au Conseil d'État, Commissaires du Gouvernement.

MM. PASTOUREAU, rue du 29 Juillet, 5.
GENTEUR, rue de l'Université, 53.

M. MARGUERIE siége avec la 1re section le mercredi, et avec la 2e section le mardi et le jeudi de chaque semaine.

Conseillers de Préfecture honoraires.

MM. LAFFON DE LADÉBAT, O. ✱, rue Bergère, 25.
VARCOLLIER, O. ✱, rue de Parme, 5.

Greffe.

M. CLARET, Secrétaire-Greffier, Chef de Bureau à la Préfecture de la Seine, rue du Cherche-Midi, 15.

M. LEKOMSKI, Sous-Chef de Bureau, Chef du cabinet du Président du Conseil de Préfecture, rue Thénard, 7.

RECUEIL ANALYTIQUE

DES

PRINCIPALES DÉCISIONS

DU

CONSEIL DE PRÉFECTURE DE LA SEINE

STATUANT AU CONTENTIEUX.

Année 1866.

(Les numéros placés devant chaque article font suite aux numéros des articles du *Recueil* de 1865.)

ARBRES. — Voir Contraventions, nos 339, 344, 345.

BATIMENTS. — Voir Péril, no 462. — Hauteur des bâtiments, no 342 et 343.

CHEMIN DE FER. — Voir Contributions, nos 350, 370, 401 et suivants.

340. INTERPRÉTATION DE CAHIER DE CHARGES. — *Transports de la guerre et de la marine.* — *Sens du mot matériel de guerre.* — Lorsque le cahier des charges d'un chemin de fer a stipulé que le matériel militaire et naval serait transporté gratuitement, il y a lieu de considérer le mot « matériel » comme un terme générique qui embrasse, par opposition au mot « personnel » tout ce qui constitue l'ensemble des objets et matières composant l'armement, la subsistance et les services de la flotte et de l'armée : tel est le sens donné au mot matériel dans le langage le plus usuel, et spécialement lorsqu'il s'agit des services de la guerre et de la marine. — En conséquence, ces mots « matériel militaire et naval », comprennent les denrées de toute espèce et les approvisionnements de toute nature expédiés par les départements de la guerre et de la marine. — Font partie de ces approvisionnements, les bois de toute nature et même les bois en grume destinés à être utilisés pour le service de la marine. (*Compagnie du chemin de fer de Ceinture contre l'État*, 21 mars 1866. — Voir décret du 7 février 1867, rendu en Conseil d'État, qui confirme l'arrêt du Conseil de Préfecture.) — Voir n°s 2 et 3.

CHEMINS VICINAUX.

TRAVAUX PUBLICS. — *Demande d'indemnité.* — *Nomination d'un tiers-expert.* — Voir n° 435.

COMPTES DE GESTION. — *Centimes additionnels.* — Voir n° 318.

CONTRAVENTIONS. — Voir n° 341.

CONTRIBUTIONS. — *Prestations en nature.* — Voir n°s 423 et suivants.

CHIENS (TAXE SUR LES). — Voir n° 426.

COMMUNES. — Voir Comptes de gestion, n°s 318 et suivants. — Contributions, taxes de biens communaux, n°s 363, 364, 366, 368, 369. — Logements insalubres, n°s 445 et suivants.

317. ÉTABLISSEMENT MUNICIPAL. — *Église paroissiale.* — *Éclairage au gaz.* — *Interprétation du cahier des charges.* — On doit considérer comme applicable à l'Église paroissiale d'une commune la stipulation d'un cahier des charges par laquelle une compagnie d'éclairage au gaz a pris l'engagement d'éclairer, à de certaines conditions, tant à l'extérieur qu'à l'intérieur, tous les établissements municipaux qui lui seraient désignés comme tels par l'Administration communale. — En effet, une église paroissiale est une propriété communale affectée à un service public, et s'il est vrai que la fabrique soit tenue, en première ligne des dépenses du culte, la commune qui est obligée de supporter ces dépenses, en cas d'insuffisance des ressources de la fabrique, est évidemment intéressée à ce que l'église soit pourvue d'appareils d'éclairage aux moindres frais possible. (*Ville de Saint-Denis contre la Compagnie d'éclairage au gaz*, 29 novembre 1866.)

COMPÉTENCE.

CONTRAVENTIONS. — 1° Navigation. — *Feuille de navigation.* — *Refus de la produire.* — *Incompétence* — Voir n° 332. = 2° Voie publique. — *Sûreté publique.* — *Talus d'un terrain longeant la voie publique et menaçant ruine.* — *Arrêté préfectoral enjoignant des déblais.* — *Refus d'exécution.* — *Incompétence.* — Voir n° 337. == 3° Roulage. — *Arbre d'un chemin vicinal mutilé par un cheval non attelé.* — *Incompétence.* — Voir n° 344. == *Arbres des routes.* — *Mutilation par un cheval attelé à une voiture.* — *Compétence.* — Voir n° 345. == *Bris par une voiture d'un poteau établi pour les illuminations d'une fête communale.* — *Incompétence.* — Voir n° 346. == *Cylindre à vapeur fonctionnant sur une voie publique.* — *Incompétence.* — Voir n° 347. == *Dommage causé à un particulier par une voiture attelée.* — *Incompétence.* — Voir n° 348. == *Stationnement accidentel de voiture sur la voie publique.* — *Incompétence.* — Voir n° 352. == *Voiture circulant sur un trottoir.* — *Pas de dommage constaté.* — *Incompétence.* — Voir n° 353.

Contributions. — Patente. — *Qualification inexacte de la profession; rectification du rôle.* — Voir n° 411. — *Compensation entre les divers éléments de la taxe.* — *Compétence du Conseil pour l'opérer.* — Voir n° 420. == *Demande en transfert.* — *Refus du Préfet.* — *Compétence du Conseil pour l'opérer.* — Voir n° 421.

Eaux. — *Canal de Saint-Maur.* — *Usines.* — *Concession d'eau.* — *Interprétation de l'acte de concession.* — *Compétence.* — Voir n° 430.

Égouts. — *Branchements particuliers.* — *Exécution d'office.* — *Recouvrement de la dépense.* — *Contestations.* — *Compétence.* — Voir n° 432. == *Branchements particuliers.* — *Exécution par l'entrepreneur de l'égout public.* — *Difficultés sur le décompte.* — *Compétence.* — Voir n° 433.

Logements insalubres. — *Mesures d'assainissement.* — Voir n°s 445 et suivants.

Marché de travaux publics. — *Entreprise du gaz.* — *Canalisation de conduites sous la voie publique.* — *Inexécution du marché.* — *Interprétation du cahier des charges.* — *Compétence.* — Voir n°s 449 et 450.

Nivellement. — *Retard dans la délivrance des cotes de nivellement.* — *Demande en dommages-intérêts.* — *Compétence.* — Voir n° 451.

Pavage (Taxe de). — *Charge réelle.* — *Vente de l'immeuble avant l'achèvement des travaux.* — *Établissement du rôle.* — *Mutation de cote.* — *Compétence.* — Voir n° 457.

Péril. — *Étaiement d'une maison en péril exécuté d'office.* — *Contestations.* — *Demande en garantie contre la Ville de Paris.* — *Compétence.* — Voir n° 462.

Procédure. — *Interprétation d'une décision. — Intérêts moratoires. — Compétence.* — Voir n° 470. == *Référé. — Arrêté en chambre du Conseil. — Expertise. — Compétence.* — Voir n° 471.

Travaux publics. — *Chemins vicinaux. — Tierce expertise.* — Voir n° 435. — *Tierce expertise. — Nomination du tiers expert.* — Voir nos 442, 443, 444. — *Accident. Ouvrier blessé. — Demande d'indemnité. — Compétence.* — Voir n° 473. == *Démolition, dans un intérêt de voirie, d'une maison contiguë à celle d'un particulier. — Compétence.* — Voir n° 474. == *Démolition d'une maison comprise dans le domaine privé de la Ville, et contiguë à celle d'un particulier. — Incompétence.* — Voir n° 475. == *Demandes d'indemnité formées concurremment par l'ancien et le nouveau propriétaire d'un immeuble. — Fixation de la quote-part de chaque propriétaire. — Incompétence.* — Voir n° 476. == *Entrepreneurs de travaux publics. — Transport de matériaux. — Ruine d'un mur de clôture par le choc des voitures.* — Voir n° 517. == *Indemnité. — Offre par l'Administration. — Demande en validité. — Compétence.* — Voir n° 521. == *Locataire et propriétaire. — Dommage industriel. — Action directe du locataire. — Recours en garantie de l'Administration contre le propriétaire, en vertu d'un contrat civil. — Incompétence.* — Voir n° 528. == *Occupation du terrain d'un particulier. — Arrêté préfectoral. — Contestations. — Compétence.* — Voir n° 533. == *Occupation du terrain d'un particulier. — Arrêté préfectoral. — Contestations. — Compétence.* — Voir n° 537. == *Ouverture d'une rue dans des terrains expropriés. — Droit d'accès invoqué comme résultant d'une décision du jury. — Incompétence.* — Voir n° 538. == *Expertise et tierce expertise. — Nomination des experts.* — Voir nos 435 et suivants.

Voirie (Grande). — *Poursuites dirigées par le Préfet comme Grand-voyer. — Demande en dommages-intérêts. — Incompétence.* — Voir n° 548. == *Retard dans l'exécution de travaux de viabilité. — Incompétence.* — Voir n° 549.

COMPTES DE GESTION.

318. Centimes pour les chemins vicinaux. — *Part des chemins de grande communication sur ce crédit.* — Les chemins vicinaux de grande communication étant placés sous l'autorité directe des préfets, le mandat délivré par le maire sur le crédit spécial des chemins vicinaux, pour payer le contingent assigné à la commune dans les dépenses desdits chemins, doit être appuyé d'un extrait de l'arrêté préfectoral qui a fixé ce contingent. — (*Épinay, recette municipale* — gestion 1865, — 10 mars 1866.)

819. CRÉDITS ANALOGUES. — *Réunion.* — On ne peut, sous prétexte d'analogie, faire un bloc de crédits divers s'appliquant à un même objet, alors même que les rubriques de ces crédits sont identiques. — Le compte doit reproduire les crédits, tels qu'ils sont inscrits au budget, aux chapitres additionnels ou aux crédits supplémentaires, en leur conservant exactement leurs numéros d'ordre. (*Villejuif, recette municipale* — gestion 1865, — 4 décembre 1866.) — Voir n°s 6,759.

820. CULTE (DÉPENSES DU). — *Secours aux fabriques.* — *Production d'une délibération motivée du Conseil municipal.* — Les secours aux fabriques, et, en général, toute participation dans les frais du culte, ne sont obligatoires pour les communes qu'autant qu'il est justifié de l'insuffisance des revenus desdites fabriques (art. 30, § 14 de la loi du 18 juillet 1837). En conséquence, les crédits, votés dans ce but par les conseils municipaux, doivent être l'objet d'une délibération spéciale, prise au vu des budgets et comptes de la fabrique, appuyés des pièces utiles et constatant l'insuffisance de ses ressources. Les receveurs municipaux doivent, dès lors, produire, à l'appui des mandats de dépense, la délibération du Conseil municipal, dûment approuvée par l'autorité préfectorale. Cette règle comporte une seule exception, en ce qui concerne les indemnités de logement des curés et desservants, qui, d'après l'art. 30, n° 13, de la loi du 18 juillet 1837, sont dues dans tous les cas par les communes. (*Le Bourget, recette municipale* — gestion 1865, — 20 avril 1866). — Voir n° 760.

821. PENSIONS CIVILES. — *Retenue.* — La retenue pour pensions civiles doit être opérée sur toute somme, constituant, à un titre quelconque, un émolument personnel. Il en doit être ainsi notamment du supplément de traitement, provenant d'un legs ou d'une subvention ayant une destination spéciale. (*Charenton, Antony, bureaux de bienfaisance* — gestion 1865, — 5 et 25 juin 1866; — *Champigny, recette municipale* — gestion 1865, — 29 juin 1866.)

822. SALAIRE DES CANTONNIERS. — Lorsqu'il n'existe pas au budget un crédit spécial pour le salaire des cantonniers, on ne peut imputer cette dépense sur les centimes votés pour l'entretien des chemins vicinaux ou sur le produit des prestations, sans justifier d'une délibération spéciale du Conseil municipal, dûment approuvée, qui autorise cette imputation. Quoique le salaire des cantonniers ait pour objet de rétribuer des dépenses d'entretien, il est nécessaire qu'il y ait un vote du Conseil municipal, puisque le salaire de ces agents court, même lorsqu'il leur est impossible de travailler. (*Bobigny, recette municipale* — gestion 1865, — 5 octobre 1866.)

823. SECOURS SPÉCIAUX A RAISON DE MALHEURS PUBLICS. — Les secours accordés aux communes par les ministères à raison d'épidémie, de disette, d'inondations ou de tous autres malheurs publics, sont considérés comme des fonds spéciaux, et doivent être appliqués intégralement à l'objet pour lequel ils ont été accordés. Sous aucun prétexte, ils ne peuvent être confondus avec les fonds libres communaux. (*Saint-Maurice, bureau de bienfaisance* — gestion 1865, compte final 1864, — 14 décembre 1866.)

394. Titres de recette. — *Arrêtés préfectoraux accordant des secours ou subventions. — Production.* — C'est aux trésoriers-payeurs généraux, qu'il appartient de réclamer à qui de droit les rôles, délibérations, arrêtés et tous autres titres de recette, et d'en faire la remise aux comptables, lorsqu'ils reconnaissent que cette remise n'a pas été faite en temps utile. Les comptables ne peuvent, dès lors, être obligés à passer écriture des secours ou subventions accordés, soit aux communes, soit aux établissements de bienfaisance par des arrêtés préfectoraux, tant qu'ils n'ont pas été saisis de la pièce régulière, qui a accordé les dits secours et qui constitue le titre de recette. (*Nogent-sur-Marne, recette municipale* — gestion 1865, — 29 juin 1866.)

395. Titre de recette. — *Déclarations de versements au Trésor.* — En cas de placement au Trésor du montant des secours ou subventions accordés par l'autorité préfectorale, les déclarations de versement, délivrées par la Recette centrale aux comptables, doivent être jointes à l'arrêté d'allocation, comme pièce de recette. (*Le Bourget, recette municipale* — gestion 1865, — 5 octobre 1866.)

396. Transcription et purge. — La dispense de purge, accordée à une commune par l'autorité préfectorale, ne l'affranchit pas de la formalité de la transcription. (*Clamart, recette municipale* — gestion 1865, — 4 décembre 1866.)

CONTRAVENTIONS.

Section 1re. — Questions générales.
Section 2e. — Grande voirie. — § 1er. Navigation. — § 2e. Voie publique.
Section 3e. — Roulage.

Section 1re. — Questions générales.

397. Contravention déjà jugée. — *Nouveau procès-verbal. — Mêmes faits. — Mise en cause d'une nouvelle partie. — Fin de non-recevoir.* — Le Conseil de préfecture ne saurait, sans méconnaître l'autorité de la chose jugée, statuer sur un procès-verbal constatant, sans faits nouveaux, une contravention déjà jugée sur un précédent procès-verbal. — La mise en cause d'une partie, qui aurait pu être comprise dans les premières poursuites, ne saurait, en pareil cas, faire revivre une action, sur laquelle il a été prononcé définitivement, l'accessoire suivant toujours le sort du principal. (*Jambon contre la commune de Saint-Maur*, 21 février 1866.)

328. Procès-verbal dressé sur la déclaration d'un tiers. — *Contestation.* — *Enquête ordonnée.* — Lorsqu'un procès-verbal de contravention de voirie a été dressé sur les déclarations d'un tiers, l'agent verbalisateur, qui n'a pas constaté le fait de *visu*, ne peut, dès lors, affirmer que l'individu par lui signalé, soit vraiment l'auteur de la contravention. — Un procès-verbal dressé dans de pareilles conditions ne peut faire foi en justice, ni être admis comme base d'une condamnation en présence des dénégations formelles des parties inculpées. Cependant, l'irrégularité ou l'insuffisance du procès-verbal ne pouvant faire obstacle à la poursuite des contraventions, toutes les autres voies d'instruction, et notamment celle de la preuve par témoins, sont ouvertes à la partie poursuivante. Ce principe, posé dans les art. 35 de la loi des 19-22 juillet 1791, et 154 du Code d'instrution criminelle, a été formellement consacré par la jurisprudence, et, à défaut de règles spéciales de procédure en cette matière, il est applicable devant le Conseil de Préfecture. — En conséquence, la partie poursuivante est admise à faire la preuve, tant par témoins que par tous autres moyens de droit, que la personne désignée au procès-verbal est l'auteur de la contravention, sauf à celle-ci à fournir la preuve contraire. Cette enquête peut être ordonnée par un arrêté du Conseil fixant le jour, où les témoins seront entendus en audience publique. (*Robert et Meunier*, 9 novembre 1866.) — Voir nos 13, 174, 175.

Si l'instruction ne prouve pas que le fait constaté a été commis par la personne à laquelle il est imputé, et se borne à invoquer des présomptions et la vraisemblance, l'inculpé doit être renvoyé des fins du procès-verbal. (*Meunier*, 3 novembre 1866.)

329. Procès-verbal. — *Énoncé des lois et règlements auxquels il est contrevenu.* — Un procès-verbal de contravention n'est pas frappé de nullité, lorsqu'il ne cite pas les lois ou règlements auxquels il a été contrevenu. Aucune disposition de loi n'exige cette énonciation à peine de nullité. (*Guillemet*, 3 novembre 1866.)

Travaux de construction. — *Prescription résultant de l'article 640 du Code d'instruction criminelle.* — *Point de départ de la prescription.* — *Achèvement des travaux.* — Voir no 313. — *Recours formé devant le Ministre de l'intérieur.* — Voir no 343.

Section 2e. Grande voirie.

I. Navigation.

330. Canal concédé. — *Vanne réglant la prise d'eau d'un usinier.* — *Voie de fait.* — *Cadenas brisé et vanne déposée sur* *la berge.* — Les canaux de navigation font partie du domaine public, et sont, à titre de voies navigables, soumis au régime de la grande voirie. Les concessions, accordées à des entrepreneurs ou à des communes, ne portent aucune atteinte à ce principe; en conséquence, les entreprises indûment faites sur les canaux de navigation, même concédés, constituent des contraventions de grande voirie rentrant dans la compétence des Conseils de Préfecture, aux termes des art. 4 et 11 de l'arrêt du Conseil du 24 juin 1777 et de la loi du 29 floréal an X. (*Préfet de la Seine contre Guillemet,* 3 novembre 1866.)

La question se présentait dans les circonstances suivantes :

Le sieur Guillemet locataire d'une écluse sur le canal Saint-Martin, avait réglé avec la compagnie concessionnaire du canal la limite de sa prise d' a par l'établissement d'un seuil en pierre posé à 1 mètre 50 centim s au-dessus du busc. L'Administration, jugeant qu'une hauteur d'eau de 1 mètre 90 centimètres était nécessaire aux besoins de la navigation, fit placer au-devant de l'écluse une vanne supplémentaire, qui ne permettait l'écoulement de l'eau qu'au dessus de cette hauteur: mais le cadenas de la vanne ayant été brisé et déposé sur la berge par le sieur Guillemet, un procès-verbal de contravention fut dressé et soumis au Conseil de Préfecture. Le sieur Guillemet soutenait qu'il n'avait pu commettre une contravention, en rétablissant l'ancien état des lieux, conformément aux stipulations de son bail. Le Conseil, sans entrer dans l'examen de ces prétentions, décida, qu'en aucun cas, le contrevenant n'était autorisé à détruire violemment une vanne destinée à assurer le service de la navigation, et l'a condamné à l'amende et à la réparation du d mage, sous la réserve de tous droits à exercer par les voies légales.

331. Canal de l'Ourcq et bassin de La Villette. — *Quatre bateaux conduits par un seul homme.* — Le fait de conduite par un seul homme, sur le canal de l'Ourcq et sur le bassin élargi de La Villette, de quatre flûtes chargées de marchandises, constitue une contravention aux règlements sur la navigation. Si l'art. 17 de l'ordonnance de police du 10 mai 1865, a autorisé le couplage des bateaux qui était défendu par l'art. 9 de l'ordonnance du 25 octobre 1840, il n'a pas abrogé la disposition de ce dernier article, en ce qui concerne le nombre des hommes nécessaires aux manœuvres de la navigation. D'un autre côté, on ne peut soutenir que l'art. 41 de l'ordonnance de 1840, dont le § 7 prescrit d'avoir dans les bateaux ou sur les trains, indépendamment des haleurs, un nombre suffisant d'hommes d'équipage, concerne exclusivement le halage; cette disposition s'applique, au contraire, à toute opération de navigation, puisqu'elle a pour objet d'en assurer les manœuvres. En effet, cet article fait partie du chapitre, qui règle, d'une manière générale, la conduite des bateaux et trains à part, ce qui comprend aussi bien la navigation au fil de l'eau que celle qui s'opère par le halage. — C'est à l'Administration qu'il appartient de déterminer le nombre des hommes d'équipage nécessaires aux manœuvres de la navigation; si un moindre nombre peut suffire pour la navigation au fil de l'eau, c'est à l'Administration elle-même que les entrepreneurs de transport par eau doivent s'adresser, pour obtenir une modification du règlement de police. (*Michelet*, 20 décembre 1866.)

332. FEUILLE DE NAVIGATION. — *Refus de la produire. — Incompétence.* — Le refus fait par un marinier à un agent de l'Administration de montrer sa feuille de navigation, ne constitue pas une contravention de grande voirie, dont le Conseil de Préfecture puisse connaître. (*Gentil*, 13 juin 1866.)

333. PORT DE BERCY. — *Dépôt de marchandises.* — La berge des rivières navigables fait partie du domaine public, et nul ne peut en user, qu'en se conformant aux lois et règlements sur la navigation. — De ce que l'Administration a longtemps toléré l'occupation abusive du quai de Bercy par quelques négociants, qui s'en servaient comme d'un chantier, et de ce qu'elle a même laissé faire des baux, au sujet de cette occupation, il n'en saurait résulter aucun droit pour les négociants, qui en ont profité. — Le domaine public étant imprescriptible, l'Administration est toujours en droit de poursuivre la répression de cet abus, dans l'intérêt de la navigation et du commerce. (*Chattet, Gilet, Proust, Ducroix, Boulay frères*, 17 mars et 9 mai 1866.)

334. STATIONNEMENT D'UN BATEAU AU DELA DU TEMPS RÉGLEMENTAIRE POUR LE DÉCHARGEMENT. — *Expéditeur, maître du bateau et destinataire. — Responsabilité.* — Le stationnement d'un bateau dans un port, au delà du temps réglementaire accordé pour le débarquement, constitue une contravention à la police de la navigation, imputable, non aux destinataires des marchandises, mais au maître du bateau ou à l'expéditeur. Ce sont ceux-ci qui, opérant eux-mêmes ou par mandataires le transport par eau des marchandises, doivent prendre d'avance leurs mesures pour que le débarquement s'effectue, suivant les règlements de la navigation; les conventions, faites entre eux et les destinataires des marchandises, ne sauraient avoir pour effet de les dégager de ce que lesdits règlements leur imposent, en ce qui concerne le stationnement du bateau. L'Administration n'a pas à rechercher quels sont les destinataires des marchandises, ni quels sont ceux d'entre eux, qui, procédant, selon leurs convenances particulières, à l'enlèvement de leurs marchandises, après les autres destinataires, ont occasionné le stationnement du bateau, au delà du délai réglementaire, sauf tel recours que de droit de la part du maître du bateau ou de l'expéditeur contre qui de droit. — Un autre système d'interprétation de la loi et des règlements compliquerait le service, et serait de nature à entra r la marche de l'Administration. (*Rizier*, 10 juillet 1866.)

II. *Voie publique.*

§ 1er. — *Dégradations et dépôt de matériaux.*

335. DÉPÔT AU DEVANT D'UN IMMEUBLE. — *Responsabilité du propriétaire.* — Aux termes de l'art. 9 de l'ordonnance du Bureau des finances du 17 juillet 1781, les propriétaires des immeubles, au droit desquels des dépôts ont été effectués sur le sol de la voie publique, ne sont responsables de la contravention, que faute par eux d'en faire connaître les auteurs. En conséquence, il y a lieu de renvoyer des fins du procès-verbal, sans amende ni dépens, le propriétaire qui, poursuivi à raison d'un dépôt effectué au-devant de sa propriété, indique la personne, qui en est l'auteur. (*Geny*, 12 décembre 1866.) — Voir nos 25, 183.

336. DÉPÔT DE MATÉRIAUX OU FOUILLE SUR LA VOIE PUBLIQUE. — *Contravention simple commise par un ouvrier.* — *Responsabilité du maître.* — Ce fait de fouille ou de dépôt de matériaux sur la voie publique ne constitue pas, comme en matière d'alignement, une double contravention, l'une à la charge de l'ouvrier ou entrepreneur, qui a fait la fouille, ou du voiturier, qui a fait le dépôt de matériaux; l'autre à la charge du maître à qui appartenait la voiture ou par ordre duquel la fouille a été faite; — Il n'y a, d'après l'art. 9 de l'ordonnance du Bureau des finances du 17 juillet 1781, qu'une seule contravention à la charge de celui qui a effectué le travail ou le dépôt. Mais, en vertu du principe posé par l'ordonnance du roi du 14 août 1731, le maître doit être déclaré civilement responsable des condamnations prononcées contre l'entrepreneur ou le voiturier, qui n'ont agi que sous ses ordres et comme ses préposés. (*Bonnard et Compagnie parisienne du gaz*, 10 juillet 1866.)

ENTREPRISE DE GAZ. — *Canalisation de conduites sous la voie publique.* — *Inexécution du traité fait avec l'Administration.* — *Procès-verbal.* — Voir n° 430.

PORT DE BERCY. — *Dépôt de marchandises.* — Voir n° 333.

337. SURETÉ PUBLIQUE. — *Talus d'un terrain longeant la voie publique et menaçant ruine.* — *Arrêté préfectoral enjoignant des déblais.* — *Refus d'exécution.* — *Incompétence.* — Si aux termes des lois des 16-24 août 1790 et 19 juillet 1791, les maires (et à Paris le Préfet de la Seine), sont compétents pour ordonner et faire exécuter d'office toutes mesures qui intéressent la sûreté de la voie publique, ce n'est pas aux Conseils de Préfecture qu'il appartient de connaître d'une contravention, consistant dans le refus d'un propriétaire d'obtempérer à l'injonction qui lui a été faite, en exécution desdites lois, de faire cesser le péril résultant des éboulements de son terrain sur la voie publique. — Le refus d'obéir à une sommation faite par l'autorité administrative, soit de démolir un édifice menaçant ruine, soit d'abattre un talus, dont les éboulements menaceraient la sécurité publique, constitue une contravention spécialement prévue et punie par les nos 5 et 15 de l'art. 471 du Code pénal, qui la défèrent aux tribunaux de simple police. — Dès lors, on ne saurait la considérer comme étant encore attribuée aux Conseils de Préfecture, en vertu des anciens règlements de voirie, lesquels, en ce point, se trouvent abrogés expressément par les dispositions dudit Code. (*Doullay, Merray*, 6 décembre 1866.)

338. Talus d'un terrain longeant une rue de Paris. — *Éboulement produit par l'abaissement du sol de la rue.* — L'éboulement du talus d'un terrain dans une rue de Paris, où il forme un encombrement de terres faisant obstacle à la circulation, constitue une contravention de grande voirie. — Mais si l'éboulement provient exclusivement de l'exécution des travaux d'abaissement de la voie publique, le propriétaire riverain ne peut être poursuivi comme coupable de la contravention, attendu qu'aux termes de l'art. 9 de l'ordonnance du Bureau des finances du 17 juillet 1781, les propriétaires des héritages, devant lesquels existent des encombrements de la voie publique, n'en sont responsables, qu'autant qu'ils les ont eux-mêmes effectués, ou s'ils n'en font pas connaître les auteurs. (*Rossigneux*, 6 décembre 1866.)

§ 2e. — *Plantations.*

339. Arbres plantés sur le terrain d'un particulier. — Aux termes du décret du 16 décembre 1811, titre VIII, les arbres plantés le long d'une route, sur une propriété particulière, sont soumis, quant aux mesures de conservation et de police, aux mêmes règles que les arbres plantés sur le sol de la route. En conséquence, il est interdit, conformément à l'art. 7 de l'ordonnance du Bureau des finances du 17 juillet 1781, d'y attacher des cordeaux et d'y étendre du linge ou des étoffes. (*Goyard*, 30 janvier 1866.)

§ 3e. — *Travaux de construction.*

340. — Balcon sur l'entablement en saillie sur le mur de façade. — Si le propriétaire d'une maison peut, sans autorisation, faire établir, au dernier étage de sa construction, un balcon en retraite formant attique à partir de la ligne extérieure du mur de façade, il ne saurait placer la rampe de ce balcon sur l'entablement qui fait saillie sur la voie publique, sans en avoir obtenu la permission de l'autorité administrative. — En effet, l'art. 22 de l'ordonnance du 24 décembre 1823, d'après lequel il est permis de « donner à l'entablement des façades construites en pierre une saillie égale à l'épaisseur du mur à sa sommité », n'emporte pas la faculté de transformer l'entablement en balcon, en y appuyant la rampe qui doit le former. On ne saurait voir, dans cette disposition de l'art. 22, une dérogation implicite au droit que l'art. 10 de la même ordonnance confère à l'Administration d'autoriser les balcons faisant saillie sur la voie publique. Cet article 10 est conçu en termes généraux et ne comporte aucune exception. — La forte saillie de l'entablement n'est d'ailleurs permise que parce qu'une partie doit supporter la charpente du toit et lui servir d'assise, tandis que l'autre partie est destinée à recevoir les chéneaux pour l'écoulement des eaux. Or, il n'en serait pas ainsi, dans le cas de transformation de l'entablement en balcon, puisqu'alors la rampe, pouvant être placée à l'extrémité de l'entablement, se trouverait sur la voie publique, et il en résulterait, par le poids des personnes qui s'y appuieraient, un danger sérieux pour la solidité de l'entablement. La permission d'établir un balcon sur l'entablement en saillie sur le mur de façade, ne peut être accordée que dans les rues ayant au moins 10 mètres de largeur. (*Roger et Palade*, 24 juillet 1866.) — Voir n° 783.

341. Façade en pan de bois. — On doit considérer comme une contravention à l'édit de décembre 1607 le fait d'avoir construit, en arrière d'un mur de clôture, un bas édifice en pan de bois, excédant la hauteur dudit mur, auquel il est relié par une toiture formant terrasse et sans solution de continuité. Il y a lieu, dans ce cas, d'appliquer l'amende et d'ordonner la suppression des travaux indûment exécutés. (*Saucel et Riégel*, 19 avril 1866. — Voir n° 193.

342. Hauteur des bâtiments. — *Base du comble des lucarnes.* — Les infractions à la disposition de l'art. 5 du décret du 27 juillet 1859, qui fixe à 17 mètres 55 centimètres le maximum de hauteur des bâtiments, situés en façade sur la voie publique, constituent des contraventions de grande voirie. — Il en est de même, en ce qui concerne la hauteur de la façade intérieure du même corps de logis, donnant sur la cour. — (Voir décret du Conseil d'État du 28 janvier 1864, *Belloir*.)

La hauteur légale des lucarnes doit être mesurée à partir de la base du comble réel du bâtiment, et non à partir d'une base de comble fictive, déterminée d'après la hauteur au-dessus du sol. — Si la base du comble réel est au-dessus de la hauteur réglementaire, c'est une contravention distincte de celle de la hauteur des lucarnes au-dessus de la base du comble, et elle doit être constatée d'une manière spéciale.

Lorsque l'excédant de hauteur a été démoli et la partie supérieure du bâtiment reconstruite dans les conditions réglementaires, il n'y a plus lieu d'ordonner la suppression de l'excédant de hauteur. (*Tapon-Chollet, Gérard et Turcotti*, 16 janvier 1866. — Voir Conseil d'État, 20 juillet 1867, confirmant cette décision.)

343. Hauteur des batiments. — *Dépôt de plans. — Injonctions. — Procédure. — Notification. — Recours devant le ministre. — Prescription.* — Aux termes de l'art. 4 du décret du 26 mars 1852, tout constructeur, qui a déposé entre les mains de l'Administration, les plans et coupes des constructions qu'il projette peut, vingt jours après, commencer ses constructions suivant ses plans, s'il ne lui a été notifié aucune injonction, dans l'intérêt de la sûreté publique et de la salubrité. Mais il n'en résulte pas que, dans le cas prévu par cet article, le silence de l'Administration, à l'égard des plans déposés, permette aux constructeurs de bâtir à leur gré et au mépris des prohibitions réglementaires sur la voirie, notamment de celles édictées par l'art. 7 du décret du 26 mars 1852 et par les décrets des 27 juillet 1859 et 1er novembre 1864. Ces décrets, destinés à régler la hauteur des maisons, les combles et les lucarnes dans l'intérêt de la grande voirie, ont un autre objet que l'art. 4 précité, et la violation de leurs prescriptions constitue une contravention qui doit être réprimée sans tenir compte des plans produits par les constructeurs.

Dans le cas prévu par l'art. 4 du décret du 26 mars 1852, la connaissance pleinement acquise par un constructeur des injonctions de l'Administration, relativement aux plans qu'il a produits, équivaut à la notification de ces injonctions audit constructeur.

Dans le même cas, un recours formé devant le Ministre de l'Intérieur contre les injonctions de l'Administration ne fait point obstacle à la condamnation du constructeur, qui a établi ses constructions dans des conditions prohibées par les règlements sur la voirie.

La prescription, édictée par l'art. 640 du Code d'instruction criminelle, n'est acquise à un constructeur, qu'autant qu'il s'est écoulé plus d'une année depuis l'achèvement, et non depuis le commencement de ses constructions. En effet, pendant toute la durée des travaux, les constructions sont susceptibles de recevoir les modifications conformes aux prescriptions réglementaires. (*Girard et Desjouhes*, 5 décembre 1866.)

Section 3e. — Roulage.

344. Arbres des chemins vicinaux. — *Mutilation par un cheval non attelé. — Incompétence.* — La mutilation qu'un cheval non attelé à une voiture, mais libre ou seulement harnaché, a causée à un arbre d'un chemin vicinal de grande communication, auquel il était attaché, n'est pas une contravention à la police du roulage prévue par l'art. 9 de la loi du 30 mai 1851. — En effet, cet article n'atteint la dégradation causée aux dépendances d'une route ou d'un chemin vicinal de grande communication que quand elle a été commise par une voiture attelée qui y circule. Si l'on doit admettre que la dégradation causée par les chevaux ou les bœufs composant l'attelage de la voiture, constitue la contravention, il n'en peut être ainsi quand la dégradation a été causée par un cheval qui n'était pas attelé à une voiture. — La mutilation, dans de telles circonstances, d'un arbre planté sur une voie publique, appartenant à la grande voirie, constitue une contravention aux anciens règlements sur la voirie, notamment aux ordonnances de la Généralité de Paris du 2 août 1772 (art. 2), et du 17 juillet 1781 (art. 7), ainsi qu'à la loi du 6 octobre 1791 (art. 2), et le Conseil de Préfecture serait compétent pour en connaître, aux termes des lois du 28 pluviôse an VIII et du 29 floréal an X. Mais les chemins vicinaux, même ceux de grande communication, ne faisant point partie de la grande voirie, et n'étant assimilés aux routes qu'en matière de roulage, demeurent, pour les autres matières, soumis uniquement au régime de répression, établi par le règlement préfectoral du 13 novembre 1854, rendu en exécution de l'art. 21 de la loi du 21 mai 1836. — Le Conseil de Préfecture ne peut, dès lors, retenir la cause d'un tel procès-verbal, ni comme contravention à la police du roulage, ni comme contravention de grande voirie (*Lacenant*, 7 août 1866.) — Voir nos 40, 315.

215. — Arbres des routes. — *Mutilation par un cheval attelé à une voiture. — Compétence.* — La mutilation qu'un cheval attelé à une voiture circulant sur une route a causée à un arbre est une contravention à la police du roulage, prévue et punie par l'art. 9 de la loi du 30 mai 1851. Cette loi s'appliquant, d'après son art. 1er, aux voitures qui circulent sur les routes et les chemins de grande communication, le mot *voiture* de l'art. 9 doit s'entendre d'une *voiture attelée* circulant sur les voies publiques, et, dès lors, le dommage causé par les chevaux ou les bœufs, composant l'attelage (par exemple s'ils ont fouillé le sol, détruit ou détérioré un ouvrage d'art, mutilé un arbre) est imputable à la voiture attelée, comme celui qui résulterait d'un heurt de la voiture même contre un ouvrage d'art ou contre un arbre. (*Mazille*, 7 août 1866.) — Voir nos 40, 341.

216. Bris par une voiture d'un poteau établi pour les illuminations d'une fête communale. — *Incompétence.* — Lorsqu'une voiture, en montant sur le trottoir d'une route, n'a commis d'autre dégradation que le bris d'un poteau servant aux illuminations d'une fête communale, ce fait ne constitue pas une contravention à la police du roulage rentrant dans la compétence du Conseil de Préfecture. En effet, aux termes de l'art. 9 de la loi du 30 mai 1851, la contravention n'existe qu'autant qu'il y a eu dommage causé à la route ou à ses dépendances. Or, dans l'espèce, le poteau brisé ne fait pas partie des dépendances de la route. (*Thurel et Barbier*, 6 novembre 1866.) — Voir nos 778, 791.

847. Cylindre a vapeur fonctionnant sur une voie publique. — *Dégradation.* — *Incompétence.* — Un cylindre à vapeur fonctionnant sur une voie publique pour des travaux de viabilité, ne peut être considéré comme faisant partie du sol de la voie ou de ses dépendances; c'est un instrument mis à la disposition des ouvriers pour concourir au bon état de la voie. — En conséquence, lorsque le conducteur d'une voiture a accroché et détérioré un tel instrument, ce fait ne constitue par une contravention à la police du roulage rentrant dans la compétence du Conseil de Préfecture. (*Lajoux et Lamorlette*, 19 juillet 1866.) — Voir nos 778, 791.

848. Dommage causé a un particulier par une voiture attelée. — *Incompétence.* — Le dommage causé à un particulier sur une route par une voiture attelée ne constitue ni une contravention de grande voirie, ni une contravention à la police du roulage, rentrant dans la compétence du Conseil de Préfecture. (*Bimont*, 6 novembre 1866.)

849. Péremption de l'instance. — Aux termes de l'art. 26 de la loi du 30 mai 1851, l'instance relative à une contravention à la police du roulage est périmée par six mois, à compter de la date du dernier acte de poursuite et l'action publique est éteinte. — Il y a lieu d'appliquer cette péremption lorsqu'il s'est écoulé plus de six mois entre la *notification* du procès-verbal, et le dépôt au greffe du *mémoire* du Préfet, concluant à une condamnation. Les actes de l'instruction, tels que requêtes en défense, avis des ingénieurs, etc., ne sont pas des actes de poursuite, et ne peuvent avoir pour effet d'interrompre la péremption. (*Duclos, Coignier, Maréchal et Cie*, 6 novembre 1866.) — Voir no 792.

850. Procès-verbal. — *Notification dans le mois de l'enregistrement.* — *Supputation de ce délai.* — Suivant l'art. 23 de la loi du 30 mai 1851, tout procès-verbal de contravention à la police du roulage doit être notifié, sous peine de déchéance, dans le mois de la date de l'enregistrement. — La supputation de ce délai doit être faite de quantième à quantième, et non d'après le nombre de jours, dont les mois sont composés. Ainsi il y a lieu de considérer comme frappé de déchéance, un procès-verbal enregistré le 19 février et notifié le 20 mars suivant. (*Duclos, Coignier, Maréchal et Cie*, 6 novembre 1866.)

851. Procès-verbal non notifié au propriétaire de la voiture. — Lorsqu'un procès-verbal, constatant une contravention de roulage, n'a été notifié qu'au conducteur de la voiture, le propriétaire de cette voiture, qui n'a pas reçu de notifications personnelles, dans le mois de l'enregistrement du procès-verbal, suivant l'art. 23 de la loi du 30 mai 1851, ne peut être condamné comme civilement responsable des faits de son préposé par l'application de l'art. 13. Il doit être mis hors de cause, le procès-verbal étant à son égard frappé de déchéance. (*Chancel, Batifoulier et Royer*, 14 juillet 1866.)

352. STATIONNEMENT ACCIDENTEL DE VOITURES SUR LA VOIE PUBLIQUE. — *Incompétence.* — Aux termes de l'art. 10 du décret réglementaire du 10 août 1852 et de l'art. 2, § 2, n° 5 de la loi du 30 mai 1851, le stationnement accidentel d'une voiture, attelée ou non attelée, sur la voie publique est une contravention de simple police, dont le Conseil de Préfecture n'a pas à connaître, en vertu de l'art. 17 de la loi du 30 mai 1851. — Il n'en serait pas de même s'il s'agissait, non du stationnement accidentel d'une voiture en cours de voyage, mais d'une voiture déposée sur la voie publique et y constituant un véritable dépôt ou une occupation habituelle de ladite voie. (*Palhol*, 2 février 1866.) — Voir nos 28, 29, 187.

353. VOITURE CIRCULANT SUR UN TROTTOIR. — *Pas de dommage constaté.* — *Incompétence.* — Lorsqu'une voiture, abandonnée de son conducteur, a circulé sur le trottoir d'une route, et qu'il ne résulte ni du procès-verbal, ni de l'instruction, qu'un dommage quelconque ait été causé à la route ou à ses dépendances, ce fait constitue seulement une infraction à l'arrêté préfectoral, qui défend de faire circuler les voitures sur les accotements des routes, et ne saurait être considéré comme une contravention dont la connaissance appartienne au Conseil de Préfecture. (*Henri et Barrois*, 6 novembre 1866.) — Voir n° 793.

CONTRIBUTIONS DIRECTES.

SECTION 1re. — Questions générales.

354. DÉFAUT DE CONVOCATION A L'AUDIENCE. — *Opposition.* —

La décision rendue par le Conseil de Préfecture en matière de contributions, après l'accomplissement des formalités prescrites par la loi du 21 avril 1832, constitue un arrêté contradictoire, et n'est pas susceptible d'opposition. — Ce principe est applicable, lors même que le réclamant n'aurait pas été convoqué à l'audience, pour présenter des observations, cette circonstance ne pouvant donner à la décision le caractère d'un arrêté par défaut. En effet, la loi du 21 juin 1865, en admettant les parties à présenter des observations orales, non-seulement n'a pas modifié, mais a, au contraire, expressément confirmé le caractère de procédure écrite, attribué à l'instruction des affaires devant le Conseil de Préfecture. Suivant les articles 6, 8 et 12 du décret du 12 juillet 1865, rendu pour l'exécution de la loi du 21 juin, il n'y a lieu de convoquer les parties à l'audience, que quand elles ont fait connaître l'intention d'y présenter des observations orales, et si le défaut de convocation, qui est allégué, est de nature à vicier la décision rendue, ce n'est pas devant le Conseil de Préfecture que le recours doit être formé par voie d'opposition, comme pour un arrêté par défaut, mais devant la juridiction supérieure; le Conseil de Préfecture qui a épuisé sa juridiction sur l'affaire ne saurait en connaître une seconde fois. (*Itasse*, 30 janvier 1866.)

335. Droit de réclamer. — *Mandat tacite. — Fils ou petit-fils pour le père ou l'aïeul. — Père pour le fils.* — En principe, le droit de réclamation n'appartient qu'aux contribuables nominativement inscrits sur les rôles; mais il y a lieu de considérer, comme agissant en vertu d'un mandat tacite, le fils ou le petit-fils réclamant pour leur père ou leur aïeul, et le père réclamant pour son fils, lorsque les circonstances justifient l'existence du mandat. Il y aurait rigueur excessive à opposer, dans ces cas, la déchéance pour défaut de qualité. (*De la Chapelle, Manoury et Férand*, 20 juin, 11 août et 10 octobre 1866. — Voir cependant, en sens contraire, les décrets en Conseil d'État des 8 février et 11 juin 1851, *Jourdan et Ville*; — 21 avril 1864, *Couderc*.) — Voir n° 815.

336. Droit de réclamer. — *Propriétaire au nom d'un locataire.* — Lorsqu'un propriétaire s'est chargé, par une clause de son bail, de payer la contribution personnelle et mobilière d'un locataire, il a ainsi reçu implicitement et formellement le mandat d'exercer, au nom de ce locataire, toutes réclamations, relatives aux contributions, dont celui-ci pouvait être redevable. — Le propriétaire a d'ailleurs un intérêt personnel et direct dans la fixation de la taxe, puisqu'il peut en être tenu en son lieu et place. Il a dès lors qualité pour former la réclamation (*Marquet et de Sylceur*, 6 novembre 1866.) — Voir nos 49, 204 et 816.

Droit de réclamer. — *Contribution foncière. — Principal locataire.* — Voir n° 360.

DROIT DE RÉCLAMER. — *Contribution des portes et fenêtres. — Principal locataire.* — Voir n° 367.

DROIT DE RÉCLAMER. — *Patente. — Cession d'établissement avant l'ouverture de l'exercice. — Taxe inscrite au nom du vendeur. — Réduction demandée par l'acquéreur.* — Voir n° 417.

357. LOCATAIRE. — *Déménagement furtif. — Responsabilité du propriétaire.* — Si d'après les art. 22 et 23 de la loi du 21 avril 1832 et l'art. 25 de la loi du 25 avril 1844, le propriétaire est tenu, en cas de déménagement furtif de son locataire, d'en prévenir le percepteur, sous peine d'être responsable de la contribution mobilière et de deux douzièmes de la patente, le contribuable inscrit au rôle n'en demeure pas moins seul débiteur des taxes, sauf recours de la part du Trésor contre le propriétaire responsable, suivant les règles prescrites pour le recouvrement des contributions. Il n'appartient pas au Conseil de Préfecture de mettre lesdites taxes, en tout ou en partie, à la charge du propriétaire. (*Magadieu*, 30 janvier 1866.)

358. MUTATION DE COTE. — *Tierce-opposition.* — On peut former devant le Conseil de Préfecture, une réclamation ayant le caractère d'une tierce-opposition, lorsqu'un arrêté préfectoral a mis par voie de mutation de cote, à la charge d'un contribuable, une taxe qui avait été inscrite au nom d'un autre, si le tiers-opposant n'a pas été mis en cause pour reconnaître ou contester cette mutation. Aucune disposition de loi ne s'oppose à l'application de cette règle de procédure, qui trouve sa justification dans les circonstances de la cause et dans la raison. — Il s'agissait, dans l'espèce, d'une taxe de bien de mainmorte, inscrite au nom de la Ville de Paris, et qui avait été mise, par mutation de cote, à la charge de la Société civile du canal de l'Ourcq, qu'on avait, à tort, considérée comme compagnie anonyme. (*Société des canaux de l'Ourcq et de Saint-Denis*, 12 avril 1866.)

SECTION 2e. — Contribution foncière.

CHEMIN DE FER. — *Gare. — Emplacement affecté au remisage des wagons sous l'embarcadère.* — Voir n° 404.

359. CHEMIN DE FER. — *Gare. — Quais situés sous une halle d'embarcadère. — Remise de locomotives.* — Lorsque la halle d'embarcadère d'un chemin de fer est couverte, au moyen d'une vaste toiture faisant corps avec le bâtiment principal, qui renferme à la fois les salles d'attente des voyageurs, les bureaux et le logement des employés, etc.; il y a lieu de considérer les quais situés sous cette halle et servant d'accès aux diverses dépendances de la gare, non comme une annexe de la voie ferrée, mais comme une dépendance des bâtiments d'habitation et d'exploitation. Ces quais sont, dès lors, imposables à la contribution foncière, à raison de leur valeur locative, avec une réduction d'un quart. — Une remise de locomotive doit, à cause de sa destination, être assimilée aux usines pour l'assiette de la contribution foncière, et il y a lieu d'appliquer à son revenu brut la déduction d'un tiers. (*Compagnie du chemin de fer d'Orléans, section de Sceaux à Orsay*, 17 juillet 1866.)

860. Droit de réclamer. — *Principal locataire. — Défaut de qualité.* — Aux termes de l'art. 1er de l'arrêté consulaire du 24 floréal an VIII, le droit de réclamation n'appartient qu'aux contribuables nominativement inscrits sur les rôles de la contribution foncière. La qualité de principal locataire ne confère pas à celui qui la possède le droit de réclamation, qui est personnel au contribuable; elle ne lui donne pas non plus un mandat tacite à l'effet de réclamer au nom du propriétaire. (*Uselding*, 11 août 1866.)

861. Locataire-constructeur. — *Machine à vapeur.* — Un locataire a fait établir, sur un terrain à lui loué, une machine à vapeur et ses accessoires, scellés au sol par une construction; cet ensemble constitue, suivant la distinction faite dans l'art. 34 de la loi du 15 septembre 1807, une propriété bâtie imposable à la contribution foncière au nom du locataire-constructeur à qui elle appartient. (*Frichot*, 23 juin 1866. — Voir dans le même sens, Conseil d'État, 24 avril 1865, *Duchemin*). — Voir n° 833.

862. Terrain clos de murs et non bâti affecté a usage de chantier. — La loi du 3 frimaire an VII (art. 3, 4 et 5) et la loi du 15 septembre 1807 (art. 34) désignent seulement deux classes de propriétés, soumises à la contribution foncière, savoir : les propriétés bâties et les propriétés non bâties.

La propriété *bâtie* constitue une chose distincte du fonds sur lequel elle est élevée et ayant une existence propre; en effet, la loi veut que l'impôt soit établi sur cette propriété bâtie, sans préjudice de celui dont le sol même est grevé; et, d'un autre côté, si un bâtiment a été construit sur le sol d'autrui, il est perçu deux impôts : celui du sol inscrit au nom du propriétaire et celui du bâtiment, mis à la charge du constructeur.

La propriété *non bâtie* est celle sur laquelle il n'a été élevé aucune construction distincte du fonds et qui soit imposable. — On ne saurait considérer les murs de clôture comme ayant le caractère de constructions imposables, l'art. 77 de la loi du 3 frimaire an VII ayant expressément déclaré que les terrains clos doivent être évalués d'après les mêmes règles et dans les mêmes proportions que les terrains non clos.

Il n'y a pas lieu, non plus, d'assimiler à une valeur foncière imposable, en dehors du fonds, l'emploi industriel du terrain, résultant de son affectation à des chantiers ou à d'autres destinations, qui ne nécessitent aucune construction. En effet, si l'emploi industriel d'un terrain, cadastré comme champ labourable ou jardin, devait être imposé comme *propriété bâtie*, il en résulterait qu'il y aurait lieu d'en opérer la cadastration comme valeur foncière, et que le locataire, qui aurait, avec le consentement du propriétaire, changé le mode de jouissance du terrain, devrait être imposé séparément, comme le locataire, qui élève une construction sur le terrain d'autrui; cette conséquence d'une telle interprétation étant inadmissible, il faut en conclure que l'interprétation elle-même n'est pas conforme à la loi.

C'est à tort qu'on invoque, pour justifier dans ce cas la légalité de l'impôt, l'argument tiré de ce que, d'après l'art. 2 de la loi de frimaire an VII, la contribution foncière doit être répartie par égalité proportionnelle sur toutes les propriétés foncières, à raison de leur revenu net imposable. En effet, cette disposition doit s'entendre exclusivement des deux classes de propriétés foncières *bâties* et *non bâties*, que les art. 3, 4 et 5 de ladite loi et l'art. 31 de la loi du 15 septembre 1807 déterminent, et du revenu tel qu'il doit être évalué en exécution des art. 56 et suivants de la loi de frimaire an VII.

On ne saurait, non plus, arguer d'une instruction ministérielle du 24 mars 1831, qui a prescrit aux agents du service des contributions d'imposer « suivant la valeur locative qu'ils peuvent produire et non « simplement suivant la superficie enlevée à la culture, les terrains « affectés à un commerce ou une industrie tels que chantiers, etc. » C'est là une simple interprétation de la loi, qui ne saurait lier le Conseil de Préfecture. Admettre cette règle, ce serait ajouter, aux classes des propriétés non bâties, une classe nouvelle, fondée sur l'emploi éventuel et transitoire de la propriété, ce qui est contraire à l'art. 37 de la loi du 15 septembre 1807.

Il résulte de ces principes : 1° que le terrain clos de murs et affecté à usage de chantier ou à toute autre destination industrielle, mais sur lequel il n'a pas été élevé de construction, doit être imposé à la taxe foncière, comme propriété non bâtie; 2° que le revenu imposable, attribué par le cadastre à ce terrain, ne peut être modifié, malgré son changement de destination, jusqu'à ce qu'une nouvelle opération cadastrale ait été faite pour l'ensemble de la commune. (*Dame Geoffroy-Château*, 8 mai 1866.) — Voir n° 835.

3e SECTION. — Taxe de biens de mainmorte.

863. IMMEUBLES ACQUIS EN VUE DE LA CRÉATION D'UN ÉTABLISSEMENT D'UTILITÉ PUBLIQUE NON ENCORE AUTORISÉ.—Les immeubles, acquis à l'amiable par une commune, en vue de la création d'un établissement d'utilité publique, non encore autorisé par un décret, sont assujettis à la taxe des biens de mainmorte. Dans ces circonstances, en effet, le projet d'établissement n'a pas l'existence légale qui le dispenserait de l'impôt; et, d'autre part, si la commune ne possède les immeubles, qu'à titre transitoire, sa possession n'étant pas limitée, et pouvant être plus ou moins prolongée à son gré, les immeubles ont entre ses mains le caractère de biens de mainmorte (*Ville de Paris*, 13 novembre 1866.)

364. IMMEUBLES EXPROPRIÉS ET NON RÉUNIS A LA VOIE PUBLIQUE. — Lorsqu'une commune est devenue propriétaire d'immeubles, expropriés pour cause d'utilité publique, si les projets de viabilité, en vue desquels l'expropriation a été faite, sont ajournés, et si rien ne fait prévoir l'époque à laquelle les immeubles pourront être vendus, il y a lieu d'assimiler ces immeubles aux autres domaines de la ville, et de les imposer à la taxe des biens de mainmorte. — Il en est de même dans le cas, où l'instruction démontre que les immeubles expropriés ne sont pas destinés à un service public (*Ville de Paris*, 12 avril 1866.) Voir n° 571.

MUTATION DE COTE. — *Tierce opposition.* Voir n° 358.

SECTION 4e — Contributions foncières et des portes et fenêtres.

365. DIVISION DE TAXE ENTRE DIFFÉRENTS LOCATAIRES. — *Demande formée par le propriétaire.— Déchéance.*— Suivant l'art. 6 de la loi du 4 août 1844 et la circulaire ministérielle du 21 septembre 1844 § 8, le propriétaire peut demander que les contributions foncières et des portes et fenêtres afférentes aux immeubles qu'il possède dans une même commune, soient réparties entre les différents locataires; mais sa requête doit être présentée, sous peine de déchéance, dans le courant du mois de décembre, qui précède l'ouverture de l'exercice, auquel elle se rapporte, et, au plus tard, avant le 5 janvier suivant. Passé ce délai, la requête n'a d'effet que pour l'année suivante. (*Girault*, 5 juillet 1866.)

366. — IMMEUBLES APPARTENANT A UNE COMMUNE, NE DONNANT AUCUN REVENU ET AFFECTÉS A UN SERVICE PUBLIC. — Aux termes du décret du 11 août 1808 et de la loi du 21 avril 1832, les immeubles, appartenant aux communes, ne sont pas imposables à la taxe foncière, ni à celle des portes et fenêtres, quand ils ne sont pas productifs de revenus et qu'ils sont affectés à un service public. — Dans l'espèce, il s'agissait d'un terrain, planté en pépinière pour l'alimentation des promenades et jardins publics de la ville de Paris, et d'une maison existant sur le terrain et servant de bureau. (*Ville de Paris*, 14 novembre 1866.)

SECTION 5e. — Contribution des portes et fenêtres.

§ 1er — *Qualité pour réclamer.*

367. PRINCIPAL LOCATAIRE. — Aux termes de l'art. 12 de la loi du 4 frimaire an VII, si la contribution des portes et fenêtres est exigible contre le propriétaire, et si c'est en son nom, qu'elle doit être inscrite au rôle, il lui est ouvert un recours contre les locataires pour le remboursement de la somme due à raison des locaux par eux occupés. Le locataire a, dès lors, intérêt et qualité pour réclamer en son nom personnel, quoique non inscrit au rôle, l'art. 16 de la loi précitée ouvrant, sans distinction, une action pour tous les différends qui peuvent s'élever sur le payement de ladite contribution, et, par conséquent, du chef des locataires. — S'il en était autrement, la négligence ou le mauvais vouloir du propriétaire inscrit au rôle et qui ne réclamerait pas, aurait pour effet de forcer les locataires à payer, au moyen du recours ouvert contre eux, des taxes plus élevées que celles qu'ils peuvent devoir.

L'art. 28 de la loi du 21 avril 1832, qui règle, à nouveau, les formes et conditions des réclamations, ne fait pas obstacle à cette interprétation. En effet, si le locataire, qui n'est pas inscrit au rôle ne reçoit pas un avertissement, comme tous les autres contribuables, il est légalement averti par la publication du rôle, dont il peut prendre connaissance à la mairie, et se trouve ainsi mis en demeure, en cas de surtaxe, de présenter sa réclamation, dans le délai de trois mois. L'obligation, à peine de rejet, de joindre à la demande la quittance des termes échus de la cotisation, peut être accomplie par lui en produisant la quittance du payement fait entre les mains du propriétaire, suivant l'art. 12 de la loi du 4 frimaire an VII, la loi de 1832 n'exigeant pas la production d'une quittance émanée de l'Administration. (*Uselding*, 11 août 1866.) — Voir n° 55.

§ 2e — *Exemptions.*

368. ABATTOIR COMMUNAL. — Un abattoir communal doit être considéré comme affecté à un service public. Il y a lieu, dès lors, par application de l'art. 5 de la loi du 4 frimaire an VII, d'exempter de la contribution des portes et fenêtres les ouvertures des abattoirs communaux, à l'exception de celles qui éclaireraient les locaux loués à des commerçants ou occupés par les employés de l'Administration. (*Ville de Paris*, 6 novembre 1866.)

§ 3e. — *Matière imposable.*

369. Boutiques fermées et vitrées situées dans la cour intérieure d'un marché. — L'art. 5 de la loi du 4 frimaire an VII, qui exempte de la contribution des portes et fenêtres les ouvertures des halles et marchés comme éclairant des édifices affectés à un service public *d'alimentation*, n'est pas applicable aux ouvertures de boutiques fermées et vitrées construites dans la cour d'un marché, et louées à des lingères, modistes, cordonniers, etc., qui y habitent d'une manière permanente, et y font le commerce dans les mêmes conditions, que s'ils occupaient une boutique donnant sur une rue. Dans ce cas, la taxe doit être établie au nom de la commune, sauf le recours de celle-ci contre les occupants. (*Ville de Paris, marché Saint-Germain*, 15 novembre 1866.)

370. Chemin de fer. — *Gare.* — *Remises de locomotives.* — Les remises de locomotives étant assimilées aux usines pour l'assiette de la contribution des portes et fenêtres, leurs ouvertures doivent être affranchies du droit proportionnel. (*Compagnie du chemin de fer d'Orléans, section de Sceaux à Orsay*, 17 juillet 1866.)

371. Ecclésiastiques logés gratuitement. — Aux termes de la loi du 21 avril 1832, les ecclésiastiques, logés gratuitement dans des bâtiments appartenant aux communes, sont imposables nominativement pour les portes et fenêtres des parties de ces bâtiments affectés à leur habitation personnelle. (*Dumont*, 20 juin 1866.)

Section 6e. — Contributions personnelle et mobilière.

§ 1er. — *Exemptions.*

372. Changement de domicile avant le travail des mutations. — Le contribuable, qui a quitté, antérieurement au travail des mutations, un logement, pour lequel il a continué à être imposé à la contribution mobilière par le rôle de l'exercice suivant, est fondé à réclamer la décharge de cette contribution, lors même qu'il ne justifie pas être imposé en un autre lieu à la même contribution. Il lui suffit d'établir qu'il n'est pas imposable là où il a été imposé, pour obtenir la décharge. (*Dame Chennecière*, 23 août 1866. — Voir, dans le même sens, Conseil d'État, 19 avril 1861, *Mangin*.) — Voir nos 578, 816.

373. EMPLOYÉ MILITAIRE. — *Sous-officier d'artillerie attaché comme sous-chef à une capsulerie militaire.* — Un sous-officier d'artillerie, attaché au service d'un établissement de capsulerie militaire qui continue à faire partie de son régiment, doit être exempté des taxes personnelle-mobilière et des prestations, conformément à la loi du 28 thermidor an X, et ne peut, dès lors, être imposé auxdites taxes à titre d'employé militaire, par application des lois des 21 avril 1832, art. 14 et 21 mai 1836. (*Chatenay* et *Houillon*, 12 juillet 1866. — Voir dans le même sens, Conseil d'État, 11 janvier 1865, *Filsjean*.)

§ 2°. — *Matière imposable.*

374. CONGRÉGATION RELIGIEUSE. — *Contribution établie collectivement au nom du supérieur général.* — Une congrégation religieuse possède, d'une part, un collège en plein exercice, où les élèves ne sont admis qu'en payant, et d'autre part, une maison religieuse subsistant au moyen de ressources spéciales, les divers membres de la congrégation, qui prennent part à la gestion de la maison religieuse sont collectivement 'assujettis à la contribution mobilière au nom de la société, représentée par son supérieur général, pour les locaux dont ils ont la jouissance commune, et pour ceux qui sont affectés à l'habitation personnelle de chacun d'eux. (*Société de Marie*, 18 octobre 1866.)

375. CONCIERGE EXERÇANT UNE PROFESSION PATENTABLE. — Un concierge, assujetti à la taxe de patente, à raison de sa profession, ne saurait être exempté de la contribution mobilière, ni comme domestique attaché à la personne du propriétaire, ni comme occupant un logement à titre gratuit. (*Dutertre*, 6 novembre 1866.) — Voir n° 837.

OFFICIER D'ADMINISTRATION. — *Adjudant attaché à un hôpital militaire.* — Voir n° 425.

376. OFFICIER D'ÉTAT-MAJOR ATTACHÉ A UNE DIVISION ACTIVE DE L'ARMÉE DE PARIS. — Les officiers d'état-major sont soumis à la contribution mobilière, d'après le même mode et dans les mêmes proportions que les autres contribuables, lors même qu'ils sont attachés à une division active de l'armée de Paris. En effet, les corps de troupes réunis sous le nom d'armée de Paris, quoique formés en division et en brigades, étant sur le pied de paix, ne constituent pas une armée active proprement dite. (*Chanoine*, 30 janvier 1866. — Voir dans le même sens, Conseil d'État, 11 juillet 1866, *de Fayet*.) — Voir n° 229.

377. OFFICIER D'ÉTAT-MAJOR ENVOYÉ EN MISSION A L'ÉTRANGER, EN COURS D'EXERCICE. — Un officier d'état-major régulièrement imposé à la contribution mobilière au 1er janvier, et envoyé en mission à l'étranger pendant le cours de l'exercice, n'a le droit de demander, à cette occasion, aucune réduction de taxe; il ne peut réclamer les bénéfices des décisions ministérielles des 1er novembre 1808 et 31 mars 1824 concernant les officiers sans troupes devenus officiers avec troupes en cours d'exercice. (*Haillot*, 19 juillet 1866.)

378. Officier en non-activité. — Un officier en non-activité pour infirmités temporaires, ne recevant pas d'indemnité de logement, ne doit pas jouir de l'exemption de la taxe mobilière, prononcée par la loi du 21 avril 1832, en faveur des officiers *avec troupes et sans résidence fixe*, logés dans les bâtiments de l'État ou occupant des habitations, dont ils paient le loyer avec l'indemnité de logement, qui leur est accordée. (*Josset*, 13 juin 1866. — Voir dans le même sens, Conseil d'État, 19 janvier 1866, *Vernhes*.)

379. Ouvrier travaillant seul. — Lorsqu'un ouvrier, domicilié à Paris, a obtenu la décharge de sa taxe de patente, comme travaillant seul, il y a lieu de maintenir la contribution mobilière, si l'ensemble des locaux, servant à l'habitation et à l'exercice de la profession, présente un loyer imposable supérieur à 250 francs. (*Dame Vigoureux*, 3 mars 1866.)

380. Valeur locative en cas de patente établie, en cours d'exercice, par un rôle supplémentaire. — *Chose jugée.* — *Relevé de déchéance.* — La contribution mobilière ne devant être assise que sur les locaux servant à l'habitation personnelle, si, en cours d'exercice, le contribuable est assujetti à la patente, à partir du 1er janvier, au moyen d'un rôle supplémentaire, les bases de la contribution mobilière se trouvent implicitement modifiées par ce rôle, puisque les locaux, exclusivement affectés à la profession, ne sont pas imposables à ladite contribution. Le rôle supplémentaire de patente rétroagit ainsi sur le rôle de la contribution mobilière, il n'y a pas lieu, dès lors, d'opposer au réclamant la déchéance, si sa requête, quoique présentée plus de trois mois après la publication du rôle mobilier, a été produite dans les trois mois de la date du rôle supplémentaire de patente. (*Desplasses*, 7 juillet 1866.)

Section. 7e. — Patentes.

§ 1er. — *Exemptions.*

381. Agent d'affaires. — *Contentieux de plusieurs maisons de commerce.* — Celui qui est chargé par les chefs de plusieurs maisons commerciales de diriger leurs affaires contentieuses, moyennant un traitement annuel fixe, ne doit pas être imposé à la patente en qualité d'agent d'affaires, s'il n'a pas un cabinet ouvert au public. (*Dussault*, 22 août 1866.)

382. — ARBITRE RAPPORTEUR PRÈS LE TRIBUNAL DE COMMERCE. — L'arbitre rapporteur près le Tribunal de commerce a pour mission de concilier les parties ou d'instruire une affaire, comme aurait pu y procéder le juge rapporteur lui-même; il est chargé de cette mission seulement pour une affaire déterminée en raison de ses connaissances spéciales, et non pour toutes affaires d'une manière habituelle et permanente; dès lors l'accomplissement d'une telle mission ne peut constituer l'exercice d'une profession assujettie par la loi à une taxe de patente.

L'assimilation, faite par arrêté préfectoral de la mission d'arbitre-rapporteur avec les fonctions de mandataire salarié pour l'administration des faillites n'est pas fondée; en effet, l'arbitre-rapporteur n'accomplit aucun acte d'administration, et se borne à rendre compte au Tribunal de ce qu'il a fait ou vérifié, et à donner son avis sur l'affaire : il n'existe, dès lors, aucune analogie pouvant servir de base à l'arrêté d'assimilation (*Rolland, Riollet, Légier, Lacoste et Jourdan*, 12 avril 1866.)— Voir n° 73.

383. FABRICATION DE POUPÉES. — Une ouvrière, qui achète des têtes et des corps de poupées, qu'elle habille et revend ensuite par douzaines aux marchands de bimbeloterie, ne doit pas être imposée à la patente, lors même qu'elle aurait boutique et enseigne, si elle travaille sans ouvrière ni apprentie, et s'il n'est pas établi qu'elle fasse travailler au dehors. (*Dame Pretay*, 1er mars 1866.)

384. LOCATION PRINCIPALE. — *Cession partielle.— Bénéfices.*— Aux termes de la loi du 13 mai 1863, l'entrepreneur de locations est celui dont la profession consiste à louer des maisons par spéculation, exclusivement en vue de les sous-louer. Dès lors, on ne doit pas considérer comme assujetti à la patente, à titre d'entrepreneur de locations, un commerçant, qui s'est rendu principal locataire d'une maison, en vue de l'exercice de sa profession, et qui en sous-loue une partie avec bénéfice. (*Pille*, 6 novembre 1866.)

385. LOUEUSE EN GARNI. — *Sage-femme.* — Une sage-femme ne doit pas être imposée à la patente, en qualité de loueuse en garni, si son appartement n'est pas disposé pour recevoir habituellement des pensionnaires, et s'il est établi qu'elle ne reçoit qu'accidentellement une pensionnaire, qu'elle loge dans sa propre chambre. (*Dame Morin*, 29 novembre 1866.)

386. REPRÉSENTANT DU COMMERCE. — *Employé d'une maison, établie à Paris, ne vendant que dans cette ville.* — Celui, qui fait des opérations d'achat ou de vente pour une seule maison de commerce, n'est pas assujetti à la taxe de patente, en qualité de représentant de commerce, alors surtout que ses opérations ne se font qu'à Paris et pour une maison de commerce établie dans cette ville; cette circonstance doit le faire considérer comme un simple commis. (*Sœurre*, 20 octobre 1866.) — Voir n°s 78, 387.

387. Représentant d'une seule maison de commerce. — Aux termes du tableau annexé à la loi du 4 juin 1858, § 2, le représentant de commerce est celui, qui, n'étant pas courtier et n'ayant ni boutique ni magasin, achète ou vend *pour le compte des marchands*, moyennant une remise proportionnelle aux prix des achats et des ventes. — Par cette définition, le législateur a entendu désigner la profession, qui consiste à faire des opérations d'achat ou de vente *pour plusieurs marchands*, comme celles, que font les courtiers, auxquels il est fait allusion dans la disposition même. Le sens de la loi ne résulte pas seulement du nombre pluriel qu'on a employé avec intention en disant: *pour le compte des marchands*, et de l'expression indéfinie: *représentant de commerce*, mais encore de l'assimilation faite par le législateur avec les courtiers, dont ils accomplissent les opérations, sans en avoir le caractère, et avec les marchands pour l'achat et la vente, sans avoir comme eux boutique ou magasin.

Le représentant d'une seule maison ne fait pas un commerce, qui lui soit propre; il est seulement l'agent, le commis du négociant, dont il place les produits ou pour le compte duquel il fait des achats. S'il en était autrement, tous les commis-voyageurs d'une maison et les autres employés recevant, pour salaire, des remises proportionnelles, devraient être considérés comme exerçant un commerce indépendant et distinct de la maison, qui les occupe: telle n'a pas été la pensée du législateur quand il a défini et tarifé la profession de représentant de commerce.

Le représentant d'une seule maison de commerce, étant un véritable commis, est, en conséquence, fondé à exciper de l'exemption prononcée par le § 6 de l'art. 13 de la loi du 25 avril 1844 en faveur des capitaines de navire de commerce, commis et autres personnes, travaillant à gages pour le compte d'autrui. — En effet, cette exemption est fondée sur ce que, l'établissement qui les emploie étant imposé à la patente, les opérations faites pour ledit établissement seraient imposées deux fois, et sur ce que les capitaines de navire et commis n'exercent pas leur profession en leur nom personnel, mais pour le compte et dans l'intérêt d'autrui.

Si l'agent d'une seule maison de commerce a pris, sur ses cartes et adresses, le titre de représentant de cette maison, cette circonstance ne peut être considérée, comme lui attribuant le caractère de représentant de commerce, tel que la loi le définit. — La remise proportionnelle sur le prix des marchandises est un mode de rétribution du travail, qui ne change pas le caractère des opérations faites pour le compte de la maison représentée. — Il en est de même du cas, où l'agent d'une seule maison occuperait, hors de son habitation personnelle, un local loué en son nom pour y placer les marchandises, qu'il reçoit en dépôt. Cette circonstance, loin de confirmer le caractère de la profession de représentant de commerce, en est, au contraire, exclusive, puisque, d'après la loi, le représentant de commerce n'a ni boutique ni magasin. (*Quinquier*, *Solignac*, *Proton*, 30 janvier, 12 avril 1866. — Voir en sens contraire, Conseil d'État, 26 décembre 1865; *Friedberg*, 20 mars 1866, *Moncoisin*.) — Voir n°s 78, 386.

§ 2°. — *Professions diverses.*

388. Agent d'affaires. — *Directeur d'une compagnie mutuelle d'assurances.* — *Traité à forfait pour la gestion de la compagnie.* — Le directeur d'une compagnie mutuelle d'assurances, qui s'est chargé, à forfait, moyennant une remise proportionnelle aux valeurs assurées, de gérer les intérêts de la compagnie, et de pourvoir à toutes les dépenses de son administration, est imposable à la patente en qualité d'agent d'affaires. — Les relations de ce contribuable avec la compagnie, dont il gère les intérêts et les opérations, auxquelles il se livre, constituent, en effet, une industrie spéciale, qui, pour s'exercer à propos des assurances, n'en reste pas moins parfaitement distincte de ce contrat, et qui, dès lors, ne peut être appelée à jouir de l'exemption de patente accordée par l'art. 13 de la loi du 25 avril 1844 aux assurances mutuelles régulièrement autorisées. (*Gaignœux*, directeur de la compagnie d'assurances mutuelles *la Clémentine*, 20 novembre 1866. — Par cette décision, le Conseil de Préfecture s'est conformé au décret du Conseil d'État du 31 mai 1866, *Gaignœux*.) — Voir en sens contraire, n° 74.

389. Agent d'affaires. — *Intermédiaire entre les vendeurs et les acquéreurs d'immeubles.* — Lorsqu'un particulier prend habituellement en location, avec promesse de vente, des immeubles, qu'il vend ensuite, non pas en son propre nom, mais au nom de ses bailleurs, qui figurent seuls dans les contrats, ce particulier doit être considéré comme s'entremettant habituellement pour l'achat et la vente de propriétés foncières, et il est, dès lors, soumis aux droits de patente afférents à la profession d'agent d'affaires. (*Dame Toucas*, 2 juin 1866.)

390. Agent d'affaires. — *Marché avec une ville pour l'acquisition de terrains nécessaires à l'ouverture d'une rue.* — Le particulier, qui s'est engagé, moyennant un forfait, à transmettre ou à faire transmettre à une commune les terrains nécessaires à l'ouverture de nouvelles rues, et qui, pour l'exécution de cet engagement, traite, au nom et pour le compte de la commune, avec les propriétaires desdits terrains, est imposable à la patente comme exerçant la profession d'agent d'affaires. (*Legrand*, 18 juillet 1866.)

391. Architecte chargé de l'entretien d'un édifice diocésain. — La loi du 18 mai 1850 assujettit, d'une manière générale, les architectes à la patente, et n'établit pas d'exception en faveur de ceux qui sont employés par l'État. — En conséquence, l'architecte, chargé des travaux d'entretien d'une cathédrale, moyennant une indemnité annuelle et des remises proportionnelles, est soumis à la patente, alors même qu'il ne ferait pas d'autres travaux. (*Daly*, 6 novembre 1866. — Voir dans le même sens, Conseil d'État, 20 novembre 1836, *Henriot*.)

392. Commissionnaire en marchandises. — Le représentant de commerce est celui qui, n'ayant ni boutique ni magasin, achète ou vend pour le compte des marchands, moyennant une remise proportionnelle. Il résulte de cette définition du tarif, qu'il y a lieu d'imposer en qualité de commissionnaire en marchandises, et non comme représentant de commerce, celui qui achète, à ses risques et périls et sur factures faites en son nom, des marchandises qu'il réunit dans un magasin et qu'il expédie ensuite, moyennant un droit de commission, à diverses maisons de commerce établies à l'étranger. (*Hoffschulte*, 14 août 1866. — Voir, dans le même sens, Conseil d'État, 7 février 1865, *Hérisson*.)

393. Commissionnaire en marchandises. — On doit considérer comme exerçant, non la profession de représentant de commerce, mais celle de commissionnaire en marchandises, et imposer aux droits déterminés par le tableau B, le contribuable, qui, ne représentant aucune maison de commerce en particulier, achète, pour le compte de plusieurs maisons, des marchandises de diverses natures, moyennant des droits de commission alloués, non-seulement par les acheteurs, mais encore par les vendeurs, et qui, de plus, s'offre comme intermédiaire à tous les marchands ou négociants pour acheter ou vendre. — Il en est surtout ainsi quand le contribuable possède un magasin, un bureau et des commis. (*Baron-Bertrand*, 5 décembre 1866.)

394. Commissionnaire de transports. — Il y a lieu d'imposer à la patente, non comme agent maritime ou comme représentant de commerce, mais en qualité de commissionnaire de transports, bien qu'il n'ait pas de magasins, le contribuable représentant plusieurs armateurs, qui a un bureau et deux employés, qui se charge, sous sa propre responsabilité, de faire parvenir à ses commettants les marchandises composant le fret, qu'il leur procure, et qui fait enlever les marchandises à domicile par un entrepreneur de transports, avec lequel il traite directement. (*Laroully*, 22 novembre 1866.)

395. LINGER. — Le commerçant, qui ne vend pas de trousseaux complets, et qui n'a dans son magasin que quelques-uns des articles entrant dans la formation d'un trousseau, est soumis à la patente de 6e classe en qualité de linger, et non à celle de 3e classe applicable au linger-fournisseur. (*Du Boys*, 15 décembre 1866.)

396. LOUEUR EN GARNI. — *Appartement mis en location et non loué.* — Le fait d'avoir mis en location un appartement garni de meubles suffit pour donner lieu à une taxe de patente, lors même qu'aucune location n'a été réellement effectuée et que les affiches apposées ont été retirées dès la fin du 1er trimestre de l'année. (*Allain*, 20 février 1866.)

397. MARCHAND EN GROS. — *Vente aux marchands par faibles quantités.* — Le commerçant, qui vend habituellement à d'autres marchands, qui revendent en détail aux consommateurs, doit être imposé comme marchand en gros, alors même qu'il écoulerait ses marchandises par faibles quantités. (*Forteau et Guérin*, 8 novembre 1866.)

398. MARCHAND FORAIN. — *Transport de marchandises par les voitures publiques.* — Il y a lieu d'imposer comme marchand forain avec voiture celui qui se rend, pendant toute l'année, aux fêtes et foires des communes situées dans un rayon de 30 à 40 lieues de Paris, lors même qu'il emploie, pour le transport de ses marchandises, les voitures publiques ou des voitures prises en location. (*Moisson*, 11 septembre 1865. — Confirmé par décret du 5 juillet 1866.) — Voir n° 909.

399. MERCIER EN GROS. — *Vente à des confectionneurs.* — Il y a lieu de comprendre dans la première classe des patentes, comme marchand de mercerie en gros, celui qui vend habituellement à des marchands merciers au détail et à des confectionneurs. — Les acheteurs de cette dernière classe doivent être considérés non comme des consommateurs, mais comme des marchands : les articles de mercerie qu'il achètent sont ensuite revendus avec les produits de leur industrie, sans avoir subi aucune transformation par le travail. — Le caractère de la vente en gros consiste à vendre à des marchands, qui revendent la même marchandise telle qu'elle est, mais en détail, aux consommateurs. (*Soupplet et Gaillard*, 30 juin 1866.)

400. TEINTURIER-DÉGRAISSEUR. On doit considérer comme exerçant la double profession de dégraisseur et de teinturier, et imposer à la patente de cette dernière profession, dont le taux est le plus élevé, le contribuable, qui reçoit des particuliers les étoffes destinées à être teintes ou dégraissées, qui fait exécuter le travail pour son compte et sous sa responsabilité, dans des établissements spéciaux, après avoir fait découdre et marquer les étoffes, et qui prend, en outre, sur son enseigne le titre de teinturier. (*Dame Lucet*, 6 décembre 1865.) — Voir n° 915.

§ 3°. — *Sociétés.*

401. SOCIÉTÉ EN NOM COLLECTIF. — *Associé secondaire. — Demi-droit fixe.* — Pour qu'un contribuable soit imposé comme associé secondaire, il n'est pas nécessaire que son association résulte d'un acte légal, il suffit qu'elle soit de notoriété publique. Le fait de l'association peut être constaté par l'enseigne de l'établissement, les têtes de lettres, les factures, le timbre, la griffe de la maison de commerce, et par des mémoires, comptes ou marchés faits au nom des deux associés. (*Legris*, 23 octobre 1866.)

402. SOCIÉTÉ EN NOM COLLECTIF. — *Décès de l'associé principal en cours d'exercice.* — Aux termes de l'art. 23 de la loi du 25 avril 1844, en cas de décès du contribuable, les droits de patente ne sont dus que pour le passé et le mois courant, si le commerce n'a pas été continué par les héritiers ou ayants cause, et si les magasins, boutiques ou ateliers ont été fermés. — Toute société étant dissoute, de plein droit, en vertu de l'article 1865 du Code Napoléon, si l'associé principal est décédé en cours d'exercice, et si, à partir du jour de ce décès, les héritiers du défunt n'ont pas participé à la gestion, l'établissement doit être considéré comme fermé en ce qui les concerne. — La continuation des opérations commerciales, sous la direction et au profit de l'associé survivant, constitue une reprise d'affaires ou formation d'un établissement nouveau, qui ne peut être opposée à leur demande en décharge, fondée sur la fermeture de l'établissement de leur auteur pour cause de décès : il y a donc lieu de leur accorder décharge des douzièmes non échus au jour du décès, de la taxe de patente inscrite au nom de l'associé principal, tant sur son habitation que sur les locaux servant à l'exercice de la profession, sauf à imposer le successeur, par rôle supplémentaire, pour le complément des droits auxquels il est soumis à raison de l'établissement, dont il est devenu seul propriétaire par suite du décès de son associé. (*Martinet et Nanquette*, 1er décembre 1866.) — Voir n° 92.

403. SOCIÉTÉ EN NOM COLLECTIF. — *Décès de l'associé secondaire en cours d'exercice.* — Lorsque l'associé secondaire est décédé en cours d'exercice, et que, les droits de ses héritiers ayant été liquidés immédiatement après son décès, le commerce a été continué pour le compte de l'associé principal seul, il y a lieu d'accorder décharge des douzièmes non échus de la patente inscrite au nom du défunt. En effet, les deux conditions sous lesquelles la décharge de la patente est accordée par l'art. 23 de la loi du 25 avril 1844 se trouvent accomplies, puisqu'il y a eu décès du patenté et fermeture, en ce qui le concernait ainsi que ses héritiers, de l'établissement pour lequel il avait été soumis à la taxe. (*Quintard*, 1er décembre 1866.) — Voir n° 93.

§ 4°. — *Droit proportionnel.*

404. Chemin de fer. — *Gare.* — *Emplacement affecté au remisage des wagons sous l'embarcadère.* — L'emplacement qui sert uniquement au remisage des wagons, bien que situé en prolongement de la voie ferrée, sous la toiture d'un embarcadère, ne peut être considéré comme faisant partie de la voie ferrée, et doit être imposé à la taxe foncière et au droit proportionnel de patente, comme constituant une dépendance de l'établissement industriel de la compagnie. (*Compagnie du chemin de fer d'Orléans*, 23 avril 1866.) — Voir n°s 94, 241, 405 à 407.

405. Chemin de fer. — *Gare.* — *Halle couverte servant d'embarcadère.* — *Quais et trottoirs situés sous cette halle.* — Il y a lieu de soumettre au droit proportionnel de patente la halle couverte, servant comme embarcadère d'un chemin de fer, attendu que cette halle, tout à fait indépendante de la voie ferrée, n'est pas nécessaire au service de cette voie, et que, d'autre part, elle forme corps avec les bâtiments de la gare et les relie entre eux; qu'elle sert d'abri aux voyageurs, aux employés, aux marchandises, et donne accès aux bureaux, aux salles d'attente et de bagages, et qu'ainsi elle doit être considérée comme formant un complément des bâtiments d'exploitation. — Il en est de même des quais et trottoirs, situés sous la halle de l'embarcadère et qui sont principalement affectés à l'exploitation commerciale; ils sont imposables au même titre que les quais situés sous les gares des marchandises, qui ont la même destination. — En effet, si certaines parties de ces quais ou trottoirs servent pour monter en wagon ou en descendre, et ont, sous ce rapport, le caractère de dépendance de la voie ferrée, on ne peut contester que, dans leur ensemble, ces ouvrages ne soient affectés concurremment à l'exploitation, et ne constituent ainsi une partie intégrante de l'établissement industriel; à ce titre, ils sont donc imposables. (*Compagnie des chemins de fer du Nord et d'Orléans*, 23 avril 1866.) — Voir n°s 94, 241, 404, 406, 407.

406. Chemin de fer — *Gare.* — *Plusieurs logements d'habitation.* — Aux termes des art. 8, 9 et 10 combinés de la loi du 25 avril 1844, le droit proportionnel au vingtième est dû sur la valeur locative de la maison ou de chacune des maisons d'habitation, qui servent à l'exercice de la profession imposable. — Si le patenté possède plusieurs locaux d'habitation, affectés au logement des agents qui le représentent et par lesquels il fait exercer son commerce ou son industrie, ces locaux doivent être imposés au droit proportionnel, comme les habitations meublées dont le patenté dispose pour l'exercice de sa profession, et non comme les magasins ou autres locaux affectés au service même de l'industrie. — En conséquence, est imposable au droit proportionnel du vingtième, la valeur locative du logement affecté à l'habitation d'un chef de service d'une compagnie de chemin de fer, comme représentant la Compagnie. — (*Compagnie des chemins de fer de l'Ouest*, 30 mai 1866.) Voir nos 94, 241, 404, 405, 407.

407. Chemin de fer. — *Gare.* — *Quai aux bestiaux.* — Il n'y a pas lieu de soumettre au droit proportionnel de patente le quai aux bestiaux, qui longe une voie ferrée, et ne sert qu'à l'embarquement et au débarquement des bestiaux, qui n'y font aucun séjour. Ce quai ne doit pas être considéré, dans ces circonstances, comme une dépendance de l'exploitation industrielle, assimilable à un magasin ou entrepôt de marchandises, mais comme une dépendance de la voie ferrée qui est indispensable à son usage. (*Compagnie du chemin de fer du Nord*, 19 mai 1866.) — Voir nos 94, 241, 404 à 406.

§ 5e. — *Établissements en France et à l'étranger.*

408. Maison de vente a l'étranger. — *Achats en France.* — *Marchand en gros.* — Un commerçant, qui achète annuellement en France, dans les conditions du commerce en gros, des marchandises qu'il réunit dans des magasins, situés à Paris, pour les expédier à une maison de vente, qu'il possède à l'étranger, est imposable, à Paris, à la patente comme marchand en gros. (*Sichel*, 9 novembre 1866.) — Voir n° 947.

409. Vente en France de marchandises achetées a l'étranger. Maison de vente en France. — *Achats à l'étranger.* — Celui, qui vend en France, *dans un magasin*, où il occupe plusieurs employés, des marchandises, qui lui sont expédiées par une maison établie à l'étranger, dont il se déclare le représentant, exerce, pour autrui, une profession patentable, de la même manière qu'un commis tenant pour son patron un établissement secondaire. — Il ne saurait être considéré et imposé comme représentant du commerce, puisqu'il vend dans un magasin et que cette qualification est seulement applicable, d'après la loi du 4 juin 1858, à celui qui, n'étant pas courtier et n'ayant ni boutique ni magasin, achète ou vend pour le compte des marchands, moyennant une remise proportionnelle. — La maison représentée ayant son siége à l'étranger, l'établissement, qu'elle fait exploiter en France doit être assujetti à l'impôt de la patente comme un établissement principal, au nom de celui qui le gère. (*Cerisier*, 13 mars 1866.)

410. MAISON DE VENTE EN FRANCE. — *Achats à l'étranger.* — *Qualité pour réclamer.* — Une agence, établie à Paris *avec magasin* pour la vente de marchandises expédiées par une maison de commerce, dont le siége est à l'étranger, constitue un véritable établissement commercial et doit être assujettie à la patente, en vertu de l'art. 1er de la loi du 25 avril 1844, d'après lequel tout individu, Français ou étranger, qui exerce en France un commerce, une industrie ou une profession non compris dans les exceptions déterminées par l'art. 13, est soumis à cet impôt. — Quoique présentant les caractères d'un établissement secondaire, une agence de cette nature doit être imposée comme établissement unique et principal, la maison de commerce, dont elle dépend n'étant pas soumise en France à une taxe de patente. — En pareil cas, le gérant a qualité pour réclamer contre la patente au nom du propriétaire de l'établissement. (*Bicort, au nom du sieur Meeus*, 12 avril 1866.) — Voir, dans le même sens, Conseil d'État, 11 janvier 1865, *Chambonnal*.

411. MAISON DE VENTE EN FRANCE. — *Achats à l'étranger.* — *Qualification inexacte de la profession.* — *Rectification du rôle.* — L'établissement secondaire d'une maison de commerce, sise à l'étranger, doit être imposé, comme établissement principal en France, au nom de l'individu qui le dirige. — Dans ce cas, c'est à tort que celui-ci a été imposé en qualité de représentant de commerce, au lieu d'être assujetti à la patente comme marchand; mais si le droit est le même, il n'est pas fondé à en demander la réduction, puisqu'il n'éprouve, en réalité, aucune surtaxe. — Le Conseil de Préfecture, ayant pouvoir de statuer sur les réclamations faites contre les taxes inscrites au rôle, peut ordonner la rectification des éléments et des bases, qui ont servi à l'établissement de la taxe, et par conséquent la rectification de la qualification erronée d'après laquelle la taxe a été inscrite. (*Bachmann*, 7 juin 1866.)

412. MAISON DE VENTE EN FRANCE. — *Achats à l'étranger.* — *Assimilation.* — Aux termes de l'art. 1er de la loi du 25 avril 1844, tout individu Français ou étranger, qui exerce en France un commerce, une industrie, une profession non comprise dans les exceptions déterminées par l'art. 13, est assujetti à la patente. En conséquence, celui qui vend, *sans magasin ni boutique*, des marchandises expédiées par une maison de commerce établie à l'étranger, dont il se déclare, dans ses prospectus et factures, le représentant, exerce, pour autrui, une profession patentable de la même manière qu'un commis tient, pour son patron, un établissement secondaire. — Il n'est pas fondé à exciper de l'exception prononcée par l'art. 13, § 6 de ladite loi, en faveur des capitaines de navires de commerce, commis et autres personnes travaillant à gages pour le compte d'autrui; en effet, cette exemption est fondée sur ce que l'établissement, qui les emploie, étant imposé à la patente, les opérations faites pour ledit établissement seraient imposées deux fois. Il n'en est pas de même dans le cas dont il s'agit, puisque la maison représentée n'est pas assujettie en France à l'impôt de la patente.

Si, en raison des circonstances, le réclamant ne peut pas être considéré comme tenant un établissement secondaire, et n'est pas imposable comme marchand, il y a lieu de rechercher, suivant le § 1er de l'art. 2 de la loi du 25 avril 1844, quelle est la profession dénommée au tarif qui a le plus de rapport avec les conditions dans lesquelles il exerce son commerce. En pareil cas, quoique ce contribuable représente une seule maison dont il est l'agent rétribué, la profession classée sous le nom de *représentant de commerce* dans le § 2 du tableau annexé à la loi du 4 juin 1858, est celle qui a le plus d'analogie avec sa profession, et c'est d'après cette assimilation que la patente doit être établie en raison des opérations qu'il accomplit. Le défaut d'un arrêté d'assimilation rendu préalablement par le Préfet ne fait pas obstacle à l'imposition, l'Administration devant appliquer le tarif et le Conseil de Préfecture devant statuer sur cette application, d'après le caractère de la profession telle qu'elle résulte des faits constatés par l'instruction. (*Rapport*, 30 janvier 1866. — Voir dans le même sens Conseil d'État, 11 novembre, 26 décembre 1865, *Friedberg*.)

§ 6e. — *Établissements secondaires.*

413. Fabrique en province. — *Magasin à Paris.* — Lorsqu'un contribuable possède à Paris un magasin où il vend en gros les produits d'une fabrique qu'il exploite en province, le magasin de Paris ne peut être considéré comme une dépendance de la fabrique; en admettant qu'on dût lui reconnaître ce caractère, il n'en serait pas moins imposable comme établissement secondaire affecté à la même industrie. — En effet, aux termes de l'art. 9 de la loi du 4 juin 1858, le patentable ayant plusieurs établissements, boutiques ou magasins de même espèce ou d'espèces différentes, est imposable à un droit fixe entier pour l'établissement, boutique ou magasin donnant lieu au droit fixe le plus élevé, et pour chacun des autres à la moitié du droit fixe y afférent. — Cette disposition ayant eu pour objet de modifier le principe de la loi du 25 avril 1844, d'après lequel le patentable, exerçant plusieurs commerces et industries, n'était soumis qu'à un seul droit fixe, et cette modification ayant été faite dans les termes les plus généraux, on doit admettre que l'intention du législateur a été d'imposer, non-seulement les divers commerces ou les industries distinctes qu'un patentable exerce, mais les divers établissements, boutiques ou magasins du même commerce ou de la même industrie. — Il importe peu, dès lors, que l'un des établissements soit exclusivement affecté à des opérations de fabrication, et que, dans une autre boutique ou un autre magasin se fassent les opérations de la vente, puisque, d'après la loi nouvelle, tous les établissements, boutiques ou magasins d'une même industrie ou d'un même commerce sont imposables sans autre distinction que celle d'un droit fixe entier pour l'établissement principal, c'est-à-dire l'établissement soumis au droit le plus élevé, et d'un demi-droit fixe pour chacun des autres établissements, boutiques ou magasins. (*Wilmart, Gaucher et Maille*, 19 décembre 1866.)

414. FABRIQUE DANS LA BANLIEUE DE PARIS. — *Magasin à Paris.* — Même décision que sous le n° 413, pour un commerçant possédant : 1° dans une commune de la banlieue une fabrique de tissus ; 2° dans la ville de Paris un magasin où il se livre à la vente en demi-gros des produits de sa fabrication, où il fait ses achats de matières premières, où il a un autre atelier de fabrication occupant de vingt à vingt-cinq ouvriers, et des bureaux pour la direction générale de ses affaires. (*Chapon*, 27 octobre 1866. — Voir Conseil d'État, 19 janvier 1866, *Dolber* ; — 16 mai 1866, *Bias* ; — 23 mai 1866, *Rondeaux*.)

415. FABRIQUE EN PROVINCE. — *Magasin à Paris.* — *Habitation du gérant.* — Un commerçant exploite une fabrique dans une ville où il est assujetti à la patente, tant sur ses locaux industriels que sur son habitation personnelle, et il possède à Paris un magasin de vente dirigé par un gérant ; il est imposable au droit proportionnel de patente sur l'habitation de ce gérant, comme faisant partie de l'établissement secondaire, alors même que cette habitation est en dehors du siége de l'établissement commercial. (*Gamounet et Dehollande*, 8 décembre 1866.)

416. FABRIQUE ET MAGASINS SITUÉS DANS DIFFÉRENTS QUARTIERS DE LA MÊME VILLE. — Aux termes de l'art. 9 de la loi du 4 juin 1858, le patentable qui a plusieurs établissements, boutiques ou magasins de même espèce ou d'espèces différentes, est imposable au droit fixe entier pour l'établissement, la boutique ou le magasin donnant lieu au droit fixe le plus élevé, et à un demi-droit fixe pour les autres établissements. — Dès lors, un commerçant (dans l'espèce un lunetier) qui possède un atelier de fabrication dans un quartier de Paris, et, dans un autre quartier, un établissement où il vend aux consommateurs les objets par lui fabriqués dans ses ateliers, doit être considéré comme ayant deux établissements distincts, et il est passible d'un droit fixe entier pour sa maison de vente et d'un demi-droit fixe pour ses ateliers de fabrication. (*Briée*, 20 novembre 1866.)

§ 7e. — *Cession d'établissement.*

417. CESSION D'ÉTABLISSEMENT AVANT L'OUVERTURE DE L'EXERCICE. — *Taxe inscrite au nom du vendeur.* — *Réduction demandée par l'acquéreur.* — Lorsqu'un contribuable a acquis un fonds de commerce avant l'ouverture de l'exercice, le vendeur se trouve indûment imposé à la taxe de patente, et l'acquéreur, responsable de la taxe dont le recouvrement peut être poursuivi contre lui par le Trésor, a, par cela même, qualité pour demander la réduction. (*Petiau*, 13 mars 1866.) — Voir n° 100.

418. Cession en cours d'exercice. — *Bail expiré.* — *Transfert.* — Quand un établissement a été cédé en cours d'exercice, il y a lieu, sur la demande du vendeur, à transfert de la patente au nom de l'acquéreur, alors même que le bail du cédant se trouvait expiré au jour de la cession, cette circonstance n'étant pas de nature à changer le caractère du contrat intervenu entre les parties. (*Petit*, 21 avril 1866.)

§ 8°. — *Décisions diverses.*

419. Changement de profession avant l'ouverture de l'exercice. — Si le patentable, qui a été imposé suivant la classe à laquelle appartenait sa profession (dans l'espèce à la 6e classe comme maître maçon), change les conditions dans lesquelles il l'exerçait, de telle manière qu'elle appartienne à une classe plus élevée (dans l'espèce à la 4e classe comme entrepreneur de maçonnerie), il y a lieu à un droit supplémentaire de patente, par application de l'art. 13 de la loi du 4 juin 1858. (*Galloux*, 7 février 1866.)

420. Compensation entre les divers éléments de la patente. — *Compétence du Conseil de Préfecture pour l'opérer.* — Aux termes de l'art. 2 de la loi du 25 avril 1844, la contribution des patentes se compose d'un droit fixe et d'un droit proportionnel : ces deux droits, distincts seulement quant à leur assiette, se confondent comme dette envers l'État, et constituent, sous le nom de contributions des patentes, une taxe unique, à laquelle est assujetti tout individu exerçant en France un commerce, une industrie ou une profession dénommée par la loi. C'est le caractère de la profession, donnant ouverture au droit fixe, qui détermine le droit proportionnel applicable aux valeurs locatives imposables. Le droit proportionnel étant, dès lors, l'accessoire du droit fixe, dont il suit le sort, il n'y a surtaxe qu'autant que le montant des deux droits excède la contribution dont le patenté était, suivant sa profession, redevable envers l'État, conformément au tarif. — D'où il suit que si, par erreur ou fausse application du tarif, le droit fixe imposé au rôle est trop élevé, tandis que le droit proportionnel est moindre qu'il ne devrait être, il y a lieu de compenser les deux droits jusqu'à concurrence du montant de la taxe inscrite au rôle, en rectifiant les deux éléments de la taxe. — Le Conseil, en opérant cette compensation, n'établit pas d'office un supplément de taxe pour le droit, qui doit être relevé, mais il se borne à rectifier la cote, comme il a le droit de le faire, en décidant de quelle manière aurait dû être établie la taxe, au sujet de laquelle on réclame. Ce droit lui appartient, en vertu des art. 28 et 29 de la loi du 21 avril

1832, et de l'art. 21 de la loi du 25 avril 1844, d'après lesquels il est chargé de statuer, non-seulement sur les éléments de toute cotisation inscrite au rôle au nom du contribuable, qui réclame, mais encore sur l'inscription au rôle, qui serait demandée par un contribuable, en cas d'omission. (*Quesnel*, 13 mars 1866; — *Mège, Tellier, Grellou* et autres, 11 avril 1866.) — Voir n° 935 et suivants.

421. DEMANDE EN TRANSFERT.— *Refus du Préfet—Compétence du Conseil.* — Le refus par le Préfet de statuer sur une demande en transfert de patente doit être considéré comme un rejet, et il appartient au Conseil de Préfecture de statuer dans l'état de la cause, la réclamation ayant alors le caractère d'une demande en décharge ou en réduction. (*Duraux*, 12 avril 1866.)

422. INTERRUPTION D'EXERCICE DE LA PROFESSION. — Le patentable, qui interrompt volontairement, pendant une partie de l'année, l'exercice de sa profession, est imposable à la taxe de patente pour l'année entière, alors même que l'interruption aurait eu lieu au commencement de l'année. (*Durand*, 7 février 1866.—Voir, dans le même sens, Conseil d'État, 4 janvier 1855, *Krafft*; 13 février 1856, *Cheffe*.) — Voir n° 915, 916.

SECTION 8e. — Prestations pour les chemins vicinaux.

423. CABRIOLET ATTELÉ. — La loi du 21 mai 1836, qui règle les taxes de prestation pour l'entretien des chemins vicinaux, n'ayant établi aucune distinction entre les voitures de luxe et les voitures de travail, un contribuable est mal fondé à demander la décharge d'une taxe de cette nature, à laquelle il a été imposé pour un cabriolet attelé. (*Bourse*, 6 novembre 1866.)

424. EMPLOYÉS CIVILS OU MILITAIRES. — *Question d'exemption.* — *Garde d'artillerie.* — Aux termes de l'art. 3 de la loi du 21 mai 1836 sur les chemins vicinaux, tout habitant, chef de famille, porté au rôle des contributions directes, est assujetti à la taxe des prestations en nature pour les chemins vicinaux. Aucune disposition des lois ou des règlements ne dispense de cette taxe les employés civils ou militaires, imposés à la contribution mobilière (dans l'espèce, un garde d'artillerie détaché de son corps). (*Allaire*, 20 juin 1866.)

Nota. — Un sous-officier d'artillerie attaché comme sous-chef à une capsulerie militaire, *mais continuant à faire partie de son régiment*, n'est passible ni de la contribution mobilière ni de la taxe des prestations. — Voir n° 373.

425. OFFICIER D'ADMINISTRATION. — Un officier d'administration, attaché comme adjudant à un hôpital militaire, ne peut être considéré comme officier avec troupes sans résidence fixe; il est dès lors soumis, par application de la loi du 21 avril 1832, à la contribution mobilière, et, par suite, à la taxe des prestations pour les chemins vicinaux, en vertu de l'art. 3 de la loi du 21 mai 1836. (*Ceccaldi*, 30 janvier 1866; — *Jacques*, 20 octobre 1866.) — Voir n° 106.

SECTION 9e. — Taxe sur les chiens.

426. CHANGEMENT DE DOMICILE. — *Défaut de déclaration. — Mort de l'animal. — Déclaration. — Déchéance.* — Le défaut de déclaration à la mairie, par suite du changement de domicile, n'entraîne pas, pour le propriétaire d'un chien, la déchéance du droit de réclamer la décharge, quand, le chien étant mort, la matière imposable a disparu. Il en résulte seulement la présomption que le chien était encore, au 1er janvier de l'exercice, en la possession du contribuable qui se trouve, dès lors, dans l'obligation de prouver que le chien n'existe plus. (*Leneceu*, 20 juin 1866.)

427. CHIEN DE GARDE NON TENU A L'ATTACHE PENDANT LE JOUR. — Quand il est établi par l'instruction qu'un chien est affecté, pendant la nuit, à la garde d'un établissement isolé, la circonstance que le chien n'est pas tenu à l'attache, pendant le jour, ne suffit pas pour qu'il soit classé dans la 1re catégorie, en exécution du § 4 de l'art. 1er du décret du 4 août 1855. (*Hersant*, 25 octobre 1866.) — Voir n° 251.

428. CHIENS DESTINÉS A PRENDRE DES RATS. — Des chiens destinés à prendre des rats ne peuvent être taxés comme appartenant à la 2e catégorie, quand ils ne sont pas affectés à la garde; en effet, l'art. 1er du décret du 4 août 1855 ne classe dans la 2e catégorie que les chiens destinés à guider les aveugles ou à garder des troupeaux et des habitations. (*Desroziers*, 20 octobre 1866.)

CULTES. — DÉPENSES DU CULTE. — *Secours.* — Voir n° 320.

DOMAINE DE L'ÉTAT. — INSTANCE RELATIVE A L'EXÉCUTION D'UNE VENTE DOMANIALE. — *Dépôt de mémoire préalable.* — Voir n° 468.

EAUX.

429. CANAUX DE L'OURCQ ET DE SAINT-DENIS. — *Concession par la Ville de Paris à une Compagnie. — Location par la Com-*

pagnie de chutes d'eau pour la création d'usines. — Droits des usiniers contre la Ville. — La Compagnie concessionnaire des canaux de l'Ourcq et de Saint-Denis a été autorisée à disposer, à son profit, du superflu des eaux, après avoir assuré le service de la navigation, et après que la Ville de Paris en aura prélevé certaines quantités nécessaires à ses besoins municipaux. En vertu et aux termes de sa concession, la Compagnie a fait différentes locations de chutes d'eau, pour la création d'usines sur le bord des canaux, sans garantir aucune quantité ou volume d'eau, ni aucune force motrice. La Ville de Paris n'a pas été partie dans les contrats de bail, qui ont été successivement consentis par la Compagnie.

Dans cet état de choses, les locataires d'usines ne peuvent, sans avoir été ni expressément, ni implicitement substitués aux droits que la Compagnie tient de ses traités de concession, demander que la Ville soit obligée à restreindre, suivant les termes des actes de concession, l'emploi qu'elle fait des eaux, afin de leur assurer l'excédant nécessaire au service régulier de leurs usines. Ils ne sauraient être admis à exiger de la Ville, en vertu desdits traités, dans lesquels ni eux ni leurs auteurs n'ont été parties, plus qu'ils n'ont pu demander à la Compagnie bailleresse elle-même, en exécution de leurs baux. — Ils sont, dès lors, sans qualité et sans droit pour intenter une action directe contre la Ville, à l'effet, soit de faire interpréter les traités de concession, auxquels ils sont demeurés tout à fait étrangers, soit de contraindre la Ville à en exécuter les clauses, ou à leur allouer des dommages-intérêts. — D'un autre côté, la Ville, n'ayant pas pris part aux baux intervenus entre la Compagnie et les locataires, il n'existe entre elle et ces derniers aucun lien de droit qui puisse donner ouverture à une action contentieuse. (*Veyrassat, François et Cahaist,* 21 juillet 1866.)

420. Canal de Saint-Maur. — *Usines. — Concession d'eau. — Interprétation de l'acte de concession. — Compétence.* — Le Conseil de Préfecture du département de la Seine est compétent, en vertu de l'art. 4, § 8, de la loi du 28 pluviôse an VIII, relatif au contentieux des domaines nationaux, et de l'art. 18 du cahier des charges, annexé à la loi spéciale du 17 avril 1822 portant concession d'une partie des eaux du canal de Saint-Maur sur la Marne, pour connaître des contestations, auxquelles ladite concession peut donner lieu entre l'État et les concessionnaires. — L'acte de concession doit être interprété en ce sens, qu'en fixant la hauteur du barrage et la vitesse de l'eau, l'État a concédé une force motrice déterminée et peut en modifier les éléments de production, pourvu qu'il ne modifie pas la force motrice, et qu'il n'aggrave, en aucune manière, les charges qui pèsent sur les concessionnaires. (*Ville de Paris, Darblay, Béranger contre l'État,* 24 avril 1866.)

421. Prise d'eau dans la Seine pour alimenter plusieurs communes. — *Trouble apporté à la permission par la création* *de l'égout collecteur d'Asnières. — Demande en dommages-intérêts formée par le permissionnaire contre la Ville de Paris.* — Aux termes de l'ordonnance de Moulins, de février 1566 et de la loi du 16 juillet 1810 (art. 8), qui ont consacré l'inaliénabilité du domaine public, les concessions sur les fleuves et rivières navigables sont essentiellement précaires et révocables sans indemnité. Dès lors, une permission de prise d'eau dans la Seine ne peut conférer au permissionnaire un droit de propriété ou d'usage exclusif sur les eaux du fleuve, mais seulement un droit précaire et révocable.

La clause de la permission délivrée par le Préfet au nom de l'État, en vertu du décret du 25 mars 1852 sur la décentralisation, stipulant que « le permissionnaire ne pourra prétendre à aucune indemnité, « dans le cas où l'Administration jugerait nécessaire, dans l'intérêt de « la navigation, de le priver de tout ou partie de la prise d'eau, » ne peut être entendue en ce sens qu'il aurait droit à une indemnité dans les autres cas où l'intérêt public pourrait exiger le retrait total ou partiel de la permission. En effet, la clause ainsi interprétée équivaudrait à l'aliénation implicite d'une chose rentrant dans le domaine public, et par conséquent inaliénable.

L'Administration ne garantit pas, non plus, que les eaux ne subiront aucune altération, et qu'elles pourront toujours être employées aux usages domestiques, auxquels le permissionnaire les destinait.

En accordant une permission de prise d'eau, l'Administration ne s'interdit pas plus la faculté d'en accorder d'autres, au risque de rendre la première permission sans objet, qu'elle ne s'interdit le droit de modifier le cours ou le régime du fleuve. — Lorsque l'Administration accorde une seconde permission, qui nuit à la première, elle réduit implicitement celle-ci (selon son pouvoir), de tout ce que l'une peut avoir de préjudiciable pour l'autre. Ainsi, le premier permissionnaire n'a pas plus de droit contre le second, qui use de la permission à lui octroyée, qu'il n'en a contre l'État, de qui ce dernier la tient comme lui. — Si, par l'effet de la seconde permission, le premier permissionnaire se trouve obligé d'apporter des modifications coûteuses aux travaux établis, c'est là une de ces éventualités, auxquelles la permission précaire, qu'il a reçue, était subordonnée, et dont ne saurait être responsable le second permissionnaire, qui agit au même titre que le premier. — Si les modifications dans les travaux ont été imposées au premier permissionnaire par un arrêté du Préfet de police, dans un intérêt de salubrité, cette injonction administrative ne peut, à aucun titre, ouvrir une action en recours contre le second permissionnaire qui y est étranger. (*Greyeeldinger, directeur de la Compagnie des eaux de Montmorency, contre la Ville de Paris*, 11 août 1[illegible].)

Dans l'espèce, la Compagnie des eaux de Montmorency avait été autorisée, en 1854, par arrêté de M. le Préfet de la Seine, agissant au nom de l'État, en vertu du décret du 25 mars 1852 sur la décentralisation, à établir une prise d'eau à Épinay pour alimenter d'eaux potables Montmorency et quelques autres communes du canton. — Postérieurement à cette permission, la Ville de Paris a été autorisée à établir le grand égout collecteur pour déverser à Asnières, en amont de la prise d'eau d'Épinay, les eaux de ses égouts. — Dans un intérêt de salubrité, un arrêté de M. le Préfet de police du 27 juillet 1863 a interdit à la Compagnie de continuer à fournir, pour les usages domestiques, les eaux de la rive droite du fleuve, et lui a prescrit de reporter, sur la rive gauche et hors de l'influence de l'égout collecteur d'Asnières, la prise d'eau d'Épinay établie sur la rive droite, attendu que l'eau, fournie aux abonnés, se trouvait altérée par son mélange avec les déjections de l'égout collecteur. — La Compagnie avait formé une demande d'indemnité contre la Ville de Paris à raison du dommage qui résultait pour elle du déversement des eaux de l'égout collecteur, en amont de sa prise d'eau, ce qui l'obligeait à des travaux coûteux pour transporter la prise d'eau d'une rive sur l'autre.

ÉGOUTS.

432. Branchements particuliers. — *Exécution d'office. Recouvrement de la dépense. — Contestations. — Compétence.* — D'après le décret du 26 mars 1852, art. 6, sur la grande voirie à Paris, l'Administration a le droit d'exiger que toutes les maisons soient pourvues d'un branchement particulier d'égout, pour conduire les eaux pluviales et ménagères dans l'égout public. Suivant l'esprit de ce décret et des art. 36 et 37 de la loi du 16 septembre 1807, il appartient au Préfet, dans un intérêt de salubrité, d'ordre général et de protection de la voie publique, de faire exécuter, sous la voie publique, les branchements particuliers d'égout, pour le compte et à la charge des propriétaires intéressés. — Les contestations, qui s'élèvent sur le recouvrement de la dépense constituent des difficultés concernant à la fois la grande voirie et l'exécution de travaux entrepris dans un intérêt de salubrité, et le Conseil de Préfecture est, à un double titre, compétent pour en connaître, en vertu de l'art. 4, § 6, de la loi du 28 pluviôse an VIII, et de l'art. 37 de la loi du 16 septembre 1807, combinés avec le décret-loi du 26 mars 1852. (*Dame Quesnay*, 6 mars 1866; — *Féron et dame Croulleboie*, 30 janvier 1866.)

433. Branchements particuliers. — *Exécution par l'entrepreneur de l'égout public. — Difficultés sur le décompte. — Compétence.* — Quand des branchements d'égout, destinés à conduire les eaux pluviales et ménagères des maisons dans l'égout public, sont établis sur un égout public en cours de construction, c'est à l'entrepreneur de l'égout public, que l'exécution doit en être confiée, suivant l'arrêté préfectoral du 9 juin 1863, et les conditions de l'adjudication générale règlent celles de la dépense des branchements particuliers, qui sont à la charge des riverains. — On ne peut opposer, pour contester le décompte de la dépense, ni que l'adjudication des travaux d'égouts est antérieure à l'arrêté préfectoral, qui a réglé la matière, ni que, s'il y avait eu adjudication spéciale ou si les travaux avaient été faits par un entrepreneur choisi par le propriétaire, la dépense eût été moindre. — Le Conseil de Préfecture est compétent pour connaître des difficultés de cette nature, puisqu'il s'agit de travaux exécutés sous la voie publique et dans un intérêt de salubrité, en vertu du décret du 26 mars 1852, art. 6, et de la loi du 16 septembre 1807, art. 36 et 34. (*Noël contre le Préfet de la Seine*, 27 février 1856.)

ENTREPRENEUR DE TRAVAUX PUBLICS. — Voir Travaux publics, n°s 511 et suivants.

ÉTABLISSEMENTS INSALUBRES.

434. Fabrication d'objets en caoutchouc vulcanisé. — *Deuxième classe.* — Suivant l'ordonnance royale du 14 janvier 1815, il appartient au Préfet de police de classer, par analogie, les industries omises dans la nomenclature générale des établissements insalubres, dangereux ou incommodes de deuxième ou de troisième classe. — En conséquence, il n'y a pas lieu d'annuler l'arrêté, par lequel le Préfet de police, après enquête préalable, a rangé dans la deuxième classe une fabrique d'objets en caoutchouc, alors surtout qu'il résulte de l'instruction, qu'au moyen des conditions de fabrication indiquées par le conseil d'hygiène et de salubrité, pour l'aménagement intérieur et extérieur de la fabrique, les habitations voisines seront préservées de dangers et de tous inconvénients. (*Piat et consorts contre Lejeune*. 8 décembre 1866.) — MM. Piat et consorts prétendaient, dans leur requête, que l'établissement du sieur Lejeune devait être rangé dans la première classe, attendu qu'on y opère la vulcanisation du caoutchouc par l'emploi du soufre chauffé à une haute température, et que cette classification serait d'ailleurs justifiée par la combinaison des ordonnances rayales du 14 janvier 1815 et du 9 février 1825, relatives à la *distillation du soufre* et à la *fabrication des fleurs de soufre*. avec une autre ordonnance royale du 9 février 1825, concernant les usines, dans lesquelles s'opère en grand *le travail des matières résineuses*. — M. Lejeune répondait de son côté, qu'on ne peut établir de similitude entre la distillation du soufre ou la fabrication des fleurs de soufre et l'emploi de cette substance pour la vulcanisation du caoutchouc, attendu que, dans ce dernier travail, le soufre n'est ni distillé ni transformé en fleurs de soufre, mais simplement fondu.

EXPERTISE. — Voir n° 268.

Causes jointes. — *Plusieurs expertises faites.* — *Désistement d'une partie des demandeurs.* — Voir n° 466.

435. Chemins vicinaux. — *Dommages causés par l'exécution* *de travaux.* — *Nomination du tiers expert.* — Pour le règlement des indemnités qui peuvent être dues en raison des dommages causés par des travaux de grande voirie, la jurisprudence a admis, comme applicables par analogie à la nomination des experts, les dispositions de l'art. 56 de la loi du 16 septembre 1807, relatif aux indemnités dues pour occupation temporaire de terrains. — En ce qui concerne les chemins vicinaux, ces mêmes questions d'indemnité pour occupation temporaire de terrains, extraction de matériaux, dépôt ou enlèvement de terres, sont réglées par l'art. 17 de la loi spéciale du 21 mai 1836 sur les chemins vicinaux ; dès lors et en vertu de la même analogie, c'est dans cette disposition qu'il faut chercher la règle à suivre pour la procédure d'expertise, quand il s'agit de chemins vicinaux, et non dans l'art. 56 de la loi de 1807 qui est spécial aux travaux de grande voirie et aux travaux des villes. — En exécution de l'art. 17 de la loi du 21 mai 1836, en cas de désaccord entre les deux experts, le tiers expert doit donc être nommé par le Conseil de Préfecture. (*Ebeling contre la commune de Nanterre*, 27 juin 1866.) — Voir n° 143.

DEMANDES D'INDEMNITÉ FORMÉES PAR L'ANCIEN ET LE NOUVEAU PROPRIÉTAIRE D'UN IMMEUBLE. — *Expertise commune.* — Voir n° 476.

426. DEMANDE NON JUSTIFIÉE DEVANT LES EXPERTS. — *Rejet.* — Lorsqu'une demande d'indemnité, ayant pour objet des dommages résultant de travaux publics, a donné lieu à une décision ordonnant une expertise avant faire droit, si les requérants ont été inutilement mis en demeure par les experts de fournir les renseignements nécessaires pour constater les dommages dont ils se plaignent, et n'ont fourni aucun document à l'appui de leur requête, il y a lieu de rejeter la demande comme n'étant pas justifiée. (*Porson, Vincent, Lebreton et Bonnet*, 11 août 1866.)

ENTREPRISE DE TRAVAUX PUBLICS. — *Cahier des charges.* — *Expertise sur l'application d'une clause de la série de prix.* — Voir n° 512. — *Expertise sur la confection des travaux.* — Voir n° 518.

427. EXPERTISE ANNULÉE. — *Frais mis à la charge des experts.* — Une expertise ayant été ordonnée pour l'évaluation de dommages résultant de travaux publics, si les experts, sans tenir compte ni de la requête du demandeur, ni de l'arrêté du Conseil de Préfecture, ont outrepassé leur mission en recherchant et constatant des dommages non compris dans la demande, en évaluant les travaux à faire pour les réparer et les indemnités dues, tandis qu'ils ont omis de s'occuper des dommages faisant l'objet de la requête et de l'arrêté, en vertu duquel ils procédaient, l'expertise ainsi faite est non-seulement frustratoire et insuffisante, mais absolument nulle. Il y a donc lieu de la recommencer et de désigner de nouveaux experts pour procéder, suivant les termes de la requête et de l'arrêté primitif. — Les frais de l'expertise annulée sont mis à la charge des experts. (*Dame veuve Unal*, 21 juillet 1866.) — Voir n° 999.

438. Expertise irrégulière. — *Supplément d'expertise par les mêmes experts.* — L'expertise est irrégulière lorsque, sans tenir compte de l'arrêté du Conseil de Préfecture, qui l'a ordonnée en déterminant l'objet du litige, les experts et tiers experts ont procédé à une double expertise, s'appliquant non-seulement au dommage causé par l'exhaussement du sol de la rue, mais encore au préjudice qui pourrait résulter, pour les propriétés, de l'exhaussement projeté du sol d'une autre rue sur laquelle elles ont aussi façade. — Il y a lieu, dans ce cas, à un supplément d'expertise, auquel les mêmes experts et tiers expert doivent procéder sans nouvelle prestation de serment, pour restreindre leur travail aux opérations dont ils avaient été chargés par l'arrêté avant faire droit, et pour dire si, par la nature des travaux de raccordement à exécuter et la disposition des lieux, ces travaux ne devront pas affecter la totalité des immeubles, encore bien que le sol de la rue sur laquelle donne la seconde façade ne soit pas encore exhaussé. (*Dubois*, 2 juin 1866.) — Voir n° 271.

439. Extension de l'expertise a de nouveaux dommages. — Lorsqu'une expertise a été ordonnée pour des dommages nés et actuels, si, pendant le cours des opérations, d'autres dommages viennent à se produire, rien ne s'oppose à ce que, par des conclusions additionnelles, le requérant demande au Conseil d'étendre à ces nouveaux dommages la mission des experts. (*Comte et comtesse de Champagny*, 4 août 1866.) — Voir n° 626.

440. Frais d'expertise compensés entre les parties. — Aux termes de la loi du 16 septembre 1807, l'expertise et la tierce expertise sont obligatoires lorsque les parties sont contraires en fait. Dès lors, ces opérations d'instruction, ayant lieu pour la recherche de la vérité et dans l'intérêt commun des deux parties, les frais peuvent, en raison des circonstances, être compensés entre elles, quoique la requête du demandeur soit rejetée. (*Vuilliet*, 24 avril 1866.)

Logements insalubres. — *Demande d'expertise.* — Voir n° 448.

Référé. — *Arrêté en chambre du conseil.* — *Expertise.* — Voir n° 471.

441. Refus d'un expert. — *Remplacement.* — Suivant l'art. 56 de la loi du 16 septembre 1807, en cas de dommage causé par des travaux publics, il est nommé deux experts, l'un par le propriétaire, l'autre par le Préfet. — Si un expert, après avoir prêté serment, refuse ou se trouve empêché d'accomplir sa mission, le refus ou l'empêchement doit être juridiquement constaté, et il est pourvu au remplacement de l'expert. — Les parties étant autorisées par la loi à nommer chacune un expert, celle dont l'expert refuse d'agir a le droit d'en nommer un autre, et il doit lui être donné acte de cette nomination par le Conseil de Préfecture, qui apprécie les circonstances dans lesquelles le remplacement de l'expert a été rendu nécessaire. — C'est seulement à défaut de la partie que le Conseil de Préfecture peut nommer d'office un nouvel expert. — Argument tiré de l'art. 316 du Code de Procédure civile combiné avec l'art. 56 de la loi du 16 septembre 1807. (*Fontaine*, 28 avril 1866.) — Voir n°s 628,629.

442. TIERCE EXPERTISE DIVISÉE ENTRE LES INGÉNIEURS EN CHEF DE DEUX SERVICES. — *Nullité. — Nomination par le Conseil d'un nouveau tiers expert.* — Dans le cas prévu par l'art. 56 de la loi du 16 septembre 1807, lorsque, sur une expertise unique, les opérations de la tierce expertise ont été divisées entre deux ingénieurs en chef, chargés de différentes branches du service, et ayant apprécié l'affaire, chacun pour ce qui le concerne, il y a lieu d'annuler la tierce expertise et d'en ordonner une nouvelle. — Il appartient alors au Conseil de désigner le tiers expert qui en sera chargé, les prévisions de la loi sur la tierce expertise ayant été épuisées. En effet, l'art. 56 de la loi du 16 septembre 1807 porte, qu'en matière de travaux de grande voirie, le tiers expert est, de droit, l'ingénieur en chef du département. Or, cette disposition implique que la tierce expertise doit être faite par un seul ingénieur en chef. D'ailleurs, une tierce expertise, confiée à plusieurs ingénieurs pour l'appréciation d'un seul et même objet, et spécialement pour déterminer l'effet de l'ensemble des travaux sur une propriété, à laquelle il a été causé un dommage direct et matériel, pourrait aboutir à l'expression d'opinions contradictoires, de sorte qu'il serait possible que les deux premiers experts ne fussent pas départagés, et qu'ainsi le but essentiel de la loi ne fût pas atteint. (*Lecourtois et dame Tessier*, 29 décembre 1866.) — Annulé par le Conseil d'État, 28 mai 1868.

Dans l'espèce, des travaux de voirie avaient été exécutés sur la berge du petit bras de la Marne, à Charenton, par les services de la navigation et des ponts et chaussées; sur la réclamation des propriétaires riverains, les ingénieurs en chef de ces deux services avaient été appelés, comme tiers experts, à apprécier le dommage causé, chacun en ce qui concernait les travaux dont il avait la direction, et deux rapports distincts avaient été déposés.

443. TIERCE EXPERTISE. — *Rue transformée en impasse. — Tiers expert désigné par le Préfet. — Nullité. — Nouvelle tierce expertise par l'ingénieur en chef.* — Lorsque l'Administration a supprimé l'une des issues d'une rue et l'a transformée en impasse, cette modification, qui atteint non-seulement le caractère de la rue mais sa constitution même et sa destination, est incontestablement un travail de grande voirie. En conséquence, si une telle mesure donne lieu à une demande d'indemnité de la part des propriétaires riverains, c'est à tort que le tiers expert est désigné par le Préfet en vertu de la disposition finale de l'art. 56 de la loi du 16 septembre 1807. Il y a lieu, en pareil cas, d'appliquer le § 1er du même article qui a confié la tierce expertise à l'ingénieur en chef du département. — En chargeant ainsi l'ingénieur en chef des fonctions de tiers expert, bien qu'il soit quelquefois l'auteur des travaux, le législateur a évidemment pris en considération la situation de ce fonctionnaire, son indépendance et aussi les garanties de science, de connaissances pratiques et d'impartialité nécessaires pour apprécier les questions en litige. On ne saurait admettre qu'en désignant l'ingénieur en chef, la loi ait entendu confier toujours la tierce expertise au directeur administratif des travaux quel qu'il fût, une telle dérogation au droit commun ne pouvant être appliquée hors du cas spécialement déterminé. — Si plusieurs ingénieurs en chef sont de service dans le département, et si aucun d'eux n'est particulièrement indiqué par la nature de ses attributions, à l'effet de procéder à la tierce expertise, cette circonstance ne change rien à la règle de procédure établie par la loi de 1807; alors on rentre seulement dans le droit commun pour le choix de celui des ingénieurs en chef, à qui la mission en sera confiée. Dans ce cas, et suivant la jurisprudence du Conseil d'État, il appartient au Conseil de Préfecture de faire la désignation du tiers expert. Les règles de la tierce expertise étant d'ordre public dans la procédure, la tierce expertise faite, dans l'espèce, par l'architecte désigné par un arrêté préfectoral est nulle, et il y a lieu d'en ordonner une nouvelle, en désignant l'ingénieur en chef qui devra y procéder. (*Duccudré, Rebattet et Chéron*, 26 juillet 1866.) — Voir n° 272.

444. Trois parties en cause. — *Trois experts.* — D'après l'art. 56 de la loi du 16 septembre 1807, il doit être nommé seulement deux experts : l'un par le propriétaire, l'autre par le concessionnaire de travaux publics, à l'effet d'apprécier l'indemnité due pour les dommages causés par lesdits travaux. — Mais il n'en est pas de même lorsque, le concessionnaire, ayant été mis en cause par l'Administration, s'élève alors la question de savoir, à qui incombe la responsabilité du dommage, dont le particulier demande réparation. — Dans ce cas, chacune des trois parties, ayant un intérêt distinct et opposé, est en droit de nommer un expert. (*Broust contre la Ville de Paris et la Compagnie du chemin de fer de l'Ouest*, 31 mai 1866.)

EXPROPRIATION.

Ouverture d'une rue dans des terrains expropriés. — *Droit d'accès invoqué comme résultant d'une décision du jury.* — *Incompétence.* — Voir n° 538.

FABRIQUES D'ÉGLISE. — Dépenses du culte. — *Secours.* — Voir n° 320. — Éclairage de l'église au gaz. — Voir n° 317.

GAZ. — Voir communes, nº 317. — Voir Marché de travaux publics, nºs 419, 450.

INTÉRÊTS MORATOIRES. — Voir nºs 470, 522, 523.

LOGEMENTS INSALUBRES.

445. CONSEIL MUNICIPAL. — *Substitution de nouvelles mesures d'assainissement à celles prescrites par le Conseil municipal.*— Lorsque, sur la proposition de la Commission des logements insalubres, le Conseil municipal, en exécution de la loi du 13 avril 1850, a prescrit des travaux pour procurer l'assainissement de logements, mis en location par un propriétaire, celui-ci ne peut se soustraire à leur exécution, en proposant d'en faire d'autres qui auraient, d'après lui, pour effet de mieux assainir l'immeuble. — C'est un point qui doit être débattu entre le propriétaire et l'Administration. Le Conseil de Préfecture, appelé à statuer sur le recours élevé contre la décision du Conseil municipal, n'étant pas en mesure d'apprécier l'efficacité des travaux, que le propriétaire propose de substituer à ceux qui lui ont été prescrits, ne peut que prononcer sur les moyens d'assainissement, tels qu'ils sont indiqués dans la délibération attaquée. (*Dame Gauthier*, 13 juin 1866.)

446. CUISINE EN COMMUNICATION AVEC LA CAVE OU EST L'ORIFICE DE LA FOSSE D'AISANCES. — *Vidange par la cuisine.* — Doit être réputé logement insalubre le local, loué à l'usage de cuisine pour un café restaurant, lorsqu'il communique avec une petite cave, où est l'orifice de la fosse d'aisances et que la vidange s'effectue par ladite cuisine. — Le travail d'assainissement, prescrit par délibération du Conseil municipal, sur le rapport de la Commission des logements insalubres, et consistant à murer la porte de communication entre la cuisine et la petite cave n'a rien d'exagéré, et cette prescription doit être maintenue. (*Dame Riché*, 6 juin 1866.)

447. LOCATAIRE. — *Travaux exécutés par un locataire.* — *Mesures prises contre le propriétaire.* — *Intervention et tierce opposition du locataire. Délai du recours et qualité pour le former.*—La loi du 13 avril 1850 ayant eu pour objet d'assurer l'assainissement des logements insalubres, mis en location par le propriétaire, l'usufruitier ou l'usager, il n'y a pas lieu d'examiner par qui les travaux, d'où résulte l'insalubrité, ont été exécutés, ni si le locataire avait droit, en vertu de son bail ou de conventions privées, de les exécuter. — Les mesures, pour faire cesser l'insalubrité, sont d'ordre public et d'intérêt général; elles ne peuvent être prescrites qu'au propriétaire, puisqu'il s'agit d'un travail à faire dans son immeuble, et qu'aux termes des art. 9 et 10 de la loi, il doit être poursuivi personnellement et condamné à l'amende en cas d'inexécution. — Les mesures d'assainissement étant prises contre le propriétaire, l'usufruitier ou l'usager, eux seuls ont qualité pour former le recours dans le délai d'un mois contre la délibération du Conseil municipal, qui les a prescrites. — Quel que soit l'intérêt du locataire à la conservation des travaux, dont la suppression a été ordonnée, son intervention, par voie de tierce opposition, est non recevable, la loi ne l'ayant admise à aucun titre, sauf telle action que de droit contre le propriétaire, si cette suppression porte atteinte aux conditions de son bail. (*Cailleux*, 20 juin 1866.). — Voir nos 128, 129.

448. MESURES D'ASSAINISSEMENT APPLICABLES A TOUTE HABITATION MISE EN LOCATION. — *Visite des lieux par la commission.* — — *Question d'expertise* — La loi du 13 avril 1850 sur les logements insalubres n'a pas seulement pour but de remédier à l'état d'insalubrité des logements des ouvriers et de la classe pauvre, elle s'applique indistinctement à toute habitation mise en location ou occupée par d'autres que le propriétaire, l'usufruitier ou l'usager ; le mot *logement* dont elle se sert est générique, et doit s'appliquer à toute demeure, mise en location, quel que soit le prix du bail. — La commission des logements insalubres n'est pas tenue de visiter les lieux, en présence des parties intéressées, il suffit que ces dernières aient été mises à même de prendre communication du rapport de la commission. — Il n'y a pas lieu de recourir à une expertise préalable, si l'instruction fournit au Conseil de Préfecture les éléments nécessaires pour statuer, l'expertise n'étant pas une mesure obligatoire. (*Lalou*, 8 août 1866).

MARCHÉ DE TRAVAUX PUBLICS.

449. ENTREPRISE DE GAZ. — *Canalisation de conduites sous la voie publique.* — *Inexécution du traité.* — *Compétence.* — *Procès-verbal.* — Le traité, par lequel la Compagnie Parisienne d'éclairage au gaz, s'est engagée envers l'Administration municipale à exécuter, sous la voie publique, le mode de canalisation, qui serait jugé le plus propre à garantir les arbres des effets du gaz, est un marché de travaux publics. Le Conseil de Préfecture est, dès lors, compétent pour statuer sur les contestations, auxquelles il peut donner lieu. — L'inexécution d'un tel traité ne constitue pas une contravention à un règlement de grande voirie, et ne saurait être l'objet d'un procès-verbal régulier. (*Préfet de la Seine contre la Compagnie Parisienne du gaz*, 15 mars 1866.)

450. ENTREPRISE DE GAZ. — *Dommage résultant de l'inexécution du marché.* — *Interprétation du cahier des charges.* — *Compétence.* — *Procédure.* — *Preuve à la charge du demandeur.* — Les traités, faits entre une ville et une Compagnie d'éclairage au gaz, et qui ont pour objet de concéder à la Compagnie le droit exclusif d'établir, sous les voies publiques, suivant un plan de canalisation dûment approuvé, les tuyaux destinés à la conduite du gaz, de faire à cet effet toutes les fouilles et les travaux nécessaires, de construire et entretenir les appareils d'éclairage, et qui donnent à l'Administration le droit de prescrire, pour l'ensemble des travaux, les modifications reconnues nécessaires pour le bien du service, constituent des marchés de travaux publics et non des marchés de fournitures. — Quoique l'on ait employé dans les actes l'expression de location du sous-sol des voies publiques, cette expression, impropre pour désigner l'objet des marchés, ne saurait en changer le caractère et les transformer en contrats de bail. Dès lors, le Conseil de Préfecture est compétent, suivant l'art. 4 de la loi du 28 pluviôse an VIII, pour connaître des difficultés qui s'élèvent entre la Ville et la Compagnie du gaz, concernant le sens et l'exécution de ces traités.

Lorsque la Ville a formé contre la Compagnie une demande en indemnité, basée sur le dommage résultant pour elle de l'inexécution des clauses d'un tel traité (dans l'espèce, la destruction d'arbres, que les fuites du gaz auraient fait périr), la demande doit être rejetée comme non recevable si, en raison de l'ancienneté des faits, leur vérification, ainsi que la preuve de l'inexécution des marchés sont devenues impossibles soit par la voie de l'expertise, soit par toute autre voie.

Des procès-verbaux, rédigés, comme s'il s'agissait de contraventions de grande voirie, par des agents préposés du service municipal, n'ont aucune force juridique probante contre la Compagnie, dans une instance contentieuse ayant pour objet une demande d'indemnité. Ils constituent seulement une allégation de la partie demanderesse à laquelle la partie défenderesse peut opposer sa simple dénégation. — peu importe que, sur ces procès-verbaux, soient intervenus des arrêtés du Conseil de Préfecture, statuant comme juridiction répressive, qui ont admis le dommage comme prouvé et condamné la Compagnie à le payer à titre de réparation civile, si ces arrêtés ont été annulés par le Conseil d'État, les faits constatés ne pouvant être réputés contraventions de grande voirie (décret du 12 février 1861). — Dans l'instance répressive, les procès-verbaux faisant foi jusqu'à preuve contraire, c'était à la Compagnie poursuivie, qu'incombait l'obligation de prouver que les fuites du gaz à elle reprochées n'avaient pas eu lieu, ou n'avaient pu avoir pour effet de faire périr les arbres, et, cette preuve n'ayant pas été faite, foi était due aux procès-verbaux; mais il en est autrement dans l'instance purement contentieuse, où la Ville doit faire la preuve des faits sur lesquels repose sa demande en indemnité. (*Ville de Paris contre la Compagnie Parisienne d'éclairage au gaz*, 25 juillet 1866.)

NAVIGATION. — Voir contraventions, nos 330 et suivants.

NIVELLEMENT.

431. Arrêté de nivellement. — *Délai pour la délivrance des permissions de voirie. — Retard dans la délivrance de cotes de nivellement. — Demande en dommages-intérêts. — Compétence.* — Le délai de vingt jours dans lequel l'Administration doit, aux termes de l'art. 4 du décret du 26 mars 1852, statuer sur les plans de constructions qui lui sont soumis, n'est pas applicable à la délivrance des permissions d'alignement et de nivellement, prescrites par l'art. 3 du même décret. L'art. 4 a exclusivement pour objet l'intérêt de la sûreté publique et de la salubrité. — Une demande d'indemnité, fondée sur le dommage résultant du retard apporté par l'Administration à délivrer des cotes de nivellement, est une difficulté de grande voirie dont la connaissance appartient au Conseil de Préfecture, aux termes de l'art. 4, § 6 de la loi du 28 pluviôse an VIII. (*Dame de Maisonneuve*, 30 janvier 1866.) — Voir n° 637.

452. CONSTRUCTION ÉLEVÉE A UN NIVEAU DIFFÉRENT DES COTES FIXÉES PAR UN ARRÊTÉ PRÉFECTORAL. — *Demande d'indemnité du propriétaire et d'un locataire.* — Lorsque le niveau général d'une rue a été régulièrement fixé par un décret, et que le nivellement particulier d'une propriété riveraine a été déterminé par un arrêté préfectoral, le propriétaire, qui fait élever des constructions, n'a qu'à s'en prendre à lui-même, s'il les établit à une altitude différente de celle fixée par ledit arrêté, et si le trottoir, ultérieurement établi par l'Administration, ne se trouve pas de niveau avec le sol de son immeuble. C'est en vain que le propriétaire allègue n'avoir eu qu'une connaissance tardive de l'arrêté préfectoral, puisqu'il ne lui était pas permis de commencer ses travaux sans avoir obtenu la permission de nivellement. Dans ces circonstances, la demande d'indemnité formée par le propriétaire contre la Ville de Paris n'est pas recevable. — Il y a lieu de rejeter également la demande d'indemnité formée par un locataire, attendu que les dommages dont il se plaint, provenant du fait personnel du propriétaire, et non de celui de l'Administration, son action est mal dirigée contre la Ville de Paris. (*Rougeoreille et Lefèvre*, 29 décembre 1866.)

453. PERMISSION DE NIVELLEMENT. — *Sa valeur annale.* — *Dommage causé à des constructions postérieures.* — Les lettres patentes du 22 octobre 1763, qui limitent à un an la valeur des permissions de voirie, constituent un règlement général en cette matière ; elles ont donc été maintenues en vigueur avec tous les autres règlements de voirie par la loi du 22 juillet 1791, art. 29, et elles ont été, en effet, constamment exécutées depuis. — L'art. 3 du décret du 26 mars 1852 ayant soumis le nivellement à toutes les formalités régissant l'alignement, il en résulte que le propriétaire doit obtenir le renouvellement de sa permission, quand il n'en a pas usé dans le courant de l'année, à partir de la date de l'arrêté de nivellement. La construction des piles et voûtes des caves, enfouies dans le sol et non apparentes, ne suffit pas pour prévenir la péremption édictée par lesdites lettres patentes. Dès lors, l'indemnité à payer, en raison des dommages causés à l'immeuble par une modification ultérieure du nivellement de la voie publique, ne doit comprendre que la dépense des travaux de raccordement afférents à la construction de ces caves, et non celle des autres constructions élevées, après la péremption annale de la permission de nivellement, ces dernières ayant eu lieu en contravention aux règlement de voirie. (*Ardoin contre la Ville de Paris*, 25 juillet 1866.)

454. Projet de nivellement. — Un propriétaire a formé une demande d'autorisation de construire, et l'Administration lui a tracé un alignement régulier, mais ne lui a donné, en ce qui concerne le nivellement, que des avis officieux, indiquant un nouveau projet à l'étude et non encore officiellement arrêté; ces avertissements ne sauraient lui tenir lieu d'un arrêté de nivellement régulier, et le propriétaire, qui a construit sur le niveau actuel de la rue en vertu de son autorisation d'alignement, a usé de sa propriété selon son droit. — En conséquence, si les travaux publics survenus depuis l'achèvement de sa construction, lui imposent des modifications nécessaires pour en assurer les accès sur la voie publique, il lui est dû une indemnité à raison du dommage par lui éprouvé. (*Paris et Cie contre la Compagnie des chemins de fer de l'Est*, 8 mai 1866.) — Voir nos 643, 1017.

PATENTES (Taxe de). — Voir nos 381 et suivants.

PAVAGE (Taxe de).

455. Banlieue de Paris. — *Ancien usage constaté par arrêté préfectoral et non contesté.* — *Empierrement.* — Les frais de premier pavage d'une rue nouvelle sont à la charge des propriétaires riverains, dans une commune de la banlieue de Paris, lorsqu'il existe un ancien usage, d'après lequel ils doivent supporter cette dépense, et qu'il y a insuffisance des revenus de la commune pour y faire face. — L'existence de l'ancien usage peut être tenue pour établie lorsque, après une enquête dans la commune, est intervenu un arrêté du Préfet, qui le constate, et que d'ailleurs, les réclamants ne le contestent pas, se bornant à en discuter l'application, ainsi que les éléments qui ont servi de base à la répartition. — L'obligation d'un premier empierrement est substituée à l'obligation d'un premier pavage, quand un décret, rendu dans la forme des règlements d'administration publique, a déclaré applicable, dans une commune, le décret du 26 mars 1852, dont l'art. 8 impose pour l'empierrement, les mêmes règles que pour le pavage. (*Bécheret et consorts contre la commune de Fontenay-sous-Bois*, 14 juin 1866.)

456. Charge réelle. — *Immeuble vendu.* — *Dette de l'acquéreur.* — *Mutation de cote.* — *Point de départ pour l'obligation au paiement de la taxe.* — La taxe de premier pavage, due par le propriétaire d'un immeuble riverain de la voie publique, est une charge inhérente à la propriété, et qui la suit dans quelques mains qu'elle passe. En conséquence, l'acquéreur d'un immeuble, dont le précédent propriétaire n'a pas acquitté les frais de premier pavage, est tenu de payer ladite taxe, lorsque le rôle est établi depuis qu'il a acquis l'immeuble, sauf recours contre ce dernier.—Ayant été nominativement inscrit, comme il devait l'être en qualité de détenteur de l'immeuble, au moment de l'établissement du rôle, il n'est pas fondé à demander, en vertu de l'art. 2 de l'arrêté consulaire du 24 floréal an VIII, la mutation de sa cote, au nom de l'ancien propriétaire, par le motif que les travaux de pavage auraient été effectués avant son acquisition. En effet, d'après les anciens règlements sur la voirie de Paris et la loi du 25 juin 1841, la Ville est en droit de se faire rembourser le montant des dépenses de premier pavage, au moyen d'un rôle de répartition entre tous les propriétaires riverains, après que les travaux ont été exécutés, reçus et liquidés; d'où il suit que les redevables à inscrire au rôle sont les personnes qui, à la date où le rôle est établi, se trouvent être propriétaire des immeubles, devant lesquels lesdits travaux ont été exécutés. Si c'est l'achèvement des travaux de pavage, qui est le point de départ de l'obligation d'en rembourser la dépense, c'est au moment où le rôle s'établit qu'il faut rechercher quel est le propriétaire de l'immeuble, pour l'inscrire au rôle, puisque c'est contre lui seulement, comme détenteur actuel, que le rôle peut s'exécuter, sauf tel recours que de droit, contre celui qui était propriétaire quand l'obligation est née, c'est-à-dire quand les travaux ont été achevés. — Aucune loi ou règlement ne prescrit dans quel délai, après l'achèvement des travaux de viabilité, la Ville est tenue de demander aux propriétaires riverains le remboursement de ses dépenses au moyen d'un rôle; le rôle peut donc être établi après la liquidation du prix des travaux. (*Dame Boyer*, 20 décembre 1866. — Cette jurisprudence a été modifiée par plusieurs arrêtés du Conseil; *Motheau* 19 novembre 1873; *Monegger*, 4 août 1874; et par deux arrêts du Conseil d'État du 12 mai 1876 confirmant un arrêté du Conseil de Préfecture, *Tellier et Pascal*.) — Voir nos 283-4° 457, 1027, 1028.

457. Charge réelle. — *Vente de l'immeuble avant l'achèvement des travaux. — Établissement du rôle. — Mutation de cote.—Compétence.*—Aux termes des anciens règlements sur la voirie, notamment de l'art. 24 de l'arrêt du conseil du 30 décembre 1785, ainsi que des lois du 11 frimaire an VII et du 25 juin 1841, art. 28, les frais de premier établissement du pavé dans les rues de Paris sont à la charge des propriétaires riverains, chacun en droit soi, et la répartition en est faite entre eux par le Conseil municipal, au moyen d'un rôle établi comme en matière de contributions directes. — Aucune disposition de loi ou de règlement n'ayant déterminé dans quel délai, après l'achèvement des travaux, la Ville devra poursuivre le remboursement de ses dépenses, le rôle peut être établi, soit après l'achèvement desdits travaux, soit seulement après qu'ils ont été reçus et la dépense définitivement liquidée. — Il suit de là que c'est le propritaire détenteur de l'immeuble, au moment où les travaux de pavage ont été achevés, et où est née l'obligation d'en rembourser la dépense à la Ville, qui doit être inscrit au rôle quand le rôle est dressé à ce moment, comme est inscrit au rôle de la contribution foncière le propriétaire qui possède l'immeuble, au moment où s'ouvre l'exercice pour le recouvrement de ladite contribution.

S'il y a eu, avant l'achèvement des travaux, promesse de vente suivie plus tard d'un contrat de vente, avant l'établissement du rôle, c'est le nouveau propriétaire, qui est redevable de la taxe et doit être inscrit au rôle; car en vertu de l'art. 1589 du Code Napoléon, la promesse de vente vaut vente, lorsqu'il y a consentement réciproque des deux parties sur la chose et sur le prix. — Il y a promesse de vente régulière, et, par conséquent, transmission de propriété de la part d'un particulier à une ville, quand, sur l'engagement de lui vendre un immeuble, moyennant un certain prix, est intervenue une délibération du Conseil municipal, dûment approuvée par le Préfet, qui accepte ladite promesse et autorise l'acquisition.

La taxe de pavage s'attachant à l'immeuble même, comme la contribution foncière, il y a lieu de faire application des règles établies par l'art. 2 de l'arrêté consulaire du 24 floréal an VII. — En conséquence, lorsqu'une propriété riveraine de la voie publique a été cotisée, pour une taxe de pavage, sous un autre nom que celui du véritable propriétaire, c'est au Conseil de Préfecture qu'il appartient de statuer sur la mutation de cote (*Caillet*, 21 avril 1866.) — Voir nos 283, 284-4°, 436, 1027, 1028.

458. DÉLAI POUR RÉCLAMER. — Les réclamations contre les taxes de premier pavage doivent, conformément à l'art. 28 de la loi du 25 juin 1841, être présentées, à peine de déchéance, dans la même forme et dans le même délai que les réclamations en matière de contributions directes, c'est-à-dire dans les trois mois à partir du jour de la publication du rôle. — Il suit de là que si l'instruction ne fait connaître ni la date de la publication du rôle, ni celle de l'envoi d'un avertissement au réclamant, le délai de trois mois dans lequel la réclamation pouvait être produite, ne commence à courir que du jour où il est établi que le réclamant a eu connaissance de la taxe. (*Caillet*, 21 avril 1866; — *Lemoine, Broussin, Cessac et Nolot contre la commune d'Ivry*, 6 mars 1866.)

459. DÉLAI POUR RÉCLAMER. — *Domicile hors de la commune où est situé l'immeuble. — Déchéance.*—Les taxes de pavage étant assimilées aux contributions directes par l'art. 28 de la loi du 25 juin 1841 et l'art. 41 de la loi du 18 juillet 1837, sont soumises aux mêmes règles, et, dès lors, en exécution de l'art. 28 de la loi du 21 avril 1832, toute réclamation en décharge ou réduction doit, à peine de déchéance, être présentée dans les trois mois de la publication du rôle. — Vainement pour être relevé de la déchéance, le propriétaire opposerait que n'habitant pas la commune où est situé l'immeuble, il n'a pu connaître la publication du rôle : la taxe de pavage s'attachant à la propriété qui en est redevable, comme la contribution foncière, le propriétaire se trouve intimé par la seule publication du rôle, même lorsqu'il n'habite pas la commune, puisqu'il y est représenté par un fermier ou des personnes à son service, dans les mêmes conditions que pour le rôle de la contribution foncière. (*Dames Duval et Viguier et sieur Boyer*, 20 décembre 1866.)

460. Élargissement de la voie publique. — *Répartition des frais de pavage du nouveau sol entre les propriétaires opposites. — Demande tendant à ce que le Conseil augmente la taxe inscrite au rôle. — Rejet.* — Il résulte des anciens règlements sur le pavé de Paris, et notamment de l'arrêt du Conseil du 30 décembre 1785, que les propriétaires de terrains et maisons bordant les rues sont tenus de supporter respectivement les frais de premier pavage de la moitié de la largeur desdites rues. — Si, par suite de modifications apportées au plan d'alignement, la voie publique est élargie, les riverains sont, dès lors, appelés à contribuer au pavage du sol réuni à la voie publique, mais de manière à ce que chacun d'eux n'ait à payer que la moitié de la largeur totale de la rue au devant de son immeuble. — Dans ce cas, si l'élargissement n'a lieu que d'un seul côté, l'axe de la rue se trouvant déplacé, le propriétaire, à l'opposite duquel a eu lieu l'élargissement, ne saurait être affranchi de la taxe par la raison que la moitié de la rue contiguë à son immeuble est déjà pavée ; car les frais afférents à la zone comprise entre l'ancien et le nouvel axe de la rue, ayant été supportés par l'autre riverain, il devra lui en être tenu compte par la commune qui, dès lors, est fondée à en réclamer le payement à l'autre propriétaire. Celui-ci ne paye ainsi, en réalité, que le complément de la moitié du pavage, existant au droit de sa propriété, suivant le vœu des règlements, et non un pavage situé à l'opposite et au delà du milieu de la rue. — Le même principe est applicable dans le cas où la rue est élargie des deux côtés par l'adjonction de terrains de largeurs inégales. — Les frais de pavage doivent être répartis d'après l'état actuel de la rue, et non d'après les dimensions qu'elle pourrait avoir plus tard, par suite de l'exécution du plan d'alignement. (*Favard*, 2 décembre 1866.) — Voir nos 132, 285, 651, 1021, 1022.

461. Élargissement de la voie publique. — *Frais de premier pavage. — Mode de recouvrement. — Contravention.* — Lorsqu'une rue classée comme voie publique a été élargie au moyen de la cession d'une parcelle de terrain, dépendant d'une propriété riveraine, le refus par le propriétaire de payer les frais des travaux de viabilité que l'Administration a fait exécuter d'office sur le terrain cédé, ne constitue pas une contravention de grande voirie. Ces frais ne peuvent être recouvrés qu'au moyen d'un rôle dressé par le Préfet, et rendu exécutoire en la forme ordinaire. C'est à tort qu'en pareille circonstance, l'Administration a fait dresser un procès-verbal de contravention à l'ordonnance du bureau de finances du 17 juillet 1781, qui prescrit aux propriétaires riverains de réparer et entretenir les revers des chaussées. Il s'agit, en effet, dans l'espèce, non d'un travail d'entretien que le propriétaire aurait négligé de faire, mais du remboursement des dépenses de mise en état de viabilité ou premier pavage, pour lesquelles l'art. 28 de la loi du 25 juin 1841 a prescrit des règles spéciales. (*Josseaume et Enguehard*, 22 novembre 1866.)

PENSIONS CIVILES. — *Retenue.* — Voir Comptes de gestion, n° 321.

PÉREMPTION. — Voir Contraventions. — Police de roulage, n° 349.

PÉRIL.

409. Étaiement d'une maison en péril exécuté d'office. — *Contestations. — Compétence. — Demande en garantie contre la Ville de Paris.* — Aux termes des art. 3, 9, 11 et 12 de la déclaration du roi du 18 août 1730, la connaissance des contestations relatives aux mesures prises en cas de péril imminent des bâtiments et maisons situés en façade sur la voie publique, était déférée au Bureau des finances, dont le Conseil de Préfecture remplit les fonctions contentieuses en matière de grande voirie. Le Conseil est, dès lors, compétent pour connaître des contestations de cette nature. Sa compétence est confirmée par l'art. 4, § 6, de la loi du 28 pluviôse an VIII, qui lui défère toutes les difficultés qui s'élèvent en matière de grande voirie. — En conséquence, le débat sur la question de savoir si le Préfet, comme grand-voyer, a pu ordonner l'étaiement d'une maison pour cause de péril, et s'il est en droit de poursuivre le remboursement de la dépense, rentre dans les contestations dont les lois susvisées attribuent la connaissance au Conseil de Préfecture. — Si, au lieu de faire opérer les avances de frais d'étaiement et leur recouvrement par le bureau des amendes (aujourd'hui le Receveur des domaines), suivant l'art. 9 de la déclaration du roi de 1730, l'Administration a fait opérer lesdites avances par le Receveur municipal de la Ville de Paris, et lui en a confié le recouvrement au profit de la caisse qui les a fournies, cette circonstance ne change rien au droit ni à la compétence.

Le Conseil de Préfecture est également compétent pour statuer sur la demande en garantie formée contre la Ville de Paris par les propriétaires de la maison en péril et fondée sur ce que le péril aurait été occasionné par l'exécution de travaux de voirie. — Lorsque cette allégation est justifiée, la Ville de Paris peut être déclarée responsable, non-seulement des dommages causés à la maison en péril, mais aussi des frais de l'étaiement exécuté d'office par l'Administration municipale. (*Sieur et dame veuve Jullien*, 14 août 1866.)

PORTES ET FENÊTRES. — Voir Contributions, n° 367 et suivants.

PRESCRIPTION.

Contravention. — *Travaux de construction.* — *Prescription résultant de l'art. 640 du Code d'instruction criminelle.* — *Point de départ de la prescription.* — *Achèvement des travaux.* — Voir n° 343.

PROCÉDURE.

462. Affaire en état. — *Copropriétaires d'un immeuble.* — *Désistement de l'un d'eux.* — *Procès entre les copropriétaires devant les tribunaux civils.* — *Demande en sursis.* — Lorsque, par une requête collective, les copropriétaires d'un immeuble (dans l'espèce un passage) ont demandé la réparation du dommage que leur a fait éprouver l'abaissement du sol de la voie publique, chacun d'eux est en droit de poursuivre le règlement de l'indemnité nécessaire pour effectuer le raccordement. Il ne saurait dépendre d'un ou de plusieurs copropriétaires qui se sont désistés, d'empêcher les autres d'obtenir les moyens de faire opérer le raccordement qui est indispensable à la jouissance de leurs propriétés. — Le désistement de l'un des copropriétaires peut lui être opposé par la Ville, tant pour l'ensemble des travaux, que pour ceux qui le concernent en particulier; mais il ne peut être opposé aux autres copropriétaires à qui est dû l'entier raccordement des moyens d'accès.

Le procès existant entre les copropriétaires devant les tribunaux civils sur leurs droits respectifs, et au sujet de travaux faits par l'un d'eux dans l'intérieur de l'immeuble, est étranger à l'instance administrative qui est de statuer sur l'indemnité due pour le dommage causé, abstraction faite des droits respectifs des copropriétaires les uns vis-à-vis des autres, dès lors, il n'y a pas lieu d'accorder le sursis demandé par l'un d'eux, l'affaire étant en état d'être jugée. (*Marga, Dercillé, Radot et consorts,* 7 juillet 1866.)

463. Affaire en état. — *Instruction écrite.* — *Nouvelles conclusions déposées à l'audience.* — L'instruction des affaires devant le Conseil de Préfecture se faisant par écrit, aux termes de la loi du 21 juin 1865 et du décret du 12 juillet suivant, la cause se trouve en état, par application du principe posé dans l'art. 343 du Code de procédure civile, quand les délais pour les productions et réponses sont expirés, et qu'elle est inscrite au rôle de l'audience pour le rapport et les observations orales des parties. — En conséquence, il n'y a pas lieu de tenir compte des conclusions déposées à l'audience par l'une des parties, si elles modifient celles de l'instruction écrite. (*Bécheret et consorts contre la commune de Fontenay-sous-Bois,* 14 juin 1866.) — Voir n° 288, 676, 677, 1043.

464. Affaire en état. — *Intervention non recevable.* — Lorsqu'un propriétaire réclame indemnité pour dommages résultant de travaux publics, et que l'instance engagée à ce sujet devant le Conseil de Préfecture, se trouve en état, aux termes du § 2 de l'art. 343 du Code de procédure civile et de l'art. 9 du décret du 15 juillet 1865, par la clôture de l'instruction écrite et par le dépôt des conclusions respectives des parties, un locataire ne peut plus être admis à intervenir dans cette instance pour réclamer une indemnité personnelle. — Le rejet de cette intervention tardive, autorisé par l'art. 340 du Code de procédure civile, ne préjudicie pas d'ailleurs aux intérêts du locataire, qui peut intenter une action directe contre l'Administration. — Toutefois cette action nouvelle ne saurait faire revivre les griefs sur lesquels il a été régulièrement statué, dans l'instance engagée entre le propriétaire et la Ville de Paris. — La nouvelle expertise, à laquelle il doit être procédé, ne peut porter que sur le dommage spécial éprouvé par le requérant comme locataire industriel, sauf à lui de faire valoir devant la juridiction compétente les droits qu'il prétendrait avoir à exercer contre le propriétaire en vertu de son bail, ou de toutes autres conventions particulières. (*Henry*, 1er décembre 1866.)

466. Causes jointes. — *Plusieurs expertises faites. — Désistement d'une partie des demandeurs.* — Quand plusieurs demandes d'indemnité pour dommages causés par des travaux publics ont été jointes, en raison de leur connexité, et une seule expertise ordonnée, s'il a été fait autant d'expertises et de tierces expertises qu'il y a de demandeurs, cette circonstance ne constitue pas une irrégularité substantielle de la procédure, le vœu de l'art. 56 de la loi du 16 septembre 1807 se trouvant ainsi accompli. — Si quelques-uns des demandeurs se sont désistés, l'arrêté du Conseil de Préfecture, qui a prononcé la jonction, n'en conserve pas moins tout son effet à l'égard de ceux qui demeurent en cause. (*Cottan-Soubiran, dame Grisi de Melcy et autres*, 11 juillet 1866.)

Contravention. — Voir : 1° Questions générales, nos 327 et suivants ; — 2° Roulage. — *Péremption de l'instance*, n° 319. — *Procès-verbal. — Notification dans le mois de l'enregistrement. — Supputation de ce délai*, n° 330. — *Procès-verbal non notifié au propriétaire de la voiture* n° 331.

467. Défaut profit-joint. — *Demande d'indemnité formée contre une commune. — Appel en garantie.* — Un particulier a intenté, contre une commune, une action en indemnité pour dommages résultant de travaux publics, et la commune, dans sa requête en défense, prétend avoir un recours en garantie à exercer contre une tierce personne, qu'elle a mise en cause, et qui n'a pas répondu à la sommation à elle faite d'intervenir dans l'instance. Dans ce cas, il y a lieu, en l'absence de règles spéciales aux Conseils de Préfecture, de recourir au droit commun, et de se conformer aux dispositions de l'art. 153 du Code de procédure civile. — En conséquence, il doit être prononcé défaut, faute de conclure, contre l'appelé en garantie non intervenant, pour, le profit du défaut être joint à l'instance principale et être statué sur le tout par une seule décision. — L'arrêté par défaut doit indiquer l'audience à laquelle l'affaire sera appelée, et désigner l'huissier chargé de la notification à faire au défaillant. (*Touzeau et Blondel*, 21 avril 1866.) — Voir nº 1044.

EXPERTISE. — Voir ce mot, nºˢ 433 et suivants.

468. DOMAINE DE L'ÉTAT. — *Instance relative à l'exécution d'un contrat de vente. — Dépôt d'un mémoire préalable.* — Une demande, relative à l'exécution d'un contrat de vente domaniale portée devant le Conseil de Préfecture, doit être rejetée comme non recevable, si elle n'a pas été précédée du dépôt entre les mains du Préfet d'un mémoire préalable, conformément aux prescriptions de la loi du 5 novembre 1790 (art. 15). En effet, aux termes de cette loi et d'un avis du Conseil d'État en date du 23 août 1838, nul ne peut intenter une action contre l'État, sans avoir préalablement remis à l'autorité administrative un mémoire sur l'objet de sa réclamation, et ce mémoire doit être adressé, non au Conseil de Préfecture, mais au Préfet chargé de statuer dans le délai fixé par la loi. (*Belotte*, 22 septembre 1866.)

469. INSTRUCTION ÉCRITE. — *Arrêté contradictoire. — Observations orales non présentées à l'audience. — Opposition.* — L'arrêté, rendu après que la partie a fourni une requête par écrit devant le Conseil de Préfecture (spécialement un mémoire en défense pour répondre à un procès-verbal de contravention), est un arrêté contradictoire, quoique la partie n'ait pas comparu à l'audience pour y présenter des observations orales, faute par elle d'avoir déclaré, suivant l'art. 8 du décret du 12 juillet 1865, qu'elle entendait user du droit de présenter des observations orales. — L'opposition formée à un tel arrêté, comme si c'était un arrêté par défaut, n'est pas recevable. (*Violet*, 23 janvier 1866.

INTERVENTION. — Voir Affaire en état, nº 465. Défaut profit-joint, nº 467. Logements insalubres, nº 417.

470. INTERPRÉTATION D'UNE DÉCISION. — *Intérêts moratoires. — Compétence.* — Le Conseil de Préfecture est compétent pour interpréter un arrêté, qu'il a rendu; — spécialement, pour décider qu'en allouant une somme à titre de dommages et intérêts, il a entendu y comprendre, conformément à l'art. 1149 du Code Napoléon, toute la perte, qui a été faite jusqu'au jour de la décision intervenue et tout le gain dont le demandeur a été privé : qu'ainsi il n'y a pas lieu d'allouer en sus les intérêts de l'indemnité à partir de la demande, l'art. 1153 du Code Napoléon n'étant pas applicable. (*Bleuze*, 8 août 1866.)

471. RÉFÉRÉ — *Arrêté en chambre du Conseil. — Expertise.*

— *Compétence.* — Lorsqu'un entrepreneur s'est rendu adjudicataire de travaux publics, qui doivent être terminés dans un délai fixé par le cahier des charges, si, pendant le cours des travaux, l'Administration prescrit, sur son chantier, l'exécution de certaines mesures destinées à faciliter un autre travail public, l'entrepreneur a intérêt et qualité pour demander qu'il soit procédé d'urgence à des constatations destinées à assurer ses droits; il n'y a pas lieu, malgré l'urgence, à un référé devant le président du Conseil, comme, en matière civile, devant le président du tribunal; mais dans ces circonstances, le Conseil de Préfecture est compétent, en vertu de l'art. 4 de la loi du 28 pluviôse an VIII et des art. 3, 4 et 5 du décret du 12 juillet 1865, pour décider, en chambre du Conseil, sur le rapport d'un conseiller et après avoir entendu le commissaire du Gouvernement, qu'il sera procédé par un expert commis à cet effet, parties présentes ou dûment appelées, à la constatation de l'état du chantier de l'entrepreneur requérant, de l'avancement de ses travaux, des modifications rendues nécessaires par les mesures que l'Administration a prescrites et de la gêne ou du retard qui peuvent en résulter. — La mission, ainsi confiée à l'expert, ne peut s'étendre au fond de l'affaire, et ne comprend pas, dès lors, l'appréciation du préjudice causé au demandeur par les faits signalés dans sa requête. (*Bergier et Delamontagne contre les sieurs Piot frères et la Ville de Paris,* 22 décembre 1866.) — Voir nos 681, 1047.

479. Requête. — *Termes ambigus.* — Quand les termes d'une requête sont obscurs et ambigus, par exemple, quand ils paraissent confondre l'action du Préfet de la Seine comme grand-voyer avec l'obligation de la Ville de Paris comme personne civile, il convient de rechercher l'objet essentiel de la requête sans s'attacher littéralement aux termes employés par les requérants. (*Sieur et dame veuve Jullien,* 14 août 1866.)

Tierce-opposition. — *Mutation de cote de contribution.* — Voir n° 358. — *Logements insalubres.* — *Mesures d'assainissement.* — *Intervention et tierce-opposition du locataire.* — Voir n° 447.

ROULAGE (Police du). — Voir contraventions, nos 344 et suivants.

TAXES MUNICIPALES.

1° Chiens (Taxe sur les). — Voir n° 426.
2° Pavage (Taxe de). — Voir nos 455 et suivants.

TRAVAUX PUBLICS.

Dommage. — Indemnité.

473. Accident. — *Ouvrier blessé.* — *Demande d'indemnité.* —

Compétence. — Aux termes de l'art. 4 de la loi du 28 pluviôse an VIII, le Conseil de Préfecture est appelé à prononcer sur les réclamations des particuliers, qui se plaignent des torts et dommages, procédant du fait des entrepreneurs de travaux publics, dans l'exécution desdits travaux. Cette disposition ne distinguant pas si le dommage a été fait à une propriété, ou s'il a été causé, par blessure ou autrement, à la personne même du réclamant, il n'est pas permis au juge d'établir une distinction qui n'est pas écrite dans la loi. — Le Conseil de Préfecture est, dès lors, compétent pour statuer sur la demande en dommages-intérêts, formée contre l'Administration par un ouvrier blessé, pendant l'exécution d'un travail public. — Si la loi du 16 septembre 1807, qui a réglé, dans son art. 56, le mode de constatation du dommage causé à des propriétés, n'est pas applicable au dommage résultant d'une blessure, reçue dans l'exécution de travaux publics, cette circonstance ne saurait enlever au Conseil de Préfecture la compétence, qu'il tient de la loi du 28 pluviôse an VIII; il en résulte seulement que, pour la constatation du dommage à apprécier, il y a lieu de recourir à un autre mode d'instruction et aux règles du droit commun. (*Van Russelberg*, 22 février 1866. — Voir en sens conforme, Tribunal civil de la Seine, 11 juillet 1835, *Van Ruysselberg* et Conseil d'État, 30 mars 1867, *Georges*, au sujet de la perte d'un cheval, occasionnée par le mauvais état d'un pont mal entretenu. — Voir aussi en sens contraire, Conseil d'État, 15 décembre 1865, *Buchy*, et Cour impériale de Paris, 19 mai 1866, *Soudier*. — Voir nos 705, 706.

CHEMINS VICINAUX. — *Tierce expertise.* — Voir no 435.

474. DÉMOLITION DANS UN INTÉRÊT DE VOIRIE, D'UNE MAISON CONTIGUE A CELLE D'UN PARTICULIER. — *Compétence.* — *Expertise.* — Les dommages résultant, pour une maison, de la démolition d'un bâtiment contigu, qui est supprimé dans un intérêt de voirie, sont des dommages causés par des travaux publics, et le Conseil de Préfecture est compétent pour en connaître. Si la maison s'est écroulée, et si l'Administration n'est pas d'accord avec le propriétaire sur son état de solidité, avant la démolition du bâtiment contigu, il y a lieu d'ordonner une expertise, conformément à la loi du 16 septembre 1807. (*Héritiers Lemarié*, 7 mars 1866.)

475. DÉMOLITION D'UNE MAISON COMPRISE DANS LE DOMAINE PRIVÉ DE LA VILLE, ET, CONTIGUE A CELLE D'UN PARTICULIER. — *Incompétence.* — Lorsque l'Administration, disposant à titre privé d'une maison, qui lui appartient, l'a fait démolir, en se conformant aux règles de l'art et en usant des précautions voulues en pareil cas, le propriétaire d'un bâtiment contigu n'a droit à aucune indemnité pour les dégradations que cette démolition a pu faire éprouver à son bâtiment. Ce n'est pas un dommage résultant directement de travaux publics, et la contestation, fondée seulement sur les droits de mitoyenneté du propriétaire contigu, n'appartient pas à la juridiction du Conseil de Préfecture. (*Veuve Langlois de Saint-Montant*, 14 avril 1866.) — Voir n° 734.

DEMANDE D'INDEMNITÉ NON JUSTIFIÉE DEVANT LES EXPERTS. — *Rejet.* — Voir n° 436.

476. DEMANDES D'INDEMNITÉ FORMÉES CONCURREMMENT PAR L'ANCIEN ET LE NOUVEAU PROPRIÉTAIRE D'UN IMMEUBLE. — *Jonction des causes pour connexité. — Expertise commune. — Fixation de la quote-part de chaque propriétaire. — Incompétence.* — Lorsque, durant l'exécution de travaux publics, qui ont causé dommage à un immeuble, le propriétaire a vendu ledit immeuble; que le dommage s'est continué depuis la vente et se continuera encore jusqu'à l'achèvement des travaux particuliers de raccordement avec la voie publique, il y a lieu de joindre, pour connexité, les deux demandes d'indemnité, formées par l'ancien et le nouveau propriétaire, alors surtout que chacune a pour objet l'indemnité totale, qui peut être due par l'Administration. Si, sur l'une des deux demandes (dans l'espèce, la seconde, suivant l'ordre d'inscription), il a été procédé à une expertise et à une tierce expertise, et qu'un supplément d'expertise soit nécessaire, concernant certains points de fait qui auraient été omis par les experts dans leur travail, l'expert de l'autre partie demanderesse doit participer aux opérations de ce supplément d'expertise, qui touche aux intérêts connexes de la double cause. — Le propriétaire vendeur de l'immeuble, auteur de la première demande d'indemnité, a le droit d'obtenir qu'il soit procédé à une expertise principale, par un expert désigné par lui contradictoirement avec l'expert de l'Administration, sur l'instance qu'il a ouverte. Mais le Conseil de Préfecture peut ordonner, pour éviter des frais frustratoires et dans un but de bonne instruction de l'affaire, que l'expertise à laquelle il a été déjà procédé pour le même immeuble servira dans le travail des nouveaux experts, qui demeurent libres d'en discuter tous les éléments, et d'y ajouter d'ailleurs, s'il y a lieu, telles autres contestations et conclusions, qu'ils jugeront utiles. L'expert de l'autre partie demanderesse doit également participer aux opérations de cette expertise, qui est connexe à la première.

En présence des prétentions respectivement élevées, le Conseil peut donner aux experts la mission de faire connaître quels ont été les dommages causés à l'immeuble jusqu'au jour de la vente; quels dommages ont été éprouvés depuis la vente et seront encore éprouvés jusqu'au jour où les travaux particuliers de raccordement avec la voie publique seront exécutés; enfin quelle serait la ventilation de l'indemnité totale due par la Ville pour chacun desdits dommages nommément déterminés. — Mais les questions de droit civil, qui ont pour objet de déterminer, d'après le contrat de vente, l'étendue des droits de chacune des deux parties demanderesses sur le montant de l'indemnité, notamment celle de savoir si la vente emportait cession du droit déjà ouvert à une indemnité pour le commencement des travaux, doivent être résolues préalablement par les tribunaux civils. La Ville ne doit qu'une indemnité pour le dommage entier : les deux propriétaires, vendeur et acquéreur, sont donc tenus de justifier de leur qualité et de l'étendue de leur droit respectif pour agir contre elle et procéder à l'expertise, afin que chaque partie puisse utilement conclure devant le Conseil de Préfecture, et que le règlement de l'indemnité puisse être prononcé au profit de celle qui justifiera y avoir droit, d'après l'interprétation des titres de propriété et dans la proportion de son droit ainsi établi. (*Debrosses frères et demoiselle Renard*, 20 juin 1866.)

477. Dommage direct et matériel. — *Accès modifiés. — Éléments de l'indemnité.* — L'Administration n'est pas tenue de rétablir les lieux dans leur état primitif, ce qui serait souvent impossible et d'un prix exorbitant, mais seulement de rendre à la propriété atteinte par des travaux publics, les moyens d'accès, dont elle a été privée ou des moyens d'accès équivalents, de manière à lui conserver la valeur, qu'elle avait auparavant. — Si, au moyen des travaux de raccordement proposés, l'immeuble se trouve convenablement remis en communication avec la voie publique et conserve toute sa valeur, il y a lieu d'allouer seulement à titre d'indemnité la somme nécessaire pour effectuer lesdits travaux. (*Herman-Monpelas*, 24 avril 1866; — *Quesnel*, 4 juillet 1866.)

478. Dommage direct et matériel. — *Accès modifiés. — Éléments de l'indemnité.* — Il est dû une indemnité pour dommages causés par l'exécution de travaux publics, lorsque les accès d'un immeuble ayant été rendus moins faciles, il en est résulté une dépréciation. Mais le propriétaire n'est pas fondé à demander que les diverses parties de son immeuble soient remises dans les mêmes conditions, où elles se trouvaient auparavant, par rapport à la voie publique; l'Administration est seulement tenue de procurer à la propriété des moyens d'accès aussi commodes que l'état des lieux permet de les établir, et comme les ferait exécuter un bon père de famille. — Si, après les raccordements effectués, l'immeuble n'est pas restitué en entier dans sa valeur primitive, il y a lieu de compléter la réparation due au propriétaire par une indemnité, représentant le capital de la moins value, dont la base naturelle est le revenu locatif. (*Henck*, 23 janvier 1866.)

479. Dommage direct et matériel. — *Accès modifiés. — Éléments de l'indemnité.* — Lorsque les accès d'un immeuble ont été supprimés ou gravement modifiés par l'exécution de travaux publics, la Ville est tenue de réparer le dommage qu'elle a causé, c'est-à-dire fournir le moyen de rétablir, d'une manière convenable, les accès. A cet effet, elle doit être condamnée à payer, non la somme nécessaire pour faire démolir et reconstruire la maison et niveler tout

le terrain, suivant le nouveau relief de la rue, mais seulement le montant de la dépense des travaux, qui sont indispensables pour raccorder l'immeuble avec la voie publique, si d'ailleurs l'immeuble, après le rétablissement des accès, doit conserver la valeur qu'il avait auparavant. — Il y a lieu d'ajouter à cet élément d'indemnité la réparation du préjudice, que devra éprouver le propriétaire par suite de privation de jouissance, pendant l'exécution des travaux de raccordement. (*Robin*, 24 juillet 1866.)

480. Dommage direct et matériel. — *Accès modifiés. — Éléments de l'indemnité. — Plus-value directe.* — L'indemnité, due pour le dommage direct et matériel, causé à une propriété par l'abaissement du sol d'une rue, ne doit pas dépasser le remboursement des dépenses à faire pour rendre à l'immeuble un accès équivalent à celui dont il jouissait avant le changement de niveau de la voie publique, si, après les travaux de raccordement exécutés, il n'en résulte pour l'immeuble aucune dépréciation. — Il y a même lieu de déduire, conformément à la loi et à la jurisprudence, du chiffre auquel cette dépense est évaluée, le montant de la plus-value directe, que les travaux de raccordement pourront donner à la propriété. (*Dehaut*, 21 juin 1866.)

481. Dommage direct et matériel. — *Accès modifiés. — Rétablissement des communications avec la rue. — Immeuble n'en éprouvant aucune dépréciation.* — Lorsque les accès d'un immeuble ont été modifiés ou supprimés, par des travaux de voirie, l'obligation de la Ville consiste seulement à payer l'indemnité nécessaire, pour que le propriétaire puisse rétablir les communications avec la voie publique, dans les conditions où les ferait exécuter un bon père de famille, et non celle qu'il faudrait pour opérer la démolition, le déblai du terrain et la reconstruction de la maison, telle qu'elle était auparavant dans ses rapports avec la rue ancienne. — Si, après que lesdites communications auront été rétablies d'une manière aussi satisfaisante que possible, l'immeuble ne doit éprouver, malgré les inconvénients des nouveaux accès, aucune diminution de la valeur foncière, ni de la valeur locative, qu'il avait avant l'exécution des travaux de voirie, il n'est pas dû d'autre indemnité. Dans ce cas, en effet, le propriétaire ne peut plus se plaindre d'un tort ou dommage causé à son immeuble, suivant l'art. 4 de la loi du 28 pluviôse an VIII, puisque les travaux de raccordement, en rétablissant les accès, feront disparaître le dommage causé, et qu'après leur achèvement il n'y aura aucune dépréciation à réparer. (*Cottan, Soubiran, dame Grisi de Melcy et autres*, 11 juillet 1866.)

482. Dommage direct et matériel. — *Accès modifiés. — Chaussée en remblai. — Indemnité fixe, indemnité annuelle.* — Il y a dommage direct et matériel donnant lieu à une indemnité, lorsque l'Administration, ayant établi au devant d'une propriété, une rampe et une chaussée en remblai, la largeur de ladite chaussée, en dehors des trottoirs, est insuffisante pour que les voitures, à leur entrée ou à leur sortie de la maison, puissent tourner, sans risquer d'être précipitées sur l'ancien sol de la rue, situé à plusieurs mètres au-dessous de la rampe. — Dans ce cas, il doit être accordé au propriétaire : 1° une indemnité fixe calculée sur la dépréciation locative que l'immeuble a éprouvée antérieurement; 2° une indemnité annuelle à payer jusqu'au jour où l'Administration aura fait disparaître la cause du dommage permanent, en exécutant, soit certains travaux indiqués dans l'expertise, soit tous autres travaux propres à assurer à la maison des moyens d'accès convenables. (*Dame de Maisonneuve*, 22 décembre 1866.)

483. Dommage direct et matériel. — *Accès modifiés. — Passage privé intercepté par l'ouverture d'une rue. — Indemnité réclamée par le locataire d'une maison ayant issue sur le passage.* — Quoique la maison occupée par un locataire n'ait pas été atteinte directement par les travaux exécutés, pour l'ouverture d'une rue, si le passage privé, sur lequel elle avait issue pour communiquer avec la voie publique, a été intercepté et remplacé par un escalier, il y a lieu d'ordonner l'expertise à l'effet d'apprécier le dommage, qu'un tel changement dans les moyens d'accès à la voie publique a pu causer à l'industrie du locataire. (*Bouillette*, 14 avril 1866.)

484. Dommage direct et matériel. — *Accès en voiture supprimé.* — La suppression de l'accès en voiture sur la voie publique, même lorsque le propriétaire et le locataire de l'immeuble ne font pas usage de la porte charretière, constitue un dommage direct et matériel dont il est dû réparation. — Cette suppression a, en effet, pour résultat de déprécier l'immeuble et de priver le propriétaire et les locataires de la faculté d'user ultérieurement, si bon leur semble, de la porte charretière. (*Geffroy*, 29 décembre 1866.)

485. Dommage direct et matériel. — *Droit à indemnité. — Point de départ. — Gêne momentanée.* — Les propriétaires riverains d'une voie publique devant supporter la gêne momentanée résultant des travaux de voirie, lorsque des moyens d'accès provisoires ont été assurés pendant leur exécution, le droit à indemnité ne commence que du jour où les travaux sont achevés, et constituent un état définitif et un dommage permanent. (*Cottier*, 8 août 1866.)

486. Dommage direct et matériel. — *Immeuble ayant issue sur deux voies publiques. — Suppression d'une des issues.* — Si les travaux de voirie ont eu pour résultat de supprimer l'un des accès d'une propriété, ayant issue sur deux voies publiques différentes, et composée de deux parties distinctes, ayant chacune son issue spéciale, il n'est dû d'indemnité que pour le rétablissement de l'accès, qui a été supprimé et le dommage qu'en a éprouvé cette partie de l'immeuble. (*Cottier*, 8 août 1866.)

487. DOMMAGE DIRECT ET MATÉRIEL.— *Immeuble mis en contre-haut de la voie publique.— Nivellement.— Plus-value.*— Lorsqu'un terrain a été mis, de tous côtés, en contre-haut de plusieurs mètres par des travaux de voirie, et qu'il ne peut être raccordé avec les voies publiques que par le déblai entier du sol, l'indemnité doit comprendre la dépense totale que le propriétaire aura à faire pour l'exécution de ces travaux; mais, comme la Ville ne doit que la réparation du dommage causé, il y a lieu de déduire du montant de l'indemnité, par voie de compensation, suivant l'article 54 de la loi du 16 septembre 1807, la plus-value que l'immeuble acquerra par ces mêmes travaux. (*Rossigneux*, 29 décembre 1866.)

488. DOMMAGE DIRECT ET MATÉRIEL. — *Immeuble vendu à la Ville de Paris pendant l'instance engagée sur une demande d'indemnité.* — Un immeuble, pour lequel il a été fait, devant le Conseil de préfecture, une demande d'indemnité, à raison du dommage causé par des travaux publics, a été vendu à la Ville, et rien n'établit qu'il y ait eu, de la part du vendeur, abandon du droit éventuel à l'indemnité; si la renonciation à l'instance est subordonnée à une condition, que la Ville n'accepte pas, le Conseil de Préfecture doit statuer dans l'état de la cause, le débat sur l'étendue de la vente et sur ses conditions étant étranger à sa juridiction. (*Veuve Gosselin et sieur Jeantroux*, 11 août 1866.)

489. DOMMAGE DIRECT ET MATÉRIEL. — *Maison ébranlée et dégradée par suite de travaux exécutés sur la voie publique.* — En exécutant des travaux publics, il a été fait des épuisements, qui ont eu pour effet d'enlever une certaine quantité de sable composant le sol, sur lequel sont assises les fondations d'une maison, et il en est résulté des tassements, qui ont occasionné des dégradations; dans ce cas, la responsabilité du dommage incombe à l'Administration, comme étant une conséquence directe des travaux par elle ordonnés, de la même manière que s'il y avait eu une atteinte directe sur l'immeuble par la main des ouvriers de l'entreprise. (*Dame Julien et sieurs Caillier et Bertin*, 26 juin 1866.)

490. DOMMAGE DIRECT ET MATÉRIEL. — *Marches établies au devant d'un immeuble. — Diminution de valeur locative.* — Quand le sol d'une voie publique a été abaissé au droit d'un immeuble, il en résulte un dommage direct et matériel, alors même qu'il a été établi un emmarchement pour conserver les accès de l'immeuble. La réparation du dommage a pour objet, soit de compenser la dépréciation de la propriété, soit de faire face aux dépenses occasionnées par le raccordement du rez-de-chaussée de la maison avec le nouveau sol de la rue. — Si les travaux de raccordement entraînent une diminution notable de la hauteur du sous-sol, et nécessitent l'établissement de plusieurs marches dans l'intérieur même de la maison, ces changements doivent donner lieu à une réduction de la valeur locative, dont il est juste de tenir compte au propriétaire, outre les dépenses de raccordement. (*Héritiers Luquet*, 20 novembre 1866.)

491. DOMMAGE DIRECT ET MATÉRIEL. — *Perron de quatre marches substitué à une seule marche.* — La substitution permanente de quatre marches à une seule marche, formant le seuil d'un magasin, est une modification nuisible des accès sur la voie publique, et, dès lors, constitue un dommage direct et matériel, qui donne lieu à une indemnité, au profit du locataire, dont la jouissance a été et doit être troublée, pendant la durée de son bail. (*Brice*, 14 avril 1866.)

492. DOMMAGE DIRECT ET MATÉRIEL. — *Perron de vingt-deux marches substitué à un perron de douze marches.* — Pour raccorder un immeuble avec le nouveau relief de la voie publique, le sol du jardin a dû être abaissé, et, à un perron de douze marches, qui y conduisait, on a dû substituer un perron de vingt-deux marches ; un tel changement constitue une dépréciation locative, donnant lieu à indemnité, outre celle relative aux travaux d'abaissement du sol du jardin. (*Moët-Rémont*, 26 avril 1866.)

493. DOMMAGE DIRECT ET MATÉRIEL. — *Privation de jouissance. — Mode d'évaluation de l'indemnité.* — A défaut de valeur locative constatée permettant de régler l'indemnité due pour privation de jouissance, il y a lieu de recourir à une appréciation, tirée de la valeur de l'immeuble en capital, et du revenu que donnent ordinairement, dans les conditions où est la propriété, les immeubles de cette nature. (*Cottier*, 8 août 1866.)

494. DOMMAGE DIRECT ET MATÉRIEL. — *Raccordement avec la voie publique. — Choix entre deux systèmes.* — Si deux systèmes de raccordement sont proposés, l'un, par l'Administration, d'après lequel l'immeuble éprouverait une dépréciation locative, donnant lieu à une indemnité en capital, outre le prix des travaux ; l'autre, par les experts, d'après lequel l'immeuble serait mis dans un état meilleur, et acquerrait ainsi une plus-value matérielle et directe, donnant lieu à une réduction de l'indemnité par voie de compensation, en vertu de l'art. 54 de la loi du 16 septembre 1807 ; il convient de choisir celui qui met le mieux l'immeuble en rapport avec la voie publique et constitue dès lors, une réparation plus convenable du dommage causé. (*Geffroy*, 29 décembre 1866.)

495. DOMMAGE DIRECT ET MATÉRIEL. — *Raccordement avec la voie publique. — Travaux devant servir de base à l'indemnité.* — L'indemnité due pour dommages, causés à un immeuble par des travaux publics, doit comprendre la dépense de tous les travaux nécessaires pour le raccorder avec la voie publique, tels que le relèvement du seuil de la porte cochère, le remaniement du plancher de l'étage supérieur, si la hauteur du rez-de-chaussée se trouve insuffisante. Mais elle ne doit comprendre ni les travaux, qui constitueraient un meilleur état qu'auparavant, ni un branchement d'égout, qui n'est pas dû, et qui d'ailleurs est une charge ordinaire de la propriété. (*Patron contre la commune de Neuilly*, 31 mai 1866.)

496. DOMMAGE DIRECT ET MATÉRIEL. — *Reprise en sous-œuvre d'un bâtiment.* — On ne peut exiger la démolition et la reconstruction des bâtiments, qui doivent être raccordés avec le nouveau relief de la voie publique, s'il est établi qu'une reprise en sous-œuvre permet d'opérer le raccordement, dans des conditions convenables, la Ville n'étant tenue de réparer le dommage causé, que comme ferait un bon père de famille. (*Moët-Rémont*, 26 avril 1866.)

497. DOMMAGE DIRECT ET MATÉRIEL. — *Travaux exécutés dans une rue pour l'ouverture d'une rue voisine, et ayant duré onze mois.* — Les travaux de voirie, effectués dans une rue, pour l'ouverture d'une rue voisine, qui ont duré onze mois, et desquels il est résulté pour un riverain, une réelle impossibilité d'exercer son industrie pendant tout ce temps, ne constitue pas une de ces gênes et difficultés momentanées d'accès, que les riverains des voies publiques sont tenus de supporter sans indemnité. Il y a dommage direct et matériel donnant droit à une réparation. (*Desnos contre Thome et Cie et la Ville de Paris*, 14 juillet 1866.)

498. DOMMAGE DIRECT ET MATÉRIEL. — *Vacance de l'immeuble.* — *Mode d'indemnité.* — La vacance de l'immeuble ne donne pas lieu à une indemnité pour perte de loyers, si l'immeuble a pu être loué avec une diminution dans le prix de location. L'indemnité ne doit comprendre alors que la différence de valeur locative, constatée par l'expertise, puisque c'est là le seul dommage résultant directement des travaux publics. (*Moët-Rémont*, 26 avril 1866.)

499. DOMMAGE DIRECT ET MATÉRIEL. — *Vacance de l'immeuble* — *Mode d'indemnité.* — Lorsqu'en raison de l'état, dans lequel l'immeuble a été mis, il n'y a pas eu impossibilité de location, mais seulement diminution de la valeur locative, il ne doit être tenu compte au propriétaire, dans le règlement de l'indemnité, que de cette diminution de valeur locative, bien que l'immeuble soit demeuré sans location. En effet, le dommage résultant de la non-location n'est pas imputable aux travaux publics, comme une conséquence directe de la diminution de valeur locative. (*Patron contre la commune de Neuilly*, 31 mai 1866.)

500. DOMMAGE FUTUR. — *Projet de travaux particuliers rendu impossible par des travaux publics.* — Il n'est dû aucune indemnité, à raison de ce que les travaux publics rendraient impossible l'exécution de constructions projetées par le propriétaire d'un immeuble. En effet, même en admettant l'existence de tels projets, le préjudice allégué ne serait pas de nature à justifier une action en indemnité. (*Cottier*, 8 août 1866.) — Voir n° 1060.

501. Dommage futur. — *Projet de travaux publics.* — En ordonnant une expertise, pour constater le dommage causé à une propriété par des travaux publics, il y a lieu de décider que les experts ne comprendront point dans leur rapport les dommages futurs et hypothétiques allégués par le propriétaire comme devant résulter de travaux publics projetés, mais non encore exécutés : d'une part, en effet, l'Administration peut y renoncer ou changer notablement les projets, et, d'autre part, l'appréciation des experts n'aurait aucune base sérieuse et réelle. (*Wolff contre la Ville de Paris*, 12 décembre 1866.) — Voir n°s 697, 1059.

502. Dommage futur. — *Projet de travaux publics. — Commencement d'exécution n'ayant pas encore atteint l'immeuble du réclamant. — Demande d'expertise.* — Les torts et dommages dont la connaissance est attribuée, par l'art. 4 de la loi du 28 pluviôse an VIII, aux Conseils de Préfecture, et donnant lieu à une indemnité, sont ceux qui résultent des travaux exécutés par l'entrepreneur, agissant sur l'ordre de l'Administration et qui porte une atteinte directe et matérielle à un immeuble, et non ceux qui pourront être la conséquence d'une décision administrative, que l'entrepreneur n'a pas encore mise à exécution. — Tant que l'immeuble n'a pas été atteint par les travaux, et qu'il a conservé sur la voie publique ses moyens d'accès immédiats, tels qu'ils ont toujours existé, il n'y a pas eu encore un fait causant des torts et dommages, dont il soit dû réparation. Il y a seulement un acte projeté de l'autorité administrative, dont la réalisation pourra atteindre l'immeuble, mais un tel acte ne saurait donner ouverture à une action en indemnité, tant que la propriété n'a pas été matériellement atteinte par l'exécution du projet.

Cette interprétation de la loi du 28 pluviôse an VIII trouve sa justification non-seulement dans le texte formel de l'art. 4 précité, mais dans les nécessités mêmes de l'administration, que la juridiction administrative ne doit jamais perdre de vue, puisqu'elles sont la raison d'être de son institution. En effet, s'il en était autrement, il suffirait qu'un projet de voie publique fût définitivement arrêté et commencé, pour que tous les propriétaires et locataires, dont les maisons doivent être un jour atteintes par l'exécution du projet, eussent le droit de réclamer une indemnité pour le dommage, qui leur sera causé, quand les travaux auront été réalisés.

Toutefois lorsqu'une expertise doit être ordonnée pour des dommages nés et actuels, si, au cours de l'expertise, d'autres dommages viennent à se produire, rien ne s'oppose à ce que, par des conclusions additionnelles, le requérant ne demande au Conseil d'étendre à ces nouveaux dommages la mission des experts. Au moyen de cette mesure, il est donné une suffisante satisfaction à l'intérêt des requérants pour la constatation de leurs droits, en même temps qu'on respecte le principe, qui s'oppose à ce qu'il soit ouvert une action en indemnité pour des dommages futurs et sur un acte de l'administration. (*Comte et comtesse de Champagny*, 4 août 1866.) — Voir nos 697, 1059.

503. Dommage futur. — *Projet de travaux publics. — Décret.* — Un décret, qui détermine le tracé et les conditions de nivellement d'une voie publique, est un acte de l'administration qui, d'après l'art. 4 de la loi du 28 pluviôse an VIII, ne donne pas ouverture à une action en indemnité pour dommage. La première condition pour que ce droit soit ouvert, c'est qu'il y ait eu atteinte matérielle et directe causée aux immeubles par l'exécution des travaux. Tant que l'immeuble n'a pas été atteint, il y a seulement un dommage futur, qui ne donne pas droit à une indemnité. (*Veuve Gosselin et sieur Jeantroux*, 11 août 1866.) — Voir nos 309, 677, 1059.

504. Dommage futur. — *Surélévation du rez-de-chaussée. — Perte d'un étage.* — Lorsqu'en raison de la hauteur donnée au rez-de-chaussée par les travaux de raccordement, le propriétaire s'il voulait plus tard élever sa maison à la hauteur réglementaire, perdrait un étage, cette circonstance ne constitue pas un dommage né et actuel dont il soit dû réparation, aux termes de la loi du 28 pluviôse an VIII, si d'ailleurs il n'en résulte aucune diminution dans la valeur vénale de l'immeuble. Le tort, dont il s'agit n'a encore aucune existence réelle et peut d'ailleurs ne se réaliser jamais; dès lors, l'appréciation du dommage allégué ne pourrait être faite, en l'absence de toute base fixe, puisque les constructions ne sont pas réalisées et qu'un simple projet n'en peut tenir lieu. (*Quesnel*, 4 juillet 1866.) — Voir n° 1060.

505. Dommage indirect. — *Diverses circonstances caractérisant le dommage indirect.* — Il n'est dû aucune indemnité pour dommages résultant de travaux publics, lorsque les accès, soit à pied, soit en voiture, des immeubles riverains de la voie publique n'ont pas été modifiés; ni lorsque la largeur de la rue a été diminuée, pourvu que la circulation soit demeurée facile et telle qu'elle était antérieurement dans la partie conservée; ni lorsque, par suite des travaux de voirie, il y a seulement un allongement du parcours, pourvu que les communications avec les autres parties de la ville soient maintenues ou assurées par une voie suffisante. — Dans ces divers cas, il n'y a pas lieu d'ordonner l'expertise, puisqu'en admettant que les faits soient constatés, il ne serait dû aucune indemnité, de tels dommages n'ayant pas le caractère de dommages directs et matériels. — Mais il en est autrement, et il y a lieu d'ordonner l'expertise, s'il est allégué par le propriétaire ou le locataire et contesté par l'Administration que les travaux ont eu pour effet de rendre impossible l'accès des maisons, et de supprimer les moyens de circulation qui sont dus aux riverains des voies publiques ; car, dans ce cas, si les faits étaient établis, il y aurait lieu à indemnité, puisque les dommages seraient directs et matériels. (*Noël et Charlier*, 24 et 28 juillet 1866.)

506. DOMMAGE INDIRECT. — *Rue haute et rue basse. — Accès ordinaire conservé. — Modification dans la circulation.* — Lorsqu'une nouvelle voie publique a été ouverte, latéralement à une ancienne rue, mais avec un abaissement notable du niveau, si les accès ordinaires des maisons conservées n'ont pas été modifiés, ni rendus plus difficiles, il n'y a pas ouverture à une action en indemnité. — Le dommage, résultant de ce que toute la circulation se porte de préférence sur la rue neuve, et qu'ainsi il ne se fait presque plus de commerce dans l'ancienne rue, n'est qu'un dommage indirect, dont il n'est pas dû réparation. (*Vuillet*, 24 avril 1866 ; — *veuve Gosselin et sieur Jeantroux*, 11 août 1866.)

507. DOMMAGE INDIRECT. — *Rue haute et rue basse. — Réduction de la largeur d'une voie publique par la création d'une rue basse. — Substitution d'un trottoir à la rue. — Ouverture d'une bouche d'égout.* — La réduction de largeur d'une voie publique, par la création d'une rue haute est un acte de l'Administration, qui, d'après l'art. 4, de la loi du 28 pluviôse an VIII, ne saurait donner ouverture à une action en indemnité, l'Administration ne faisant qu'user de son droit en réglant, dans un intérêt général, la largeur, la direction et le régime des voies publiques. — Il en est de même de la substitution d'un large trottoir à la rue basse, pour accéder à la nouvelle voie publique, pourvu que les seuils et les accès de l'immeuble aient été conservés, tels qu'ils étaient auparavant. — Il n'est dû non plus aucune indemnité à raison des prétendus dommages qui résulteraient d'une bouche d'égout établie, sur la voie publique, par l'Administration, dans un intérêt de salubrité, pour l'écoulement des eaux pluviales. (*Nicole et Sirez*, 11 août 1866.)

508. DOMMAGE INDIRECT.. — *Rue transformée en impasse.* — L'Administration a le droit d'exécuter dans les voies publiques toutes les modifications qu'exige l'intérêt général, et il n'est dû d'indemnité, en raison desdits travaux, qu'autant qu'il en résulte une atteinte dommageable aux moyens d'accès, qui étaient acquis aux riverains pour communiquer à la voie publique. — En conséquence, la suppression de l'une des issues d'une rue et sa transformation en impasse, si les moyens d'accès des riverains à la voie n'en ont éprouvé aucune atteinte, ne donnent pas ouverture à une action en indemnité. Il appartient en effet à l'Administration de changer le caractère des voies publiques, ainsi que leur largeur et leur direction, selon l'intérêt général. (*Desnos contre Thome et Cie et la Ville de Paris*, 14 juillet 1866.)

509. Dommage momentané. — *Accès intercepté. — Privation de jouissance. — Indemnité. — Expertise.* — Si, d'une part, il n'est dû aucune indemnité, lorsque les travaux publics n'ont causé aucun dommage direct, matériel et permanent; et si, d'autre part, les propriétaires riverains d'une rue sont tenus de supporter, sans indemnité et à titre de servitude, le trouble momentané, que leur causent les travaux qu'une ville fait exécuter dans les voies publiques, il n'en est pas ainsi, quand il y a eu interruption complète de la jouissance d'un immeuble, par la suppression de tous les moyens d'accès, ou quand il n'a été établi aucun passage provisoire suffisamment praticable pour en conserver les communications. — Lorsqu'un locataire soutient que les accès de la maison qu'il occupe ont été rendus impossibles, et que l'interruption des communications, quoique momentanée, a eu le caractère d'une entière privation de jouissance, tandis que l'Administration prétend que des accès provisoires suffisants ont été ménagés, il y a lieu d'ordonner l'expertise, conformément à l'art. 56 de la loi du 16 septembre 1807, pour apprécier les allégations contradictoires respectivement produites, et reconnaître le caractère du trouble momentané, que le locataire prétend avoir éprouvé dans sa jouissance, afin que le Conseil soit à même de décider s'il peut donner ouverture à une action en indemnité. (*Dame Lelarge*, 11 juillet 1866.) — Voir nos 297, 699 à 702.

Dommage momentané. — *Travaux publics exécutés dans une rue et ayant duré onze mois.* — Voir no 497.

510. Dommage momentané. — *Circulation maintenue. — Difficultés d'accès.* — Les habitants d'une ville sont tenus de supporter, sans indemnité, les embarras momentanés, que peuvent leur causer les travaux exécutés par l'Administration, dans un intérêt commun, sur la voie publique. Si la circulation n'a pas été supprimée et qu'il y ait eu seulement des difficultés d'accès, ce n'est pas là un dommage direct et matériel, dont il soit dû réparation. (*Henck*, 23 janvier 1866. — *Brice*, 14 avril 1866.) — Voir no 295.

511. Entrepreneur de travaux publics. — *Adjudication de démolition de maisons. — Terme fixé. — Dommages-intérêts en cas de retard. — Mise en demeure.* — Le cahier des charges de l'adjudication d'une maison à démolir a stipulé que l'adjudicataire devra, sous peine de dommages-intérêts, par chaque jour de retard, avoir terminé ses travaux dans un délai fixé; si le cahier des charges ne stipule pas, en même temps, d'une manière formelle, que les dommages-intérêts sont dus, de plein droit, à partir de l'expiration du délai, un acte spécial est nécessaire pour constituer la mise en demeure du débiteur, et pour servir de point de départ aux dommages-intérêts. — De simples avis donnés à l'adjudicataire, pendant le cours des travaux, ne constituent pas une mise en demeure suffisante. En effet, d'après les termes des art. 1139 et 1230 du Code Napoléon, alors même que l'obligation contient un terme dans lequel elle doit être accomplie, les dommages-intérêts ne sont dus qu'à partir du moment où le débiteur a été mis en demeure par une sommation ou par un acte équivalent, à moins que le texte même de la convention ne porte que, sans qu'il soit besoin d'acte et par la seule échéance du terme, le débiteur sera mis en demeure. (*Polino*, 24 novembre 1866.) — Voir n° 615.

512. Entrepreneurs de travaux publics. — *Cahier des charges. — Interprétation. — Décompte partiel. — Série de prix. — Expertise.* — En cas d'obscurité ou d'insuffisance de l'une des dispositions du cahier des charges spécial à une entreprise de travaux publics de construction, elle doit être interprétée d'après la clause semblable du cahier des clauses et conditions générales, approuvé en 1852 par le ministre d'État, et qui, dans le silence du cahier des charges spécial, fait la règle des entreprises de travaux d'architecture. — Lorsque le décompte partiel d'une entreprise a été régulièrement établi par l'Administration et présenté à l'acceptation de l'entrepreneur, suivant l'art. 41, § 8, de ce cahier des clauses et conditions générales, il constitue un contrat définitif et irrévocable entre les parties, si l'entrepreneur l'accepte ou s'il laisse passer le délai de vingt jours, sans l'accepter ou le contester. Mais ce caractère définitif n'appartient qu'aux décomptes, signés du Préfet ou d'un fonctionnaire dûment autorisé à contracter pour lui un engagement au nom de l'Administration. — On ne saurait attribuer un tel caractère à une simple révision des mémoires de l'entrepreneur, alors surtout que les réviseurs et l'architecte directeur des travaux se sont bornés à exprimer leur avis sur l'admission du règlement proposé. Ce sont là des mesures d'instruction établies, comme moyens d'ordre intérieur, pour éclairer l'Administration, et qui ne peuvent conférer à un tiers aucun titre contre elle.

Si l'application d'une clause de la série de prix aux travaux exécutés présente des difficultés qui ne peuvent être résolues que par l'examen des travaux et des usages admis en matière d'entreprises semblables, il y a lieu de recourir à une expertise contradictoire, pour laquelle, à défaut de dispositions réglementaires spéciales, on doit se conformer aux art. 302 et suivants du Code de procédure civile. (*Rigolet*, 14 août 1866.)

513. Entrepreneur de travaux publics. — *Cahier des charges. — Interprétation. — Ouvrages non compris au devis. — Ordres donnés par l'architecte. — Supplément de prix.* — Les ouvrages non compris au devis, et qui ne se rattachent qu'indirectement aux travaux prévus, ne doivent pas être considérés comme travaux indispensables à une bonne exécution, dans le sens du cahier des charges. — Les entrepreneurs, qui, exécutant les ordres de l'architecte, aux prescriptions duquel ils étaient tenus de déférer, ont fait des ouvrages non prévus au devis, sont fondés à en demander le payement, alors surtout que les ordres de travaux stipulent expressément que l'Administration leur en tiendra compte. — On ne peut leur opposer que l'architecte n'avait pas qualité pour engager ainsi l'Administration. (*Bouillon et Muller contre le Ministre de la Guerre*, 9 juin 1866.)

514. Entrepreneur de travaux publics. — *Dommage résultant du fait personnel de l'entrepreneur. — Construction d'une voie nouvelle. — Remblais effectués sans autorisation dans une rue voisine.* — Les propriétaires et locataires, riverains des voies publiques doivent supporter sans indemnité, et à titre de servitude de riveraineté, la gêne momentanée résultant des travaux de voirie que l'Administration y fait exécuter et dont ils doivent profiter plus tard. — Mais ce principe n'est pas applicable quand le concessionnaire des travaux d'ouverture d'une voie publique, en vue des avantages particuliers qu'il en doit retirer pour l'exécution de son entreprise, a établi dans une rue voisine, en dehors du périmètre fixé par son traité, une rampe provisoire d'accès, qui crée un embarras prolongé à la circulation de ladite rue et cause préjudice aux propriétaires et locataires riverains. — Dans ces circonstances, le concessionnaire doit être considéré comme ayant établi cette rampe à ses risques et périls, et est soumis, aux termes de l'art. 4 de la loi du 28 pluviôse an VIII, à l'obligation de réparer les torts et dommages provenant ainsi de son fait personnel. (*Desnos contre Thome et Cie*, 14 juillet 1866.)

515. Entrepreneur de travaux publics. — *Emploi de matériaux autres que ceux prévus au devis. — Supplément de prix.* Le devis d'une entreprise de travaux publics a indiqué une certaine nature de matériaux, pour l'exécution d'un travail déterminé, et l'entrepreneur a employé des matériaux meilleurs et plus coûteux, au vu et au su des ingénieurs ou architectes préposés aux travaux, et sans aucune opposition de leur part; dans ce cas, la substitution, constatée par des attachements réguliers, doit être considérée comme faite du consentement de l'Administration, dans le but d'assurer ou d'augmenter la solidité de la construction, et l'Administration n'est pas fondée à refuser à l'entrepreneur le prix des matériaux, qui ont été réellement employés. (*Candas*, 14 août 1866.)

516. Entrepreneur de travaux publics. — *Sous-traitant.* — Lorsque le cahier des charges d'une adjudication de travaux publics a interdit aux soumissionnaires de céder à des tiers le bénéfice de l'adjudication, prononcée à leur profit, l'entrepreneur, qui, malgré cette prohibition, a exécuté les travaux pour le compte du soumissionnaire n'est pas recevable à actionner l'Administration en qualité de sous-traitant. (*Judas et Krettly*, 13 décembre 1866.)

517. Entrepreneur de travaux publics. — *Transport de matériaux. — Ruine d'un mur de clôture par le choc des voitures. — Indemnité.* — Les chocs fréquents des voitures servant au transport des matériaux pour la construction d'un aqueduc, ont amené la ruine d'un mur de clôture joignant la voie publique; le dommage qui en résulte pour le propriétaire du mur, est un des torts et dommages procédant du fait de l'entrepreneur, dans l'exécution de travaux publics, dont l'art. 4 de la loi du 28 pluviôse an VIII attribue la connaissance au Conseil de Préfecture. — Il y a lieu d'accorder une indemnité, lors même qu'il serait établi que le mur était en mauvais état, sauf à en tenir compte dans le règlement de l'indemnité. (*Bouquemont et Auroux contre Laroque*, 7 juin 1866.)

518. ENTREPRENEUR DE TRAVAUX PUBLICS. — *Vérification des travaux.* — Un entrepreneur de travaux publics est fondé à soutenir que la vérification de ses travaux, faite à la requête de l'Administration n'a aucun caractère juridique, et s'il prétend que l'opération, faite par le délégué de l'Administration, contient des erreurs matérielles, le Conseil peut désigner un homme de l'art chargé de procéder, serment préalablement prêté, parties présentes ou dûment appelées, à la visite desdits travaux, à l'effet de constater s'ils ont été exécutés conformément aux règles de l'art et avec des substances de bonne qualité. — Il s'agissait, dans l'espèce, de travaux de peinture exécutés dans l'hôpital Beaujon. (*Judas contre l'Administration de l'Assistance publique*, 13 décembre 1866.)

519. EXÉCUTION DE TRAVAUX A FAIRE POUR LE RACCORDEMENT. — *Demande tendant à l'exécution de certains travaux sur la voie publique pour faire cesser un dommage.* — Aux termes de la loi du 16 septembre 1807 et de la loi du 28 pluviôse an VIII, la réparation du dommage, causé par des travaux publics, se résout en une indemnité, que règle que le Conseil de Préfecture, après expertise. — Le propriétaire ne peut pas demander, et le Conseil ne peut pas ordonner que l'autorité administrative soit tenue de faire exécuter tels travaux déterminés, pour remettre les lieux dans leur état primitif, ni que les travaux nécessaires, pour réparer le dommage, soient exécutés par les entrepreneurs des réclamants, sous la surveillance de l'architecte de l'Administration, et la dépense payée ensuite par l'Administration sur état dûment réglé. (*Journault et Waldmeier*, 3 mai 1866; — *Duquesnel*, 27 octobre 1866; — *Wolff*, 12 décembre 1866.) — Voir n° 713.

520. INDEMNITÉ. — *Conditions de paiement.* — *Exécution de travaux par le propriétaire.* — Lorsqu'une indemnité est accordée au propriétaire d'un immeuble, pour dommage résultant de l'exécution de travaux publics, l'Administration n'est pas fondée à exiger que les sommes dues par elle à titre d'indemnité, soient employées à l'exécution, dans l'immeuble, des travaux en vue desquels l'indemnité a été accordée. Il est libre de faire ou de ne pas faire dans sa propriété tels travaux qu'il juge à propos. (*Dahaut*, 21 juin 1866.) — Voir n°s 144, 300.

521. INDEMNITÉ. — *Éléments de l'indemnité.* — *Augmentation supposée des loyers.* — Il n'y a pas lieu de tenir compte, dans le règlement de l'indemnité due pour dommage causé par des travaux publics, de l'augmentation supposée de loyers, que l'immeuble aurait pu acquérir si les travaux de voirie n'avaient pas été exécutés. La constatation en serait impossible, et en supposant que la preuve en pût être faite, ce serait un dommage éventuel et indirect pour lequel il ne serait dû aucune réparation. (*Rocher*, 12 juin 1866.) — Voir nos 477 à 482.

522. INDEMNITÉ. — *Intérêts.* — L'indemnité, pour dommages causés par des travaux publics, comprend nécessairement la perte, qui a été faite et le gain dont le demandeur a été privé, suivant l'art. 1149 du Code Napoléon, jusqu'au jour de la décision rendue; et, dès lors, il n'est pas dû d'intérêts moratoires de plein droit, ni à partir du dommage causé, ni à partir de la demande d'indemnité. (*Baur*, 8 août 1866.) — Voir nos 1066, 1067.

523. INDEMNITÉ. — *Intérêt.* — *Point de départ.* — Les intérêts de l'indemnité, réclamée pour dommage causé par des travaux publics, ne sont dus, aux termes de l'art. 1153, § 3 du Code Napoléon, que du jour où ils ont été expressément demandés, soit dans la requête introductive d'instance, soit dans une requête postérieure. (*Moët Rémond*, 26 avril 1866; — *Dame Herman-Monpelas*, 24 avril 1866.)

524. INDEMNITÉ. — *Offre par l'Administration.* — *Demande en validité.* — *Compétence.* — En cas de dommage causé par l'exécution de travaux publics, l'Administration est fondée à faire offre à la partie réclamante de l'indemnité fixée par les experts, et à demander au Conseil de Préfecture, en vertu de l'art. 57 de la loi du 16 septembre 1807, de statuer sur la validité de ladite offre. Le Conseil est compétent pour connaître, dans ces conditions, de la demande en validité des offres réelles. (*Duquesnel*, 27 octobre 1866.)

525. LOCATAIRE. — *Modification des accès.* — *Dommage industriel.* — *Abandon des lieux loués.* — *Continuation du bail à la charge du locataire.* — Le locataire, qui se trouve forcé d'abandonner l'immeuble loué, pour transporter ailleurs son industrie, parce que l'abaissement du sol de la rue ne lui permet plus de l'y exercer, a droit à une indemnité en raison du préjudice qu'il éprouve. Cette indemnité doit comprendre : 1° le loyer du nouveau local, depuis le jour où il a cessé d'exploiter son industrie dans l'ancien, jusqu'au jour où, ayant fait les aménagements nécessaires, il a pu occuper le nouveau; 2° les frais de déménagement et d'installation dans des conditions analogues à celles où il était auparavant; 3° la perte résultant du chômage, pendant le transfèrement de l'industrie; 4° l'augmentation des frais généraux d'exploitation, pendant la durée du bail primitif.

Si le locataire, au lieu de poursuivre devant le Tribunal civil la résiliation de son bail, en vertu de l'art. 1722 du Code Napoléon, par le motif qu'il ne peut plus jouir de la chose louée, a voulu contraindre le propriétaire à faire cesser le trouble apporté à sa jouissance par les travaux publics, et a échoué dans sa prétention, il n'est pas en droit de demander qu'on lui tienne compte, dans le règlement de l'indemnité, des loyers de l'ancien local, qu'il peut être tenu de continuer à payer en vertu de son bail. Ce débat entre le propriétaire et le locataire est étranger à la ville, qui doit seulement au propriétaire la somme nécessaire pour raccorder son immeuble avec la voie publique, et au locataire la somme nécessaire pour le mettre à même de continuer, dans les mêmes conditions, l'exploitation de son industrie, et pour l'indemniser du dommage que le transférement a pu lui causer. (*Leturc*, 30 juin 1866.)

Cette affaire se présentait dans des conditions autres que celles sur lesquelles le Conseil de Préfecture est appelé ordinairement à statuer, en ce que le locataire, au lieu de demander que les lieux loués fussent raccordés avec la voie publique, les avait abandonnés définitivement pour s'établir ailleurs — Lorsque le locataire demande que l'immeuble soit raccordé avec la voie publique, afin de continuer à l'occuper, le Conseil a décidé par de nombreux arrêtés, qu'il y a lieu d'allouer, outre l'indemnité, pour les dommages spéciaux causés à l'industrie, la somme nécessaire pour l'exécution des travaux de raccordement. Si le propriétaire est en cause, c'est à son profit qu'est prononcée l'allocation pour les travaux de raccordement, qu'il est seul en droit de faire opérer dans son immeuble. S'il n'est pas en cause, elle n'est attribuée au locataire, que sous la condition, qu'il obtiendra du propriétaire, soit à l'amiable, soit en justice, l'autorisation de faire exécuter les travaux de raccordement à ses risques et périls. Dans l'espèce actuelle, il n'en était pas ainsi; l'ancien local ayant été abandonné par le locataire, la question à résoudre n'embrassait pas les travaux de raccordement nécessaires pour continuer à en jouir, mais seulement les torts et dommages causés à l'industrie du locataire par le transférement dans un autre local.

526. Locataire constructeur. — *Indemnité allouée. — Conditions de paiement imposées au locataire.* — Un locataire a obtenu du propriétaire, aux termes de son bail, l'autorisation de faire élever sur le terrain loué telles constructions que bon lui semblera, d'établir des hangars et des ateliers avec tels matériaux, qui lui conviendront, à la charge de les enlever à fin de bail, et de rendre les lieux tels, qu'ils lui auront été livrés; ce locataire est en droit de demander à la Ville de Paris l'indemnité nécessaire, pour opérer le raccordement de l'immeuble avec le sol abaissé de la voie publique. Mais comme le propriétaire pourrait, en rentrant plus tard en possession de l'immeuble, demander lui-même à la Ville une indemnité pour l'exécution desdits travaux de raccordement, s'ils n'étaient pas faits par le locataire après l'indemnité payée, la Ville est dès lors en droit, de son côté, d'exiger du locataire que les travaux soient réellement effectués et qu'il la garantisse, en outre, de tout recours, soit du propriétaire, soit des sous-locataires. (*Darier*, 4 août 1865.) — Voir nos 304, 305, 719.

Locataire et propriétaire. — *Demande en intervention du locataire dans une instance entre le propriétaire et la Ville au sujet de dommages causés à l'immeuble. — Affaire en état.* — Voir no 465.

527. Locataire et propriétaire. — *Dommage industriel et locatif. — Action directe du locataire.* — Dans le règlement de l'indemnité, réclamée par le locataire d'un immeuble, le montant du dommage, pour privation de jouissance et pour pertes industrielles causées par les travaux de voirie, doit être alloué sans condition au locataire, qui les a éprouvés. Mais le paiement du montant de la dépense, pour opérer le raccordement de l'immeuble avec la voie publique, et du préjudice résultant du chômage, pendant l'exécution des travaux de raccordement, peut être subordonné à l'accomplissement de ces travaux. — La Ville a le droit de demander qu'on mette au paiement cette condition afin que le propriétaire ne puisse, en rentrant en possession de l'immeuble à l'expiration du bail, demander la réparation du dommage permanent, qui existerait encore, nonobstant le paiement des travaux de raccordement effectué entre les mains du locataire. — C'est au locataire à obtenir, pour exécuter les travaux nécessaires, le consentement du propriétaire, ou, sur son refus, l'autorisation de justice. (*Daur*, 8 août 1866.) — Voir nos 304, 305.

528. Locataire et propriétaire. — *Dommage industriel. — Action directe du locataire. — Recours en garantie de l'Administration contre le propriétaire, en vertu d'un contrat civil. — Incompétence.* — Le locataire d'un immeuble, qui éprouve un dommage dans son industrie par l'exécution de travaux publics, est fondé à en demander directement la réparation contre l'Administration. — La convention par laquelle le propriétaire s'est engagé à indemniser les locataires des dommages que peuvent leur faire éprouver de tels travaux, est un contrat de droit civil, dont la connaissance échappe à la compétence du Conseil de Préfecture, même lorsqu'elle est invoquée par voie d'action en garantie, dans l'instance principale dont le Conseil est saisi. — L'Administration n'est pas fondée à opposer une telle convention au locataire, qui réclame une indemnité, en invoquant sa responsabilité directe pour le dommage causé. (*Touzeau et Blondel*, 9 juin 1866.)

Locataire et propriétaire. — *Construction élevée à un niveau différent des cotes fixées dans l'arrêté de nivellement. — Dommage causé par le relèvement ultérieur de la voie publique au niveau indiqué dans la permission.* — Voir no 452.

529. Locataire et propriétaire. — *Frais de procédure de-*

vant une autre juridiction. — Un dommage direct et matériel ayant été causé à un immeuble par des travaux publics, le propriétaire a été condamné par les tribunaux civils à payer une indemnité au locataire pour privation de jouissance; les frais de cette instance peuvent, en raison des circonstances de la cause, être considérés comme faisant partie du préjudice dont le propriétaire a souffert et dont il a le droit de demander réparation devant la juridiction administrative. Il appartient, en effet, au Conseil de Préfecture, chargé d'apprécier l'étendue du dommage, qui a été la conséquence directe des travaux publics, d'y comprendre les frais, dont il s'agit, s'il est établi que le propriétaire n'a pas pu se soustraire à l'action dirigée contre lui, bien qu'il ne soit pas l'auteur du trouble de jouissance qui est exclusivement imputable à l'Administration. (*Dame veuve Gillot*, 30 mai 1866.) — Voir nos 723, 1061, 1065.

520. Locataire et propriétaire. — *Frais de procédure devant une autre juridiction.* — Les frais d'un procès porté devant la juridiction civile contre le propriétaire par un locataire, au sujet des stipulations du bail et de la responsabilité pour le dommage résultant de travaux publics, ne donnent pas, de plein droit, au propriétaire une action en indemnité devant le Conseil de Préfecture. Il se peut, en effet, ou bien que le dommage, objet du procès, n'ait pas eu le caractère de dommage direct et matériel, qui seul ouvre un recours contre l'Administration, ou bien que le procès ait été, à tort, engagé devant la juridiction civile, auquel cas l'Administration ne saurait être responsable des frais d'un procès, que le propriétaire n'aurait pas dû accepter, devant une juridiction, incompétente en ce qui concerne les dommages causés par des travaux publics. (*Rocker*, 12 juin 1866.) — Voir nos 723, 1061, 1065.

521. Locataire et propriétaire. — *Indemnités distinctes.* — *Propriétaire réclamant au nom de son locataire.* — L'Administration n'est pas fondée à prétendre qu'au moyen de l'indemnité à allouer au propriétaire, celui-ci doit être tenu de supporter les indemnités qui pourraient être dues aux locataires pour les dommages résultant soit des travaux publics, soit des travaux de raccordement de son immeuble avec la voie publique. — Le propriétaire n'a ni droit ni qualité pour représenter de ce chef les locataires et l'Administration ne peut lui imposer une telle condition. (*Bouhem*, 9 mai 1866; — *Rocher et Robin*, 2 juin et 24 juillet 1866.) — Voir nos 153, 306, 307.

522. Locataire et propriétaire. — *Réduction de loyer ordonnée par les tribunaux civils.* — *Demande d'indemnité formée par le propriétaire devant le Conseil de Préfecture.* — *Rejet.* — Lorsqu'un propriétaire a été condamné, par décision des tribunaux civils, à subir une réduction de loyer en faveur d'un locataire, à l'occasion de travaux publics, cette décision ne saurait lier la juridiction administrative, qui a sa jurisprudence propre et son mode spécial d'action. Les circonstances, dans lesquelles le bail a été fait, les engagements particuliers du bailleur, et tous autres faits, qui, bien que provenant des travaux publics, ne donnent pas ouverture à une action en indemnité devant la juridiction administrative, ont pu être pris en considération par les tribunaux civils, tandis qu'il n'en saurait être tenu compte par le Conseil de Préfecture, devant lequel l'expertise et la tierce expertise spéciales, prescrites par la loi du 16 septembre 1807, constituent les seuls moyens d'instruction. Le Conseil de Préfecture peut, dès lors, dans ces circonstances, refuser toute indemnité au propriétaire, en décidant qu'il n'a éprouvé aucun dommage de nature à lui donner un recours contre l'Administration. (*Vergereau*, 11 août 1866.)

NIVELLEMENT. — *Demande d'indemnité. — Retard dans la délivrance de la permission. — Travaux faits avant la permission de nivellement.* — Voir nos 451 et suivants.

523. OCCUPATION DU TERRAIN D'UN PARTICULIER. — *Arrêté préfectoral. — Contestations. — Compétence.* — L'art. 4 de la loi du 28 pluviôse an VIII, en attribuant compétence aux Conseils de Préfecture sur les contestations concernant les indemnités dues aux particuliers, à raison de terrains pris ou fouillés pour l'exécution de travaux publics, leur attribue implicitement la même compétence, pour statuer sur la question de savoir si l'occupation a eu lieu pour l'un des objets et dans les conditions qu'autorisent l'arrêt du Conseil du 7 septembre 1755 et la loi du 16 septembre 1807. — De même qu'il est reconnu par une jurisprudence constante qu'il appartient aux Conseils de préfecture de décider si un terrain désigné se trouve, comme étant clos, dans l'exception prévue par l'arrêt du Conseil du 7 septembre 1755, il leur appartient aussi de décider, si l'occupation, telle que l'entrepreneur de travaux publics entend l'exécuter, est de celles que permet la loi du 16 septembre 1807. — L'appréciation de ce point de contestation, portant sur l'objet même, que l'arrêté préfectoral a eu en vue, ne saurait être laissée aux tribunaux civils, sans porter atteinte au principe de la séparation des pouvoirs, puisqu'alors le tribunal civil aurait à décider quel est le caractère de l'occupation, et par conséquent qu'elle est, vis-à-vis du propriétaire, la valeur administrative de l'arrêté préfectoral.

En statuant dans les espèces de ce genre, le Conseil de Préfecture ne prononce pas sur l'arrêté du Préfet, ce qui serait hors de sa compétence, mais sur la prétention élevée par le propriétaire que son terrain ne saurait être soumis à l'occupation temporaire, telle que l'entrepreneur de travaux publics veut l'exercer. — Il se pourrait, en effet qu'un arrêté préfectoral fût très-légal, et eût permis une légitime occupation du terrain, tandis qu'en fait, l'entrepreneur aurait excédé la permission, exécuté certains travaux autres que ceux en vue desquels elle lui a été accordée, ou transformé, pour partie, une occupation temporaire en une occupation définitive.

Le Conseil de Préfecture est donc seul compétent pour connaître de ces diverses difficultés, soit directement et sans expertise, si les faits sont reconnus, soit en cas de contestation sur les faits, après expertise, conformément à la loi du 16 septembre 1807. — Ainsi le droit, qui appartient aux tribunaux civils de statuer, pour ce qui aurait excédé les limites ou l'objet de la permission, demeure entier, mais ne peut s'exercer qu'après une décision de l'autorité administrative portant que l'occupation, effectuée en vertu de l'arrêté préfectoral, n'a pas eu lieu, sur le tout ou sur tels ou tels points, dans les conditions où elle pouvait être autorisée. — S'il en était autrement, les tribunaux civils pourraient ne tenir aucun compte de l'acte administratif de permission, sous prétexte qu'il a été pris indûment par le Préfet et qu'il constitue un acte déguisé d'expropriation. (*Ardoin contre le Préfet de la Seine et la compagnie des Docks et du chemin de fer de Saint-Ouen*, 5 juin 1866.)

522. OCCUPATION DU TERRAIN D'UN PARTICULIER. — *Propriété close. — Arrêté préfectoral.* — La servitude administrative d'occupation temporaire, pour extraction ou dépôt de matériaux édictée par l'arrêt du Conseil du 7 septembre 1755, n'est pas applicable aux propriétés closes. — L'occupation d'une propriété close, bien qu'autorisée par un arrêté préfectoral, peut être déclarée indûment effectuée par le Conseil de Préfecture, qui a le droit d'ordonner que l'occupation devra cesser immédiatement, et que, faute de ce faire, l'occupant y sera contraint par toutes les voies de droit. (*Dame veuve Ardoin et consorts contre le Préfet de la Seine et la compagnie des Docks et du chemin de fer de Saint-Ouen*, 5 juin 1866.) — Voir n° 301.

523. OCCUPATION DU TERRAIN D'UN PARTICULIER INDUMENT EFFECTUÉE. — *Arrêté préfectoral.* — Lorsqu'une Compagnie de chemin de fer occupe le terrain d'un particulier, en vertu d'un arrêté préfectoral, et que cette occupation ne consiste pas en extraction ou dépôt de matériaux, emprunts de terre ou autres travaux analogues, mais dans le maintien d'une voie ferrée antérieurement exécutée avec le consentement du propriétaire, l'occupation effectuée dans ces conditions n'est pas de celles que l'arrêt du Conseil du 7 septembre 1755 et la loi du 16 septembre 1807 permettent d'autoriser; dès lors, la Compagnie n'est pas fondée à se prévaloir de l'arrêté préfectoral pour se maintenir en possession du terrain contre le gré du propriétaire. — Dans ce cas, le Conseil de Préfecture peut déclarer l'occupation indûment effectuée, et décider qu'elle devra cesser immédiatement, et que, faute de ce faire, la Compagnie y sera contrainte par toutes les voies de droit. — S'il a été fait, sur certaines parties du terrain, des dépôts de matériaux n'ayant pas pour objet l'exécution du chemin de fer, ces dépôts ne sont pas de nature à légitimer l'occupation; en tout cas, ils ne sauraient conférer à la Compagnie aucun droit sur la portion du terrain, où il n'existe aucun dépôt. (*Ardoin contre le Préfet de la*

Seine et la Compagnie des Docks et du chemin de fer de Saint-Ouen, 5 mai 1866.) — Voir n° 1073.

526. Occupation du terrain d'un particulier. — *Extraction de matériaux. — Expertise. — Cautionnement pour garantie de l'indemnité.* — Le propriétaire d'un terrain dans lequel un entrepreneur de travaux publics a été autorisé à extraire des matériaux, est fondé à demander qu'à défaut d'arrangement amiable, il soit procédé à une expertise, à l'effet d'évaluer l'indemnité qui lui est due, tant pour les dommages causés depuis le commencement de l'extraction, que pour ceux qui seront causés pendant la durée de l'autorisation, et pour la remise en état du terrain fouillé. — Si le cautionnement, déposé par l'entrepreneur, pour garantie de l'exécution de ses engagements comme adjudicataire, est suffisant pour assurer le paiement de l'indemnité due, il n'y a pas lieu de le soumettre à d'autres conditions de garantie. (*Héritiers Puteaux contre Chanudet,* 28 avril 1866.) — Voir n° 302.

527. Occupation du terrain d'un particulier. — *Extraction de matériaux. — Règlement de l'indemnité. — Remblais effectués par un tiers après la cessation de l'occupation du terrain. — Contestations. — Incompétence.* — L'indemnité due pour les fouilles et pour les extractions de matériaux destinés à des travaux publics, doit être réglée d'après l'état du terrain occupé, au moment où cesse l'occupation autorisée. — Si, postérieurement à l'époque à laquelle l'entrepreneur a cessé d'user du droit de fouille, qui lui a été concédé par voie administrative ou que le propriétaire a consenti à l'amiable, il a été fait par un tiers des remblais dans le terrain pour combler la fouille, le Conseil de Préfecture n'est pas compétent pour statuer sur les contestations auxquelles le paiement de ces remblais peut donner lieu. (*Deguingand contre Chanudet, Terwagne et Lesieur,* 31 mai 1866.) — Voir n° 1074.

528. Ouverture d'une rue dans des terrains expropriés. — *Raccordement de terrains laissés en contre-bas. — Droit d'accès invoqué comme résultant d'une décision du jury. — Incompétence.* — La ville qui ouvre une voie nouvelle dans des terrains acquis par expropriation ne fait qu'user de son droit sur lesdits terrains, en y exécutant des remblais; il n'en résulte pas pour elle l'obligation d'en opérer le raccordement avec le reste des propriétés à travers lesquelles la voie doit être établie, puisqu'elle n'a pu supprimer des accès qui n'existaient pas encore. — Les propriétaires riverains d'une rue nouvelle ne peuvent y acquérir des droits d'accès que quand elle a été définitivement exécutée, reçue comme étant en état de viabilité, et livrée à la circulation. Jusque-là, les modifications apportées dans le nivellement, qui causeraient un dommage aux propriétés riveraines, ne donnent pas ouverture à une action en indemnité, puisqu'elles ne portent pas atteinte à des droits acquis. — Si le propriétaire soutient que, dans le prix d'expropriation des terrains pris pour la rue, il a été tenu compte de ce que le reste de l'immeuble aurait un accès direct et de plain-pied sur la voie publique projetée, il n'appartient pas au Conseil de Préfecture de statuer sur ce point, l'atteinte portée à un tel droit, en supposant qu'il existe, ne pouvant être réputée un dommage direct et matériel causé par les travaux publics, mais devant être considérée comme l'inexécution d'un contrat civil ou judiciaire. (*Héritiers Guérin et sieur Robert*, 18 juillet 1866.)

PROPRIÉTAIRES INDIVIS D'UN IMMEUBLE QUI A SOUFFERT DOMMAGE. — *Requête collective.* — *Désistement de l'un d'eux.* — Voir n° 463.

PROPRIÉTAIRE ANCIEN ET PROPRIÉTAIRE NOUVEAU D'UN IMMEUBLE QUI A SOUFFERT DOMMAGE AVANT LA VENTE. — Voir n° 476.

539. PLUS-VALUE DIRECTE. — *Augmentation de la hauteur des boutiques.* — Si les travaux de raccordement d'un immeuble avec la voie publique, en même temps qu'ils modifient les accès de l'immeuble d'une manière dommageable, ont néanmoins pour effet d'en augmenter la valeur locative en donnant plus de hauteur aux boutiques, la plus-value, qui doit être ainsi procurée par les travaux de raccordement, peut être opposée comme compensation du dommage qui résultera de l'incommodité des nouveaux accès. C'est là une plus-value directe et matérielle dans le sens de l'art. 54 de la loi du 16 septembre 1807. (*Robin*, 24 juillet 1866.)

540. PLUS-VALUE DIRECTE. — *Issue sur une nouvelle voie publique.* — Lorsque, par suite de l'exécution de travaux publics, un terrain s'est trouvé en contre-haut de la rue, sur laquelle il avait accès, si les déblais à effectuer pour le raccordement ont pour résultat de mettre le terrain entier en communication avec une voie nouvelle de premier ordre sur laquelle il n'existait aucune issue, la plus-value qu'en acquiert l'immeuble est une plus-value directe, matérielle et spéciale, qui est opposable au propriétaire, suivant le principe posé dans l'art. 54 de la loi du 16 septembre 1807. (*Rossigneux*, 29 décembre 1866.)

541. PLUS-VALUE DIRECTE. — *Plus-value foncière compensée avec la moins-value des locations.* — *Garantie du propriétaire envers l'Administration.* — Dans une instance en indemnité, si les experts ont constaté une plus-value foncière opposable au propriétaire par application de l'art. 54 de la loi du 16 septembre 1807, et qui peut se compenser avec la moins-value des locations en cours jusqu'à l'exécution des travaux de raccordement, le propriétaire doit subir la plus-value qu'on lui oppose, à moins qu'il ne prenne l'engagement de garantir la Ville contre toute demande en indemnité de la part des locataires pour les dommages par eux éprouvés. (*Létang*, 26 avril 1866.)

542. PLUS-VALUE DIRECTE. — *Reconstruction de bâtiments. — Augmentation de la valeur foncière.* — Lorsqu'il est impossible de raccorder l'accès de la propriété avec le niveau de la voie publique, et qu'il est plus avantageux de démolir les constructions existantes pour les remplacer par des constructions nouvelles, qui seront meilleures et plus solides, si cette substitution doit augmenter la valeur de l'immeuble, il y a lieu de faire supporter au propriétaire, par voie de compensation, une partie des frais de la reconstruction. De tels travaux font plus que rétablir les accès supprimés, ils font acquérir à l'immeuble une plus-value foncière, qui est directe, matérielle et spéciale, et dont il doit être tenu compte par application de l'art. 54 de la loi du 16 septembre 1807. (*Dame Herman-Monpelas,* 24 avril 1866.)

543. PLUS-VALUE DIRECTE. — *Reprise en sous-œuvre de bâtiments. — Création d'un nouvel étage.* — Lorsque les travaux de raccordement de l'immeuble avec le nouveau sol de la voie publique se font, au moyen d'une reprise en sous-œuvre, dont le résultat est de créer un nouvel étage sur toute l'étendue du bâtiment et de procurer une augmentation de revenu, il y a lieu de compenser, jusqu'à due concurrence, la plus-value ainsi acquise à la propriété avec l'indemnité qui doit être payée pour le préjudice causé. Ces travaux font plus que restituer l'immeuble en entier, tel qu'il était auparavant; ils lui procurent des avantages particuliers, et constituent, dès lors, une plus-value directe et matérielle qui donne lieu à compensation, suivant le principe de l'art. 54 de la loi du 16 septembre 1807. (*Dehaut,* 21 juin 1866.)

544. PLUS-VALUE INDIRECTE.— *Amélioration commune à tous les propriétaires de la rue.* — Si les travaux (consistant dans l'élargissement et dans la mise en bon état de viabilité de la rue), ont seulement pour conséquence de procurer à l'immeuble riverain une amélioration, dont le réclamant profite comme tous les autres propriétaires, mais non une augmentation de valeur spéciale, il n'y a pas lieu de lui opposer la plus-value, par voie de compensation, pour repousser sa demande d'indemnité. — D'une part, en effet, l'art. 54 de la loi du 16 septembre 1807 n'admet la compensation, que quand il y a lieu de payer une indemnité à un propriétaire pour terrains occupés ou dommages causés, et en même temps de recevoir de lui une plus-value pour des avantages particuliers acquis à sa propriété; et, d'autre part, l'art. 53 veut que, dans la fixation de la somme à payer par le propriétaire pour tous les cas de ce genre, on ait égard à ce que les circonstances spéciales peuvent ajouter ou diminuer de valeur relative pour sa propriété. (*Patron contre la commune de Neuilly,* 31 mai 1866.)

545. PLUS-VALUE INDIRECTE.— *Amélioration éventuelle résultant de l'ensemble des travaux de voirie.* — Lorsqu'il n'est pas démontré que les travaux de voirie ont augmenté la valeur vénale et locative des propriétés riveraines, et que l'amélioration, purement éventuelle, résulte seulement de l'ensemble des travaux, elle ne constitue pas un avantage direct et spécial acquis à la propriété, et dès lors, elle ne peut être opposée au propriétaire en compensation du préjudice matériel constaté et dont il lui est dû réparation. — Il n'y a lieu à compensation, d'après les art. 53 et 54 de la loi du 16 septembre 1807, que quand l'Administration est en droit d'exiger d'un propriétaire la valeur d'un avantage particulier procuré à son immeuble. (*Dame Herman-Monpelas*, 24 avril 1866.)

546. PLUS-VALUE INDIRECTE. — *Amélioration générale du quartier.* — On ne saurait opposer à un propriétaire, en compensation d'un dommage direct et matériel, la plus-value en capital résultant de l'amélioration générale du quartier, dont l'immeuble ne profite que comme les autres propriétés, qui n'ont éprouvé aucun dommage. Ce n'est pas là un avantage spécial acquis à sa propriété dans le sens des art. 53 et 54 de la loi du 16 septembre 1807, et dont l'Administration ait le droit d'exiger de lui la valeur par voie de compensation. (*Héritiers Luquet*, 20 novembre 1866. — Voir, sur cette question, les décisions suivantes du Conseil d'État : 10 mai 1860, *Caillé contre la Ville de Nantes*; — 12 juillet 1864, *Souchay contre la Ville de Paris*; — 28 juillet 1864, *Merlin-Dantigny*; — 7 juin 1865, *Auger contre la Ville d'Issoudun*; — 27 mai 1865, *Ville de Caen*; — 20 juin 1865, *Brun et Cie contre la Ville de Toulouse*; — 1er mars 1866, *Ville de Desvres*; — 3 mai 1866, *May contre la Ville de Paris*.)

Il est à remarquer que la jurisprudence du Conseil d'État avait d'abord consacré par de nombreux décrets que la plus-value, résultant de l'amélioration générale procurée par les travaux publics et acquise à l'immeuble, ne pouvait pas être opposée en compensation du dommage direct et matériel, dont le propriétaire lésé demandait réparation. Beaucoup d'arrêtés du Conseil de Préfecture, qui avaient admis la compensation, dans les cas dont il s'agit, ayant été annulés, le Conseil s'est conformé à cette jurisprudence pour ne pas exposer les parties à des recours onéreux. De là les décisions rappelées ci-dessus et qui sont fondées sur la doctrine qu'on peut tirer des diverses espèces jugées par le Conseil d'État.

Dans les décisions récentes que nous citons, et quoique les faits soient à peu près les mêmes, tantôt le Conseil d'État admet la compensation, tantôt il la repousse. Ainsi, en 1865, dans les décrets du 27 mai, *ville de Caen*, et du 7 juin, *ville d'Issoudun*, il admet que « si les travaux d'élargissement et de nivellement exécutés par la ville dans la « rue de.... ont causé aux requérants un dommage, à raison duquel « ils ont droit à une indemnité, il en est résulté en même temps une « plus-value immédiate, dont il y a lieu de tenir compte (en compen- « sation), par application de l'art. 54 de la loi du 16 septembre 1807. » Et la même année, dans plusieurs décrets du 20 juin, *ville de Tou-*

louse, il repousse la compensation, quoiqu'il s'agisse de la plus-value procurée à l'immeuble par l'amélioration résultant de la construction d'un quai, en se fondant sur ce que « il n'est pas établi qu'aucune « plus-value directe et appréciable pouvant compenser, même en « partie, l'indemnité due pour dommage ait été procurée à la maison « par suite de la construction du quai. »

En 1866, le décret du 1er mars, *Ville de Descres*, admet la plus-value par « compensation faite des avantages résultant pour la pro« priété de l'amélioration du chemin vicinal. » — Cette amélioration consistait, d'après les visas, en ce que l'Administration avait substitué à une voie difficilement praticable une route commode et à l'abri des eaux, ce qui était bien une amélioration générale profitant également à toutes les propriétés riveraines du chemin. — Puis, à la date du 3 août, un décret, *May*, repousse la plus-value par le motif que « c'est à tort que l'arrêté attaqué admet en compensation du préjudice, « causé par les travaux du boulevard, la plus-value générale résultant « pour tous les immeubles de la création du quartier du boulevard « Haussmann. »

Quoique ces décrets soient surtout libellés en fait, ils n'en contiennent pas moins implicitement les éléments de la doctrine dans laquelle les parties et les Conseils de Préfecture doivent chercher quel est le droit en cette matière.

547. Plus-value indirecte. — *Transformation d'un boulevard.* — L'avantage que peut procurer à un immeuble la transformation d'un boulevard est une plus-value indirecte, dont profitent au même titre tous les autres immeubles du quartier, et n'est pas un avantage spécial acquis à cette propriété, dans le sens des art. 53 et 54 de la loi du 16 septembre 1807; dès lors, il n'est pas opposable comme compensation du dommage particulier que cet immeuble a subi par l'exécution des travaux publics. — Il ne serait opposable qu'autant que l'Administration serait en droit d'exiger du propriétaire la valeur de l'avantage ainsi acquis à sa propriété. (*Bouhem*, 9 mai 1866.)

Référé. — *Constatations urgentes.* — Voir n° 471.

VOIRIE (grande).

548. Poursuites dirigées par le Préfet comme grand-voyer. — *Demande en dommages-intérêts.* — *Incompétence.* — Le Conseil de Préfecture n'est pas compétent, pour statuer sur une demande en dommages-intérêts, dirigée contre la Ville de Paris, à raison du préjudice causé par les poursuites en paiement de travaux de grande voirie, faites contre un propriétaire, sur l'ordre du Préfet en qualité de grand-voyer. — Quoique ces poursuites aient lieu à l'occasion de travaux de grande voirie, la demande n'est fondée, ni sur une difficulté en matière de grande voirie, ni sur des torts ou dommages causés par l'exécution de travaux publics; il n'y a donc pas, dans ce cas, application possible de la loi du 28 pluviôse an VIII. (*Dame veuve Jullien et sieur Jullien*, 14 août 1866.)

510. Retard dans l'exécution de travaux de viabilité. — *Demande d'indemnité. — Incompétence.* — A Paris, la confection et l'entretien des voies publiques appartiennent exclusivement au pouvoir discrétionnaire du grand-voyer, représenté aujourd'hui par le Préfet de la Seine, sous l'autorité du Ministre; dès lors, l'état plus ou moins satisfaisant de la voie publique et l'inexécution de travaux de viabilité ne sauraient donner ouverture à une action contentieuse, de la part des propriétaires riverains, qui peuvent seulement s'adresser au Ministre par la voie administrative. — En conséquence, le Préfet de la Seine, en apportant à la voie publique les changements qu'il juge utiles, et en y faisant exécuter des travaux de réfection quand il les trouve opportuns, ne fait qu'user de son droit et de son pouvoir administratif. Le retard dans l'exécution de ces travaux ne saurait être considéré comme constituant un dommage direct et matériel pour les immeubles des riverains, et le Conseil de Préfecture est incompétent pour connaître d'une telle demande. (*Parson*, 20 juin 1866.) — Voir nos 147, 310. — Voir aussi, dans un sens, qui paraît contraire, une décision du Conseil d'État du 20 mars 1867, *Georges*, accordant une indemnité pour dommage éprouvé par suite du mauvais état d'un pont que l'Administration avait négligé d'entretenir.

PARIS. — IMPRIMERIE CHARLES DE MOURGUES FRÈRES,
Rue Jean-Jacques-Rousseau, 58. — 3179.

www.ingramcontent.com/pod-product-compliance
Lightning Source LLC
Chambersburg PA
CBHW060557210326
41519CB00014B/3494

* 9 7 8 2 0 1 3 0 1 6 2 2 3 *